3訂版 イラストでわかる 救助訓練マニュアル

消防教育訓練研究会　菊地　勝也　編著

東京法令出版

はじめに

　消防の初心者にとって消防訓練等は、消防教科書を基に参考書や解説書をひもとき、知識や技術の修得に努めているところでありますが、解説書の解説が必要なくらい難解な部分が多く、初心者の悩みは尽きないところであります。そこで、このようなギャップを埋めようとして、執筆した前回の「イラストでわかる消防訓練マニュアル」は幸いにして好評を得ることができたようであります。

　しかし、この「イラストでわかる消防訓練マニュアル」は、消防の入口に立った人々に役立てようとの観点で、消防礼式、消防用設備、救助法、筋力トレーニング法、消防ポンプ及び消防操法の分野にスポットをあてて執筆したものでありますが、系統立てにややかけた面があったことから、今回さらに裾野を広げ、しかもこれまでの正編にいくぶん統一性をもたせて、内容の充実を図った上で二分割し、続編として「イラストでわかる消防訓練マニュアル」及び「イラストでわかる救助訓練マニュアル」の執筆となったものです。

　本書は救助訓練を主体にした内容に改め、イラストでわかりやすく解説いたしましたので、関係各位の間で広く活用され、救助訓練等にお役立ていただければ幸いです。

　平成16年9月1日

消防教育訓練研究会　菊　地　勝　也

目次

第1章　ロープ取扱い技術、搬送法

1　基本結索 …………………………………………………… 1
　1　ロープ（Rope） ………………………………………… 1
　2　ロープワーク …………………………………………… 2
　3　結びの呼び方 …………………………………………… 3
　4　結びの構成 ……………………………………………… 3
　5　結び方の基本 …………………………………………… 3
　6　輸送結び ………………………………………………… 6
　7　負傷者の運搬法 ………………………………………… 6
　8　キンク（Kink） ………………………………………… 9
　9　カラビナ（Karabiner） ……………………………… 10
2　ロープ・ワーク ………………………………………… 11
　1　座席懸垂ロープの設定 ………………………………… 11
　2　座席懸垂 ………………………………………………… 12
　3　身体懸垂 ………………………………………………… 15
　4　応急懸垂 ………………………………………………… 18
　5　登はん …………………………………………………… 19
　6　作業姿勢 ………………………………………………… 23
　7　ゴンドラ事故救出 ……………………………………… 24
　8　背負救出 ………………………………………………… 25
　9　ロープ渡過 ……………………………………………… 27
　10　ロープの張力 …………………………………………… 29
　11　1本ロープブリッジによる渡過 ……………………… 29
　12　2本ロープブリッジ渡過 ……………………………… 32
　13　斜めロープブリッジ渡過 ……………………………… 34
　14　要救助者の渡過要領 …………………………………… 35
　15　自己確保 ………………………………………………… 37
　16　確保 ……………………………………………………… 38
　17　応急はしご救助法 ……………………………………… 41
　18　応急はしご救助 ………………………………………… 42
　19　一箇所吊り担架水平救助法 …………………………… 43
　20　地下槽、タンク内部等の救助法 ……………………… 44
　21　屋上からの救出 ………………………………………… 46
　22　人力確保の仕方 ………………………………………… 46
　23　はしごクレーン救助法 ………………………………… 47
3　器具結索 ………………………………………………… 50
4　運搬方法 ………………………………………………… 51
　1　要救助者の引きずり方 ………………………………… 51
　2　要救助者がはしごを下りる場合の補助の仕方 ……… 51
5　徒手搬送 ………………………………………………… 52
　1　肩をかして歩かせる方法 ……………………………… 52
　2　二人で運ぶ方法 ………………………………………… 52
　3　手を組んで運ぶ方法 …………………………………… 53
　4　背負って運ぶ方法 ……………………………………… 53
　5　三人で運搬する方法 …………………………………… 53
　6　三人で担架にのせる方法 ……………………………… 54
　7　担架の運搬法 …………………………………………… 54

第2章　はしご・救助袋・緩降機の訓練

第1節　はしご …………………………………………………… 55
　　１　三連はしご ……………………………………………… 55
　　２　ふたつ折りはしご ……………………………………… 60
第2節　救助袋等 ………………………………………………… 64
　1　救助袋の種類 ……………………………………………… 64
　　１　斜降式救助袋 …………………………………………… 64
　　２　垂直式救助袋 …………………………………………… 64
　　３　救助袋取扱い訓練 ……………………………………… 65
　2　緩降機 ……………………………………………………… 72
　　１　セット要領 ……………………………………………… 72
　　２　降下訓練 ………………………………………………… 73
　　３　ロープウェーのゴンドラ事故 ………………………… 74
　　４　収納 ……………………………………………………… 74

第3章　トリアージ

1　トリアージ（救命の優先順位）……………………………… 75
2　トリアージ・タッグ ………………………………………… 76
3　トリアージ・タッグの捥ぎり ……………………………… 77

第4章　機器取扱い技術

1　空気呼吸器 …………………………………………………… 79
2　救助用送排風機 ……………………………………………… 87
3　投光器・発動発電機 ………………………………………… 91
　　■　可搬式投光器・発動発電機
　　　　（EX6・EX6H型発電機）…………………………… 91
4　テント ………………………………………………………… 101
　　１　膨張テント ……………………………………………… 101
　　２　組立式テント …………………………………………… 109
5　破壊器具（弁慶）…………………………………………… 113
6　エンジン・カッター ………………………………………… 119
7　削岩機 ………………………………………………………… 124
8　チェーンソー ………………………………………………… 128
9　エアーソー（空気鋸）……………………………………… 133
10　ガス溶断器（携帯用）……………………………………… 135
11　救命索発射銃 ………………………………………………… 142
12　手動式ウインチ ……………………………………………… 146
13　油圧式救助器具 ……………………………………………… 149
14　エアジャッキ ………………………………………………… 158
15　マンホール救助器具 ………………………………………… 161
16　画像探索機 …………………………………………………… 162
17　クレーンと玉掛けの方法 …………………………………… 167
18　車両誘導資機材 ……………………………………………… 174

19	ヘリコプターの地上誘導	177
20	ボート	179
	❶ アルミ製折りたたみ式ボート	179
	❷ ゴムボート	185
	❸ 船外機	188
21	墜落制止用器具	191

第5章　自然災害と現場活動

1	斜面崩落による災害	199
	❶ 地すべりの定義	199
	❷ 土砂災害の種類	200
2	土砂災害	202
	❶ 土砂災害の定義	202
	❷ 崖崩れ（急傾斜地崩壊）	202
	❸ 土石流	204
	❹ 地すべり（山崩れ）	205
3	土砂災害における救助活動	208
	❶ 検索棒による検索	208
	❷ スコップの扱い方	209
	❸ つるはし（バチヅル）の扱い方	210
	❹ パワーシャベルでの掘り起こし	210
	❺ 堰の作り方	211
	❻ 土のうの作り方	212
	❼ 小口積み	212
	❽ 軟弱地盤の掘削の仕方	213
	❾ 素掘りの危険性	213
4	集中豪雨	214
5	台風災害	216
6	高潮災害	217
7	竜巻災害	219
8	落雷による災害	220
9	感電事故	221

第1章 ロープ取扱い技術、搬送法

1. 基本結索

1 ロープ（Rope）

ロープは、救助活動に多用され、多くの実績を上げており、救助隊の必需品にもなっていることから、このロープの取扱いに関する知識は、隊員にとって必須条件でもある。

ロープ基礎知識

ロープは、その構造から「三つよりロープ」と「編みロープ」に大別される。

材質によって分類すると天然繊維（マニラ麻、サイザル麻、綿等の植物繊維）のものと、合成繊維（ナイロン、クレモナ、ビニロン、ポリエステル、ポリプロピレン等）のもの及び鋼鉄製（ワイヤーロープ）のものの3種類に分けられる。

天然繊維のロープは、化学繊維のロープと比較すると同じ太さだと強度が劣り、水に弱いといった欠点がある。

合成繊維のロープは、天然繊維のロープと比較すると柔軟性、耐水性、耐久性の面で優れており、軽いといった特徴を有するが、熱や摩擦、それに紫外線に弱い欠点がある。

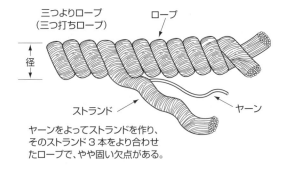

三つよりロープ（三つ打ちロープ）／ロープ／径／ストランド／ヤーン
ヤーンをよってストランドを作り、そのストランド3本をより合わせたロープで、やや固い欠点がある。

編みロープ
編んだ外皮で「丸編みロープ」の芯を覆ったロープで柔軟性が高い。

ZよりロープとSよりロープ
3本のストランドのよりの方向の違いで「Zより」と「Sより」の2種類があるが、ほとんどはZよりである。

ロープの綰ね方

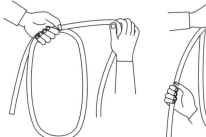

Zよりロープは時計回りに巻く　Sよりロープは反時計回りに巻く

ロープの収納

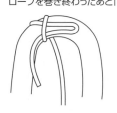

ロープを巻き終わったあと「茶瓶の把手結び」をする。

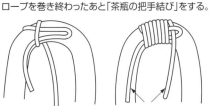

ロープの両端を本結びして止める。

1

1 ロープ取扱い技術、搬送法

合成繊維ロープの特徴

「ナイロンロープ」は、強度が高く、摩耗しにくいが、水に浮かない特性を有している。「ポリエステルロープ」は、強度が高く、摩耗しにくく、耐久性は、ナイロンロープと同程度であり、伸びにくく、水に濡れると強度が増す特性を有している。「ポリプロピレンロープ」は、安価であるが、ナイロンやポリエステルに比べると強度と耐久性に難点があり、水に浮くが摩擦や紫外線に弱いので、屋外での恒久的な使用には向いていない。

ロープの強度

ロープの強度は、ロープの両端を引っ張り試験機でつかみ、静かに荷重を連続してかけ、ロープが切断した時の最大の荷重である。太さ10㎜のナイロンロープは、おおむね18kNの引張強度を有しているが、ロープを結索した状態で引っ張るとロープのもつ本来の強度は低下するし、ロープに損傷等を受けると、更に強度は低下することから、ロープをできるだけ大切に取り扱う必要がある。

結索時のロープ強度の低下

結索におけるロープの曲げは、緩やかなループを描くようにすることが理想であるが、ロープを結索することによって極端な曲げが生じることから、結び目の曲り部分で材質に異常な伸びを起こして切断につながる場合もある。

2 ロープワーク

消防の救助活動は、機械や器材を駆使して成し遂げられるのが主流であるが、これらが使用できない現場では、ロープでの進入や脱出、要救助者の救出、資器材の昇降等にロープが使用され、多くの成果を上げ現在に至っている。そのため、このロープ取扱技術の修得は救助隊員にとっては必要不可欠なものとなっている。

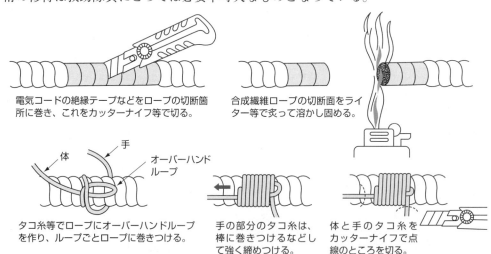

③ 結びの呼び方

ロープの結びは、ロープの先端が動く部分と主部と呼ばれる動かない部分がある。ロープの動く部分は手又は端といい、英語ではランニング・エンドと呼ばれている。動きのない部分は、元又は主部といい、スタンディング・パートと呼ばれている。またロープの曲げの部分をループといい、小さな曲げを体、バイトと呼んで区別している。どのような複雑な結びであっても、これらの要素の絡み合いで成り立っている。

④ 結びの構成

各種の結びを構成する要素は次のとおりである。

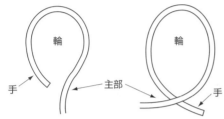

輪が閉じていないものは、体、バイトと称される。

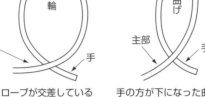

ロープが交差しているものをループと呼ぶ場合もある。

手の方が下になった曲げのループは、アンダーハンド・ループと呼ばれる。

手の方が上になった曲げのループは、オーバーハンド・ループと呼ばれる。

⑤ 結び方の基本

結びの結合力は、ロープ同士やロープと他の物との接触する部分を多くすることによって、そこに摩擦の抵抗力が生じることによって、ロープのすべりを止める働きとロープを抑え込む働きの相乗効果によって作り出されるものである。

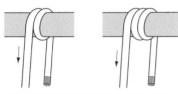

2回巻きより3回巻きの方がロープの接触面が多くなる。

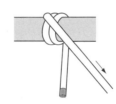

物に2回巻き又は3回巻きつけただけでは強く引くとほどけてしまうが、2回巻きつけた上から抑えつけるように引くとほどけにくくなる。

結び目

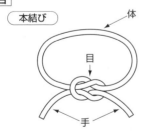

本結び

結びの形は、目（ノット）と体（バイト）及び手（エンド）から成り立っている。
本結びは、太さが違うロープや材質の違うロープを結び合わせるときは、ずれが生じて解けるおそれがあるので注意すること。

たて結び

たて結びは、本結びと結び目が似ているが、ほどけるおそれがあるので使用は限られる。

❶ロープ取扱い技術、搬送法

|結節|

ロープに結び目や節又はこぶを作ることを結節（ノット）という。

（節結び）

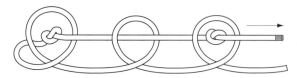

節結びは、結節の一種で1本のロープにひと結びを連続して作り、降下する際の足がかり等に用いられる。

（ひと結び）

滑車や孔からのロープの離脱の防止に役立てる。切断したロープの端がほつれるのを防止できる。ロープに節を作る際に役立てられる。ひと結びも結節の部類に入る。

（とめ結び）

この結びは、結節の部類であるが、ひと結びと同様の使われ方で、縒りが加えられたことによって、ひと結びよりも強くなり、またほどきやすい結索である。

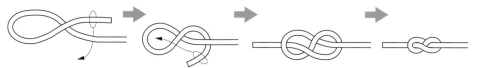

（8の字結び）

8の字結びは、ロープの展張等の際に用いられる。

1回よじって輪を作る。更にもう一度よじる。

この輪の中にもう一方の輪を通す。

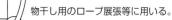

物干し用のロープ展張等に用いる。

ふた回りふた結び

矢印の方向に引いて展張する。

（フューラー結び）　（ちょう結び）　（半結び）

フューラー結びは、ロープの中間に輪を作る際に用いられる結びである。

ちょう結びもフューラー結び同様ロープの中間に輪を作る際に用いられる。

半結び　半結び

半結びは、ロープの接合や結着などの結び目を確実にする結びに用いる結び方である。

（二重もやい結び）　（三重もやい結び）

二重もやい結びは、ロープの中間に輪を作る場合や要救助者の救出に用いられる。

三重もやい結びは、二重もやい結び同様、ロープの中間に輪を作って、要救助者の救出に用いられる結び方である。

結着

ロープを物に結びつけることを結着という。

巻結び

巻結びは、ロープの途中や端を、物に係留する場合等に用いられる。

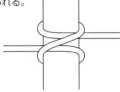

もやい結び

もやい結びは、結び目が確実で、結びやすくほどきやすいことから、杭等にロープを結着する場合に用いられている。

コイル巻きもやい結び

コイル巻きもやい結びは、要救助者等の救出、脱出時の自己確保あるいは、確保時に落下した場合に腰にかかる衝撃を緩和するために用いられる結びである。

縒り結び

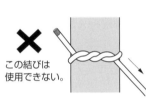

この結びは使用できない。

物に巻きつけたロープと同じ方向に縒りを掛けたものは、矢印の方向に強く引くとほどけてしまう。この結びでは、ロープを結着することはできない。

ロープの手の部分を主部に巻きつけ、逆方向に縒りをかけると結びは強固になり、ほどけることはない。
この縒り結びは、結着(ヒッチ)の一種である。

ふた結び

ふた結びは、ロープを物に係留する場合や資器材の吊り上げ、吊り下げ等に用いられる結びである。

ふた回りふた結び

ふた回りふた結びは、ロープを物に係留する場合やロープの展張、懸垂ロープの結着等に用いられる結びである。

ロープを物に2回巻きつけてふた結びの要領で結ぶ。

錨結び
(フィッシャーマンズ・ベンド)

ふた回りふた結びと同様の使い方をする。

ひきづな結び

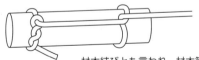

材木結びとも言われ、材木等を引く際に用いられる結びである。

結合 (ベンド)

ロープの両端や2本のロープを結び合わせるもので、接合ともいう。

ツウベンド

ボーライン・ベンド

❶ロープ取扱い技術、搬送法

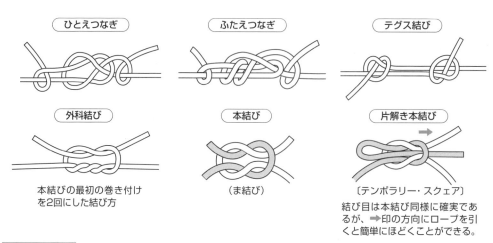

その他の結び

結縮

結縮は、ロープの緩みを中ほどで引き締める場合や、ロープを短縮する際に用いられる結び方である。

６ 輸送結び

この結びは、ロープを展張する場合に用いる。

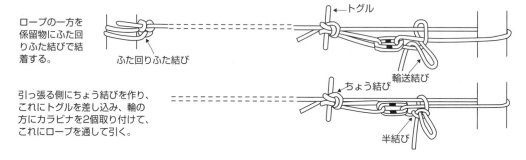

ロープの一方を係留物にふた回りふた結びで結着する。

引っ張る側にちょう結びを作り、これにトグルを差し込み、輪の方にカラビナを2個取り付けて、これにロープを通して引く。

７ 負傷者の運搬法

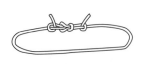
負傷者をあおむけに寝かせ、ロープやベルトで輪を作り、これを負傷者の身体の下に通して、両端をわきの下から出す。

救助する者が上に重なるようにして寝て負傷者のわきの下から出ている2本の輪の中に腕を通して、横にずれるようにして身を起こす。

救助する者が両手、両ひざで四つんばいになった後、立ちあがって負傷者を搬送する。

展張ロープの牽引

展張したロープを少人数で牽引する際は、南京結びで引き締めると大勢で引っ張ったのと同じ効果が得られる。

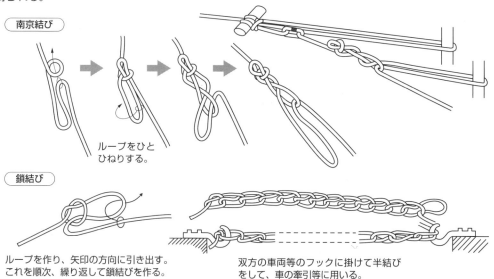

（南京結び）
ループをひとひねりする。

（鎖結び）
ループを作り、矢印の方向に引き出す。これを順次、繰り返して鎖結びを作る。

双方の車両等のフックに掛けて半結びをして、車の牽引等に用いる。

担架に負傷者をくくりつける方法

担架の上に毛布を2枚重ねにして、頭部側は横長にして、足部側は縦長になるよう図のように敷く。

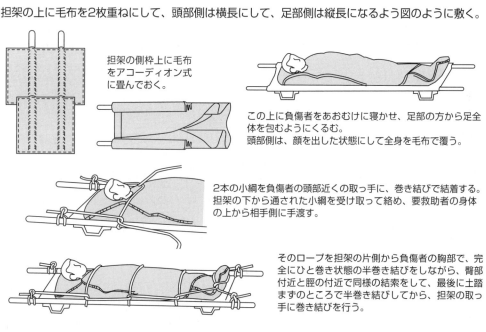

担架の側枠上に毛布をアコーディオン式に畳んでおく。

この上に負傷者をあおむけに寝かせ、足部の方から足全体を包むようにくるむ。
頭部側は、顔を出した状態にして全身を毛布で覆う。

2本の小綱を負傷者の頭部近くの取っ手に、巻き結びで結着する。担架の下から通された小綱を受け取って絡め、要救助者の身体の上から相手側に手渡す。

そのロープを担架の片側から負傷者の胸部で、完全にひと巻き状態の半巻き結びをしながら、臀部付近と脛の付近で同様の結索をして、最後に土踏まずのところで半巻き結びしてから、担架の取っ手に巻き結びを行う。

この結索は、負傷者を完全に担架にくくりつけた状態になることから、そのまま担架を立てても、頭部を真下にしても、裏返しにしても、負傷者が担架からずり落ちることはない。

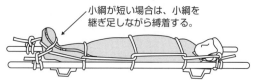

小綱が短い場合は、小綱を継ぎ足しながら縛着する。

❶ ロープ取扱い技術、搬送法

狭隘箇所の救出

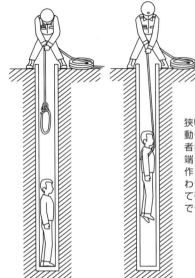

狭い所に落下して身動きできない状態の者には、ロープの先端にもやい結びを作って下ろし、輪をわきの下にあてさせて引き上げることができる。

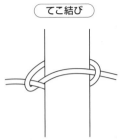
てこ結び
細い物を引き上げる際に用いる結び方

キャッポー
重い荷物をフックに掛けるときの結び方

泥濘(ぬかるみ)に嵌(はま)った車両を引き出す際には、もう1台の車両で牽引する方法を用いる場合がある。これには、鋼製ロープ（ワイヤーロープ）を使用することが最良である。この代用に繊維ロープを使用する場合、状況にもよるが、10㎜程度のロープ1本では、簡単に切断してしまうことが多い。そこでロープを編んでダブルチェーン（5本編み）かくさり結び（チェーンプレイト）3本編みにして、車輌のフックに掛けて牽引することが効果的である。
このような必要以上に衝撃荷重や負荷をかけたロープは、廃棄処分にすることが適当である。

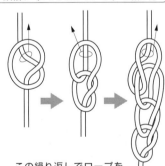
鎖結び（シングルチェーン）の編み方
この繰り返しでロープを縒ってくさり状にする。

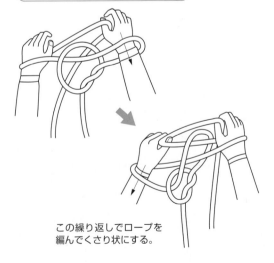
鎖結び（ダブルチェーン）の編み方
この繰り返しでロープを編んでくさり状にする。

8 キンク（Kink）

キンクは、ねじれとよじれにより、もつれたロープを引っ張ったときに生ずる節状のものをいう。

コイル状に綰ねた(わが)ロープを解くときに、解き方を誤ると、ロープに縒りが掛かったり、縒りが戻ったりする。この縒りが掛かったり（プラス）、縒りが戻ったり（マイナス）する状態が、ロープの一箇所に集中すると、その部分が異常な形になることをキンクという。この部分は強度が著しく低下しているので、廃棄処分にすることが適当である。

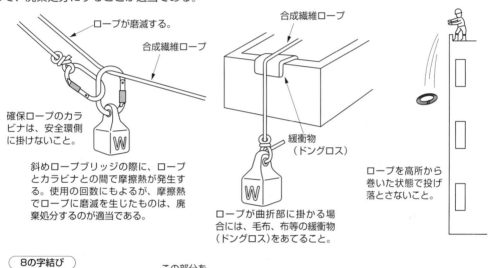

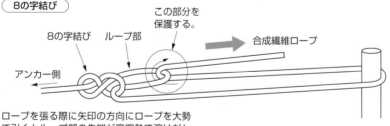

ロープを張る際に矢印の方向にロープを大勢で引くとループ部の先端が摩擦熱で溶けだして切断するおそれがあるので、カラビナや当て布をしてロープの保護をすること。

[留意事項]

ロープは踏みつけたり、重量物を落下させないこと。また、長時間荷重をかけた状態やよじれ等の不自然な状態のままで使用しないこと。

ロープを複数使用する場合は、必要に応じて、色等により識別し、またロープの途中に不必要な節やこぶを作らないこと。

9 カラビナ（Karabiner）

　カラビナは、ロープ展張時の補助金具としてや滑車の代用から命綱の一端に結着して、自己の安全確保や救助用具として幅広く活用されている金属製の輪である。

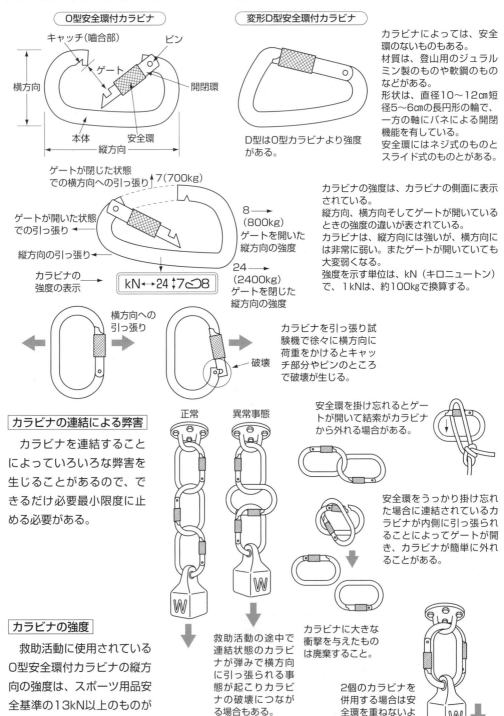

カラビナによっては、安全環のないものもある。
材質は、登山用のジュラルミン製のものや軟鋼のものなどがある。
形状は、直径10〜12cm短径5〜6cmの長円形の輪で、一方の軸にバネによる開閉機能を有している。
安全環にはネジ式のものとスライド式のものとがある。

カラビナの強度は、カラビナの側面に表示されている。
縦方向、横方向そしてゲートが開いているときの強度の違いが表されている。
カラビナは、縦方向には強いが、横方向には非常に弱い。またゲートが開いていても大変弱くなる。
強度を示す単位は、kN（キロニュートン）で、1kNは、約100kgで換算する。

カラビナを引っ張り試験機で徐々に横方向に荷重をかけるとキャッチ部分やピンのところで破壊が生じる。

カラビナの連結による弊害

　カラビナを連結することによっていろいろな弊害を生じることがあるので、できるだけ必要最小限度に止める必要がある。

安全環を掛け忘れるとゲートが開いて素索がカラビナから外れる場合がある。

安全環をうっかり掛け忘れた場合に連結されているカラビナが内側に引っ張られることによってゲートが開き、カラビナが簡単に外れることがある。

救助活動の途中で連結状態のカラビナが弾みで横方向に引っ張られる事態が起こりカラビナの破壊につながる場合もある。

カラビナに大きな衝撃を与えたものは廃棄すること。

2個のカラビナを併用する場合は安全環を重ねないようにすること。

カラビナの強度

　救助活動に使用されているO型安全環付カラビナの縦方向の強度は、スポーツ用品安全基準の13kN以上のものが使用されている。

2. ロープ・ワーク

1 座席懸垂ロープの設定

場所の選定

懸垂降下するためのロープを結着する箇所（懸垂点）として、負荷総荷重に十分に耐える頑丈な物を選ぶとともに、壁面等は、開口部が少なく崩壊のおそれのない場所を選定する。

ロープの投げ方

ロープを投げ下ろす際には、途中でロープがからんで停止した場合、弾みをくらい投げた者が転落する危険があるので、足場の安定を確認しておくとともに、体重を後ろにかけ、重心を低くして投下する。

投げる場所によっては、小綱で自己の安全を確保しておいて行う必要がある。

ロープを等分に分けて、それぞれを両手に持ち、片方の足を前に出し体勢を安定させたうえで、下方の隊員に「ロープ投下」の合図を送り、相手の「よし」を確認しておいて、片方ずつ下手投げで投下する。降下距離の長い場合は、途中から索端を順次繰り出すようにしながらロープを下げる。

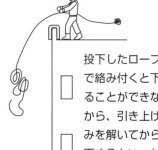

投下したロープが途中で絡み付くと下に下げることができないことから、引き上げて、絡みを解いてから再度投下するといった二度手間になってしまうので、投下する前に綰（わが）ねたロープの巻き始めと終りをよく確認すること。

留意事項

懸垂用のロープは、2本合わせのものとし、降下方法によって長さの調節をするとともに、ロープが接触する箇所に緩衝物を巻いてロープの保護に努めること。ロープを懸垂点（アンカー）に結着する際には、支点が経年変化で壊れることも考慮に入れ、必ず二次支点を設けるとともに、降下距離が著しく長い場合には、ロープを1本ずつ結着すること。

懸垂点（アンカー）作成

屋上のリングを懸垂点に利用

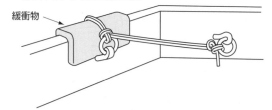
緩衝物

建築物の柱を利用

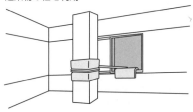

懸垂点のロープの結着する場所についても、渡過や登はんと同様、災害現場によるが、自然物や工作物等を利用し比較的容易に結着できる場所もあるが、概して困難な場合が多い。したがって、あらゆる状況を想定し、それぞれの事象に対応するための安全で確実な結着方法を修得しておく必要がある。

11

❶ロープ取扱い技術、搬送法

懸垂ロープの巻き方

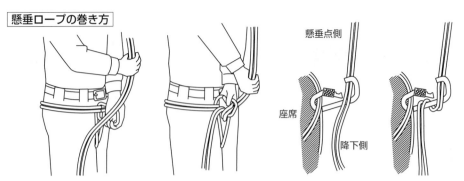

　左手の親指でゲートを開き、懸垂点側のロープを左側にしてカラビナに掛ける。
　懸垂点側のロープを右手で持ち、カラビナの本体に時計回りに1回巻きつけ、ゲートを閉じて安全環を締める。

❷ 座席懸垂

　高所から低所への移動は、通常、階段やエレベータを使用するが、災害現場や火災現場では、これらを使用できない場合があることから、非常手段としてロープを用いて移動することが多々、生じているところである。
　座席懸垂は比較的安全なかたちで移動が可能であることから、井戸の転落事故やはしご車が使用できないようなビル火災で、屋上から火災階へ進入するといったことにまで多用されているのが実状である。

座席の作り方

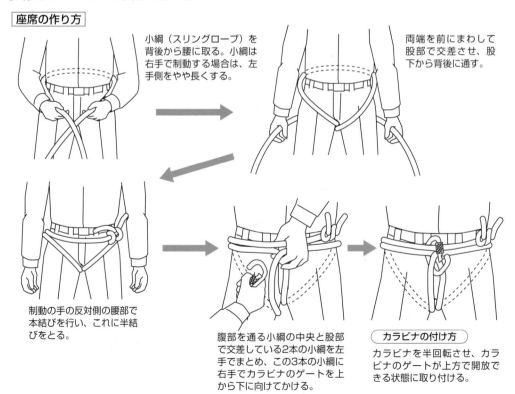

12

座席の作り方パート2

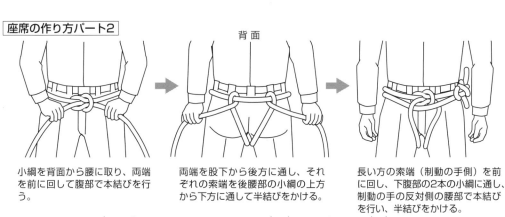

背面

小綱を背面から腰に取り、両端を前に回して腹部で本結びを行う。

両端を股下から後方に通し、それぞれの索端を後腰部の小綱の上方から下方に通して半結びをかける。

長い方の索端（制動の手側）を前に回し、下腹部の2本の小綱に通し、制動の手の反対側の腰部で本結びを行い、半結びをかける。

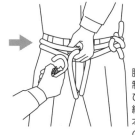

腹部の本結びの位置で、制動の手側（腰部の結びの反対側）になる小綱2本と下腹部の小綱1本にそれぞれカラビナのゲートを上方にしてかけ、半回転させる。

カラビナの掛け方

カラビナのゲートを親指で押さえ、残りの4本指で手のひらの内側に包むように握る。親指をゲートに押しつけると開く。

降下要領（右手制動）

指揮者の「座席懸垂用意」で、降下員は、懸垂点側のロープの緩みをなくし、左手はひじを伸ばし懸垂点側のロープを軽く握り、右手は降下側のロープを右腰部に握って、制動体勢をとり「よし」と呼称する。

指揮者の「位置につけ」で降下員は徐々にロープに体重をかけ、右足から壁面に出て降下の姿勢をとって、カラビナの状態を確認してから「準備よし」と呼称する。

上体をロープと平行に保ち、足は上体に対して直角にし肩幅に開き、ひざを伸ばす。足底は壁面に平らにつけ、目は右足下方の降下して行く地点を見る。

指揮者の「始め」で、降下員は「よし」と呼称し、降下の姿勢で制動の手の握りを緩め、壁面を歩くように降下する。指揮者は降下員が着地したのを確認し「よし」と呼称する。着地寸前、降下員は地上から約1m上の位置でいったん停止した後、降下着地して「到着」と呼称する。

指揮者は「よし」と呼称し、降下員は壁面から後方に下がりながら、ロープをカラビナから外し、両手でロープを左右に開いて離し「ロープよし、終り」と呼称する。

留意事項

壁面で降下姿勢をとる際、懸垂点側のロープの緩みを完全になくし、懸垂ロープに徐々に体重をかけること。制動は、制動の手のロープを握りしめ、その手を後方に引くような気持で腰に押しつけ、手は腰から離さないこと。手を保護するため革の手袋をはめること。

降下時、足は壁面をずらさないこと、また不必要な横移動、跳びはね、急制動は行わないこと。降下速度は習熟の度合によるものとし慎重を期すること。着地の際は、地上から約1mの位置で、いったん停止したのち着地すること。

❶ロープ取扱い技術、搬送法

オーバーハング降下

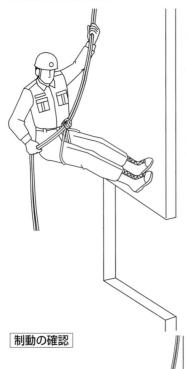

降下する壁面がひさしや回廊等の凹凸があって、次に踏み締める足場がない場合には、座席懸垂のオーバーハング降下を用いる。

降下要領

座席懸垂を行って足場の無くなる前でいったん止まり、両足を並行にそろえて準備姿勢をとり、降下に支障をきたすフェンス等がないか、着地場所の状況を確認する。

制動のロープの握りを緩めて一気に降下する。

障害物を通過すると同時に右手で制動をかけ、壁面に対し元の降下姿勢をとる。再度、降下をして着地の直前に制動を行う。

留意事項

・両手は、懸垂ロープから絶対に離さないようにし、着地時以外は、降下の途中で制動しないこと。

・着地場所や途中における足場の状況をよく見ること。途中の着地場所から再び降下する際には、跳躍すると姿勢が崩れるので、絶対に跳躍は行わないこと。

・降下速度が遅いとロープの縒りによって、降下者の身体が回転する危険があるので、制動をかけて降下が停止したならば、すぐに制動を緩めて着地をすること。

制動の確認

初心者が降下する際は確保者が降下側のロープを持って、降下者の制動が働かない場合に備えて待機する。降下の途中で降下者をいったん停止させ、確保者が降下側のロープを強く引いて、降下者と確保者の信頼関係を築くことが大切である。

ロープの端末が回転を始める。

座席懸垂の際に懸垂ロープの降下側の端末がくるくると巻き始めた場合はカラビナの懸垂点側のロープの巻き方が逆の場合があるので、着地後に原因を調べるようにすること。

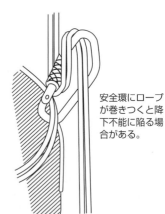

安全環にロープが巻きつくと降下不能に陥る場合がある。

懸垂ロープの巻き方で、懸垂点側のロープをカラビナ本体に巻きつけた後、ロープの締めが緩いと降下姿勢をとった際に安全環側にロープの巻きつけが移動することがあるので、カラビナの状態をよく確認すること。巻きの状態が移動しているのを発見した場合は、降下姿勢をいったん中止し、カラビナ本体に巻き直し、安全環を締めつけること。

3 身体懸垂

　比較的降下する距離が短い場合の降下には効果的な懸垂である。降下時に身体のバランス感覚が要求されることから、練度を高め技量の向上に努める必要がある。高さ20mもの距離を一気に降下しようとすると首部や臀部を摩擦熱で火傷を負う場合があるので注意する必要がある。降下する際には摩擦熱から身体を守るため、襟を立てたり臀部の摩擦熱が上がらないスピードで降下することが大切である。降下の仕方としては「肩がらみ懸垂」「首がらみ懸垂」「十字がらみ懸垂」の方法がある。

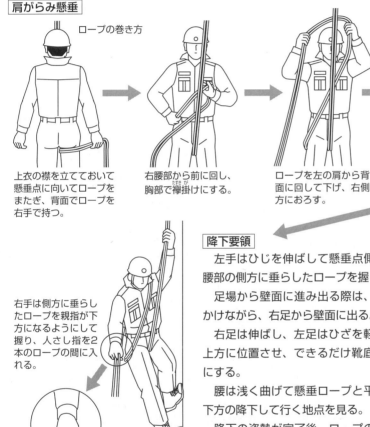

肩がらみ懸垂

ロープの巻き方

- 上衣の襟を立てておいて懸垂点に向いてロープをまたぎ、背面でロープを右手で持つ。
- 右腰部から前に回し、胸部で襷掛けにする。
- ロープを左の肩から背面に回して下げ、右側方におろす。
- 背面のロープを右手で握る。

右手は側方に垂らしたロープを親指が下方になるようにして握り、人さし指を2本のロープの間に入れる。

降下要領

　左手はひじを伸ばして懸垂点側のロープを握り、右手は右腰部の側方に垂らしたロープを握って制動を行う。

　足場から壁面に進み出る際は、徐々に懸垂ロープに体重をかけながら、右足から壁面に出る。

　右足は伸ばし、左足はひざを軽く曲げた状態で、右足より上方に位置させ、できるだけ靴底を壁面に平らにつけるようにする。

　腰は浅く曲げて懸垂ロープと平行に保ちながら、目は右足下方の降下して行く地点を見る。

　降下の姿勢が完了後、ロープの握りを緩めて、小刻みの継ぎ足で降下する。

留意事項

- ロープを握った両手は、絶対に離さないこと。
- 靴底は、斜面の緩急によって角度を変え、降下の際には靴底で壁面をずらさないこと。
- 目は、次に踏み締める足元を注視しながら降下すること。
- ロープが股から外れると転落する危険があるので、常に右足は左足の下方に位置させること。
- 制動は、右手でロープを握りしめて胸にあて、ロープと身体の摩擦を多くすること。
- 身体懸垂は、摩擦熱で臀部に苦痛が伴うことから、通常は2階程度の降下する距離にし、技量の高い者であっても、3階程度を降下する距離にすること。
- ロープの摩擦から首部を保護するために、救助服等の上衣の襟を立てて行うこと。

❶ロープ取扱い技術、搬送法

首がらみ懸垂

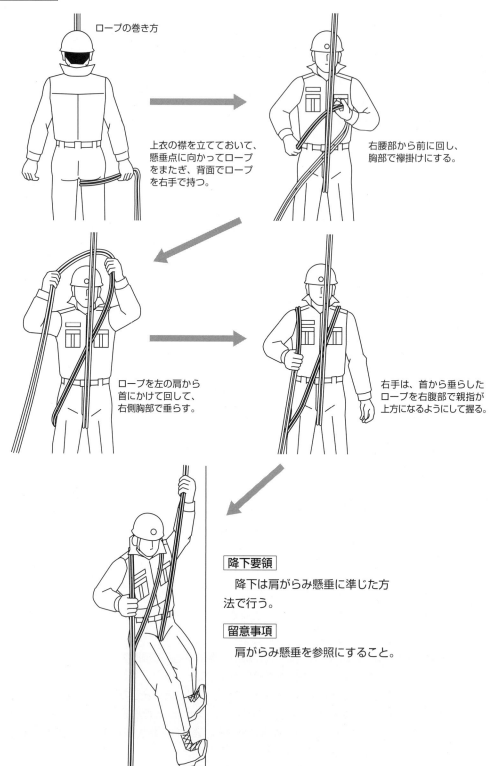

ロープの巻き方

上衣の襟を立てておいて、懸垂点に向かってロープをまたぎ、背面でロープを右手で持つ。

右腰部から前に回し、胸部で襷掛けにする。

ロープを左の肩から首にかけて回して、右側胸部で垂らす。

右手は、首から垂らしたロープを右腹部で親指が上方になるようにして握る。

降下要領
　降下は肩がらみ懸垂に準じた方法で行う。

留意事項
　肩がらみ懸垂を参照にすること。

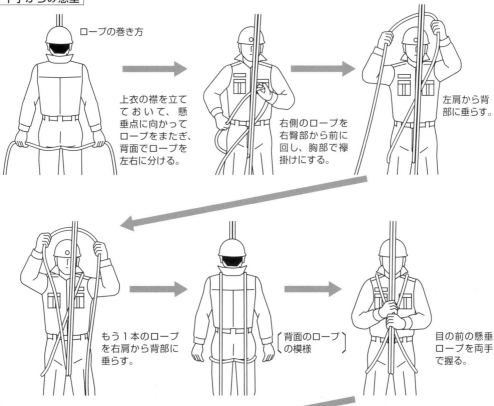

十字がらみ懸垂

ロープの巻き方

上衣の襟を立てておいて、懸垂点に向かってロープをまたぎ、背面でロープを左右に分ける。

右側のロープを右臀部から前に回し、胸部で襷掛けにする。

左肩から背部に垂らす。

もう１本のロープを右肩から背部に垂らす。

〔背面のロープの模様〕

目の前の懸垂ロープを両手で握る。

降下要領

　両腕を真っすぐに伸ばして懸垂点側のロープを握り、足を肩幅よりやや広く開きひざを軽く伸ばす。上体と両足の角度は「くの字」になるようにする。
　目は、両足下方の降下して行く地点を見る。両手で握ったロープの握りを緩め、つま先で壁面を歩行するようにしながら降下する。

留意事項

　降下時の速度は、緩やかにし、上体と両足の角度は深く（直角）ならないように注意すること。
　腕力のない者や技量の劣る者又は降下中に過度の速度が出ている者に対しては、肩から垂れたロープを下で軽く引き、制動をかけてやること。

17

❶ロープ取扱い技術、搬送法

❹ 応急懸垂

　状況にもよるが比較的傾斜が緩やかな場合の降下は、応急懸垂の方が効果的な場合がある。ロープを降下地点まで垂らしておいて、アンカーの電柱や太い立ち木等に巻き結び等で結着してから、降下を開始する。

　この懸垂要領は、急斜面や垂直面には不向きであるので他の降下方法を用いること。不整地での応急懸垂は身体が前後にぶれることがあるので、このときはいったん停止するか、制動をかけながら降下して身体のぶれを防止する。

　降下時には、足は引きずらないようにし、懸垂線のとおり真っすぐに降下する。横への移動はしないこと。手はロープから離さないこと。交通標識のような細いポールにはアンカーを取らないこと（パイプは内側から腐食している場合がある。）。

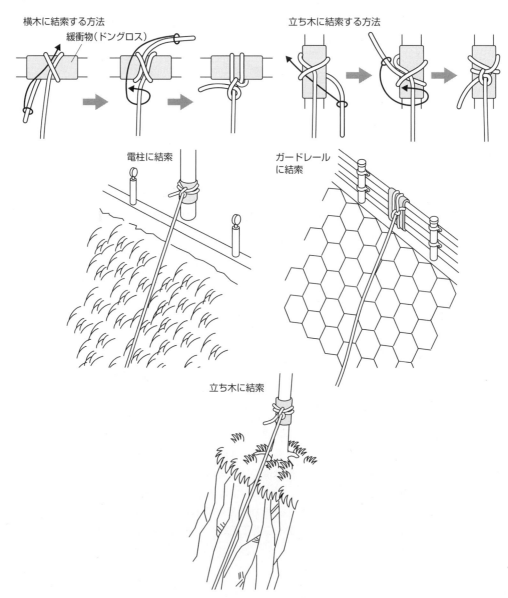

　懸垂地点に対して、上体をＬ字状に曲げた姿勢をとりロープを確実に握る。両肘は体側からあまり離れないようにしながら、三点支持で、ロープを両手で握っているときには、片方の足を動かし、両足が降下傾面についているときに片方の手の握りを緩めるようにしながら、片方の手を動かす要領で、着実に降下をする。

　懸垂地点に対して横向きになりながら、懸垂ロープを腰にとる。左（右）手は上方のロープを、右（左）手は、下方のロープを抱え込むようにして握る。それぞれの甲を後に向けて握る。
　降下側の右（左）ひじが、体側からあまり離れないようにして腰を伸ばし、身体は降下傾面に対してなるべく直角になるようにして体をロープに託すようにする。
　足底は、降下傾面に平らにつけて、横に継ぎ足の要領で右（左）手のロープを緩めながら降下する。目は、次に踏む所を注視する。
　制動は、右（左）手のロープ（下方のロープ）を握りしめるようにして腹部にあてる。

5 登はん

　ものにつかまって高い所によじ登るといった意味合いの「登はん」は、はしご車等の機械力が使用できない災害現場において、救助隊員が救助活動に際し多用される救助技術の一種であり、この種の登はん技術の修得は救助隊員にとって必須条件でもある。
　登はんの種類としては、隊員の腕力だけで登る「素登り」と垂れ下がったロープに足をからめて登る「フットロック登はん」があり、その他には小綱を使用しブルージック結びを懸垂ロープに行って登る方法とがある。

　留意事項
　　ロープ登はん訓練は、懸垂ロープや確保ロープを設定しておき、要所に人員を配置してから行うこと。確保ロープは登はんの速度に合わせてロープを張った状態になるようにし、緩むことのないようにすること。手を保護するため革の手袋をはめること。

❶ロープ取扱い技術、搬送法

素登り要領

登はん員は、壁面に正対し両手で懸垂ロープを握る。

腰にコイル巻きもやい結びで確保ロープを取り付ける。

懸垂ロープに全体重をかけて、ロープの伸びを確認し、その際握り手の位置を決める。
両足を地面につけた状態から、登はん員の握り手の位置が胸の前にくるようにしながら身体を腕力のみで引き上げていく。この際、ひじは内側へ軽く曲げ、両脇を締めるようにしながらロープを握る。
登はんの最中は上方を注視し、両手でロープを内側にしぼるようにしながら、手首を返してロープの上方を交互に握っていく。
足は軽く曲げ、壁面をするようにしながら、両足を少し開いて左右の足を交互にけるようにしながら股をあげる。

素登りの留意事項

登はんの最中は絶対に手を離さないこと。腕に全体重がかかるので、懸垂ロープを確実に握り、腕が伸びきった状態は避けること。

手の握りのストロークを大きくとるとエネルギーの消耗が大きく、腕の疲労を早めるので、小刻みにロープを握って登ること。

フットロック登はん

ロープ足がらみ登はん要領

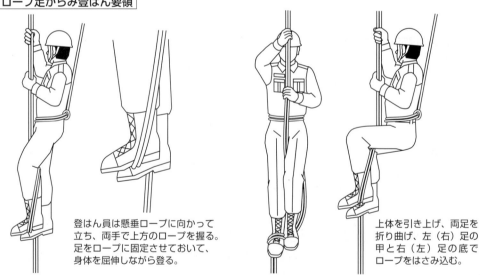

登はん員は懸垂ロープに向かって立ち、両手で上方のロープを握る。足をロープに固定させておいて、身体を屈伸しながら登る。

上体を引き上げ、両足を折り曲げ、左（右）足の甲と右（左）足の底でロープをはさみ込む。

足がらみ登はんの留意事項

・足で身体をロープに完全に固定してから、両手を上方に伸ばすようにすること。
・降下する際は、両足ではさみ込んでいたロープの力をわずかに抜いて、静かに降下し、手は交互にロープの下方を握りかえるようにし、両手をすべらせて摩擦熱が発生し、手を損傷することがないようにすること。
・登はん員には必ず確保ロープを装着すること。
・登はん開始に先立ち、両足によるロープ固定状況を確認してから登ること。

ロープ足がらみ登はんパートⅡ

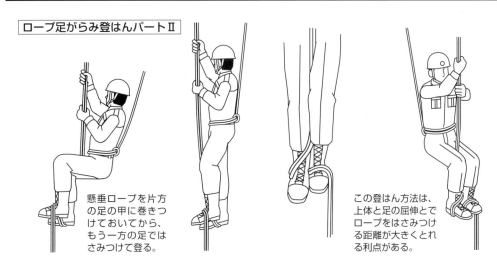

懸垂ロープを片方の足の甲に巻きつけておいてから、もう一方の足ではさみつけて登る。

この登はん方法は、上体と足の屈伸とでロープをはさみつける距離が大きくとれる利点がある。

ロープをすねに巻きつけて登はんする要領

登はん員は、懸垂ロープに向かって立ち、両手で上方のロープを握って上体を引き上げて、両足の内股側から双方の足にロープを巻きつける。ロープの巻き方は、一方のロープを片方の足の内側から外側へ回し、更に内側に巻きつけ、もう一方の足にも同様に巻きつける。

登はんは、両手で1本のロープを握り身体を引き上げ、つま先を壁面につけ、片足ずつ交互に上方に移動させ、手も同じように交互にロープの上方を握って登はんする。

懸垂ロープの下部に補助員を配置しておいて、補助員は登はん員の下方で両手にロープを分けて1本ずつ持ち、登はん員の登はんに合わせて、引き上げる足の方のロープを緩め、制動側の足のロープを引いて足の固定の補助を行う。

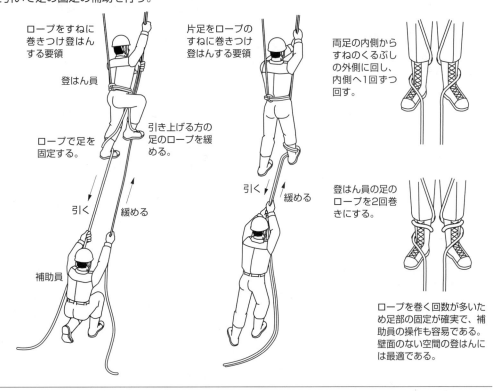

21

❶ロープ取扱い技術、搬送法

▢ 片足をロープのすねに巻きつけ登はんする要領

　懸垂ロープに右又は左足のいずれかにロープを巻きつけ、身体を引き上げると同時にロープを巻きつけた方の足を上方に引き上げ移動する。足はつま先を上にして内側に向けるようにし、すねを前方に出し、前にけるようにすると身体が固定される。

▢ 留意事項

　登はん員は、両手で2本のロープを握り、手と足を交互に移動させること。補助員は、登はん員の「右、左」若しくは、「1、2」の合図により、又は登はん員の足の移動に合わせてロープを操作すること。登はん員が上に移動するに従い、ロープの重みも加わるので補助員はこれらも加味しながら引く力を調整すること。

　訓練の場合、実施場所の高所にかかわらず、必ず確保ロープを装着して実施すること。片足登はんの場合は、ロープを巻いた足の状態に合わせて行うこと。

▢ ブルージック登はん

　懸垂ロープに小綱を3本でブルージック結びにし、ロープを登っていくのがブルージック登はんである。登はん員は座席を作りブルージック結びで身体を確保してから、その下に2本の小綱でアブミを作って、それを両足に掛け交互に上方に移動させながら登はんする方法である。

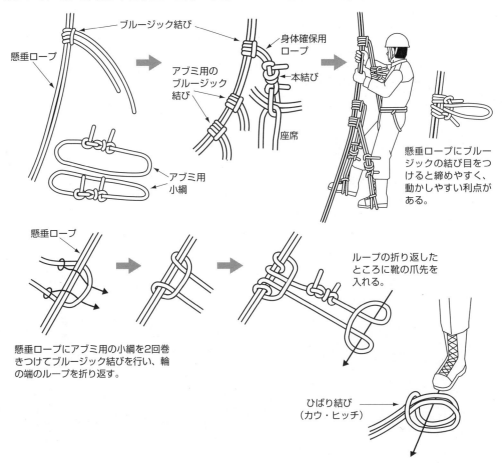

22

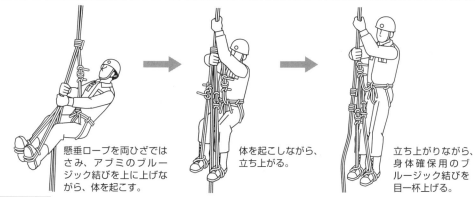

懸垂ロープを両ひざではさみ、アブミのブルージック結びを上に上げながら、体を起こす。

体を起こしながら、立ち上がる。

立ち上がりながら、身体確保用のブルージック結びを目一杯上げる。

[登はん要領]

　登はん員は、懸垂ロープにブルージック結びをして身体確保用の座席に結着しておき、更に身体を引き上げるためのアブミ2本をブルージック結びをして懸垂ロープの上方を握り、身体を引き上げる。浮いた身体確保用のブルージック結びを上方にずらし、これとアブミとに体重をかける。浮かせたアブミのブルージック結びを上にずらしておいて、アブミと座席に体重をかける。更に下のアブミを上にずらし、2本のアブミに体重をかけ両足を踏ん張って懸垂ロープの上方を握り、身体を引き上げる。この動作を交互に繰り返しながら登はんする。

[留意事項]

　ブルージックの結び目をずらすときは、片手で結び目の下方の懸垂ロープを持つようにすること。補助員を配置し、懸垂ロープを引張っていれば登はんが容易となる。降下する場合は、ブルージック結び目を一緒にまとめる。身体確保用のブルージック結びに両手をかけて、両手に全体重を掛けるようにして、一気に降下することができる。

6 作業姿勢

　作業用ゴンドラの宙吊り事故における負傷者等を救出する場合、この救助作業に際し、懸垂降下の途中で作業姿勢をとる必要があり、「輸送結び」で懸垂ロープを座席のカラビナに結着して、降下隊員の作業上の姿勢を確保する方法を「作業姿勢」と呼ぶ。

[作業姿勢の作成要領]

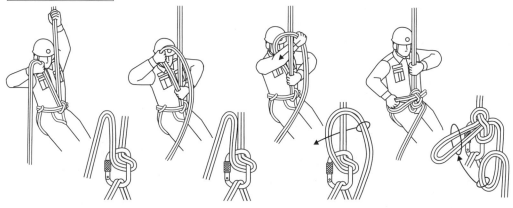

座席懸垂をして降下し、作業姿勢を行う位置で停止し、両足をそろえる。

制動側の右手に握ったロープをそのまま上方に上げる。

左手で降下側のロープをカラビナの上端部で一緒に握る。右手で降下側のロープを握って、矢印の方向に強く引く。

カラビナのところで「輸送結び」を行い、その余長に半結びをかける。

留意事項

　作業姿勢をとる場合には、足を横に開いてひざを伸ばし身体の安定を保つようにするとともに、作業内容によっては、小綱で上体を懸垂ロープに確保して危害防止を図ること。
　輸送結びを行うときは、停止位置より若干身体が下がるので停止位置を考慮して制動を行い、作業中、極端に身体を反らしたり、横に曲げたりしないこと。

座席の作業姿勢のほどき方

　作業姿勢の解除の仕方は、次の要領による。

カラビナのところの「輸送結び」の半結びをほどく。

懸垂ロープの降下側のロープを右手で握る。

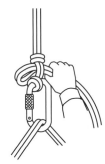
懸垂ロープの降下側のロープを徐々に引いてループを小さくする。

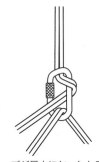
ループが最小になったところを見計らい、一気にロープを引き抜き、座席懸垂の姿勢をとる。

7 ゴンドラ事故救出

　作業用ゴンドラが45度傾いたような宙吊り状態における要救助者を救出する際の救助活動の要領。
　屋上の壁に取り付けられているリングにアンカーをとり、座席懸垂ロープや降下員の確保ロープを設定し、宙吊りゴンドラのところで作業姿勢をとる。
　降下してきたサバイバースリングを受け取って要救助者に縛着して引き上げを開始する。

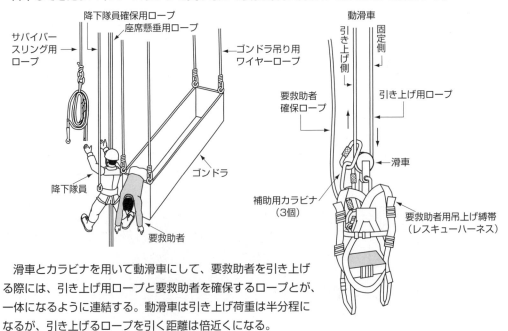

　滑車とカラビナを用いて動滑車にして、要救助者を引き上げる際には、引き上げ用ロープと要救助者を確保するロープとが、一体になるように連結する。動滑車は引き上げ荷重は半分程になるが、引き上げるロープを引く距離は倍近くになる。

8 背負救出

　高所における負傷者や建物外壁等の宙吊り者、あるいは火災現場での高層階から逃げ遅れた者等を背負って、座席懸垂で降下する際に用いられる救出方法である。

要救助者の背負い方

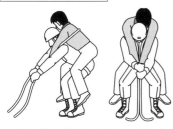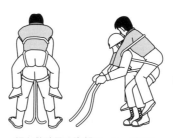

小綱2本を本結びで結合し、半結びをかけて背負い用の綱とする。
要救助者の背中に背負い用の綱の結び目が背中の中央よりやや外れるようにあてて、救助員の背よりやや高く背負う。綱の両端を要救助者の脇の下から、救助員の肩にかけて前に出す。

綱を救助員の胸部で、2～3回ねじって交差させて、左右の索端をそれぞれ救助員の足の外側からまわして、反対側の足の内側を通す。

前に出した綱を腹部で本結びし、これに半結びをかける。この結び目の位置は、救助員の制動の手の反対側とし索端を腹部の綱にはさみ込んでおく。

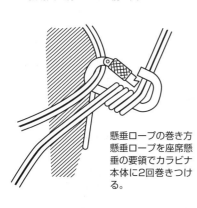

懸垂ロープの巻き方
懸垂ロープを座席懸垂の要領でカラビナ本体に2回巻きつける。

確保用ロープ→
←懸垂用ロープ

救出要領

　要救助者の上体に確保用のロープをつける。懸垂点側のロープのゆるみを完全になくし、左手はひじを伸ばして懸垂ロープを握る。右手は降下員と要救助者の足の間に通して下げた懸垂ロープを要救助者の足の外側から握って制動する。

留意事項

　救助員は、懸垂ロープを座席のカラビナに必ず2回巻きつけ、制動時の摩擦力を高めるとともに、降下の際は両手を懸垂ロープから絶対に離さないこと。背負い用の綱の全長は、座席のカラビナにひき込まれないように索端は完全に処理すること。足はひざを十分に伸ばし、足底を壁面に平らにつけ、降下中、横にふらつかないように踏ん張り要救助者に強い衝撃を与えないように慎重に行動すること。

要救助者の身体結索

　要救助者の吊り上げまたは吊り下げにおいては、救助用縛帯やサバイバースリング等が用いられるが、これらを持ち合わせていない場合は、次のような方法で身体の縛着を行う。

❶ロープ取扱い技術、搬送法

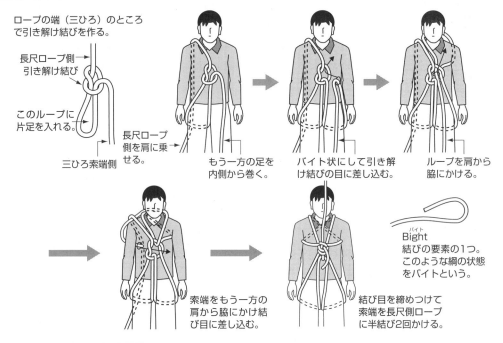

かぎ付はしごによる進入法

　かぎ付はしごは、ポンピア・ラダーが原型で、これが軽くて強いチタン製のものに改良されて、現在に至ったものである。

　ポンピア・ラダーは、木製の一本棒の先端にグース・ネックといった金属製の大鉤が取り付けられ、棒には横さんが取り付けられたものであるが、先端部が金属であるため重くて、バランスが悪く、日本人の体力にはそぐわないものであったが、その後、かぎ付はしごに改良が加えられて、取り扱いやすいものになったのである。

進入要領

　操作員は、はしごの主かんを持ち、これを送り出しながら上階の手摺や窓枠等に鉤を掛けてから、その掛かり具合や安定性を必ず確認すること。

　操作員は命綱をつけ、更に状況によっては確保用のロープを使用する。

　登はん者は、進入後、次の登はん者の確保をする。

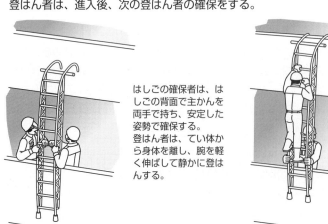

はしごの確保者は、はしごの背面で主かんを両手で持ち、安定した姿勢で確保する。
登はん者は、てい体から身体を離し、腕を軽く伸ばして静かに登はんする。

かぎ付はしごは、はしごの先端に鉤が取り付けられたものであり、この鉤の部分を手摺や窓枠等に掛けて、このはしごを登っておいて、次にまた掛け替えをしながら順次、高所へ登って行く際などに使用されるものである。
かぎ付はしごの操作は、一人でも可能であるが、掛け替えの際に傾きによって急激に力が加わることがあるので、二人で垂直にはしごを保つようにしながら取り扱うこと。

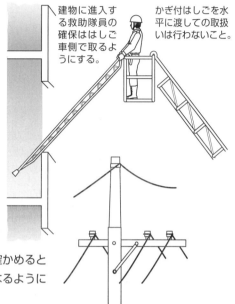

はしご車のてい体が直接、架ていできない場合ははしご車の先端のバケットからかぎ付はしごを掛けて、高所へ進入することも可能である。

状況にもよるが、高圧線等の障害物がある場合は、はしごの先端のバケット側に、かぎ付はしごの鉤を掛けて、斜めに建物側へはしごを掛けて、建物に進入することが可能である。

建物に進入する救助隊員の確保ははしご車側で取るようにする。

かぎ付はしごを水平に渡しての取扱いは行わないこと。

留意事項
・かぎ付はしごの鉤を掛ける手摺や窓枠等の強度を確かめるとともに、はしごは特殊な場合を除き垂直な状態になるように掛けること。
・登はんに際しては、衝撃をかけないように行うこと。
・操作員は、お互いに連携を密にすること。

9 ロープ渡過

　火災現場や災害現場の進入手段にロープ渡過が用いられることがある。これにはロープを展張するといった大前提が横たわる。状況にもよるが渡過の距離が短ければ、容易に救出は可能であり、救出事例も多くみられることから、救助員として高度の技術の修得にあたる必要がある。

ロープブリッジの種類

　通常、2本のロープを合わせ1線を展張したものが、「1本ロープブリッジ」でまた1線を足場用の綱にし、その上の1線を手摺用の綱とし、この間を渡るのが、「2本ロープブリッジ」である。高低差のある場所に1本ロープブリッジを設定したのが「斜めロープブリッジ」である。

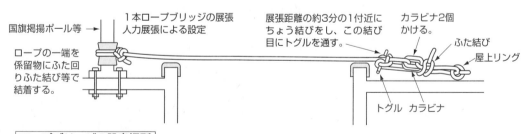

ロープブリッジの設定場所

　係留点は渡過に十分に耐えうる堅固なものを選定し、設定する場所には、ロープ展張等の作業に必要なスペースがあること。さらに渡過員が途中で落下してロープに宙吊りになっても、地物に接触するおそれのない場所であること。

❶ロープ取扱い技術、搬送法

ふた回りふた結び

- ロープの端末を2回巻きつける。
- 巻きつけたロープの端末を長い方のロープにからめて1回結ぶ。
- ロープの端末をもう1度からめて結ぶ。
- からめたロープを締めつける。

ちょう結び

ちょう結びは、ロープの中ほどに輪をつくって、この輪に力が加わるような場合に用いられる結索である。

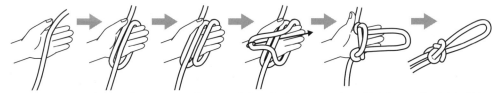

- 左の手のひらにロープを置く。
- 手前のロープを右手で持ち、手のひらに巻く。
- もう1回巻いて2本のロープの間に置く。
- 指先に近い方のロープを手首側にもってゆく。
- このループを2本のロープにくぐらせて指先側にもってゆき、
- 手のひらから結びを抜き取って締めつける。

トグルの取り付け

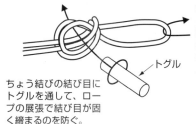

ちょう結びの結び目にトグルを通して、ロープの展張で結び目が固く締まるのを防ぐ。

矢印の方向に直接ロープをかけて展張するとロープが摩擦熱で切れるおそれがあるので、カラビナを2個取り付ける。

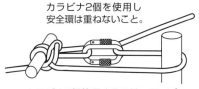

カラビナ2個を使用し安全環は重ねないこと。

カラビナ2個使用するのは、ロープとの強度と同程度にするためである。

一人がカラビナ付近の3本のロープを合わせて鷲づかみにし、ねじるようにして保持し、ロープの緩みを防止する。

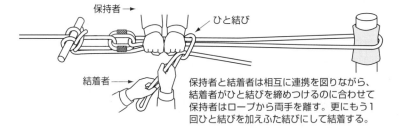

保持者と結着者は相互に連携を図りながら、結着者がひと結びを締めつけるのに合わせて保持者はロープから両手を離す。更にもう1回ひと結びを加えふた結びにして結着する。

人力でロープを展張する際には、ロープを引っ張る人員は、足場にもよるが、10人程度の人力を必要とする。
ロープの張りが増すに従って、引き戻しがあるため、引き戻されないようにしっかりと引っ張ること。ちょう結びのカラビナ付近でロープを持っている者は、指をカラビナにはさむおそれがあるので注意すること。
ちょう結びのトグルを持って引くことは避けること。

10 ロープの張力

　ロープの張り具合は、緩み過ぎると渡過に支障を来し、張り過ぎもロープに動荷重がかかった場合に、不測の事態が起こることも考えられることから、必要以上の張りは避けなければならない。

　通常、渡過に必要な張力は6～7kNとされているが、張力測定等で数値が明示される場合を除き、ほとんどは勘や目測によって張力を割り出している。渡過に必要な張力の目安としては、張ったロープを軽く手で叩き、その振動が係留点に到達し、再び手元に返ってくる程度の張り具合が適当である。

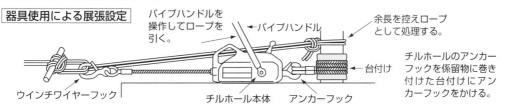

器具使用による展張設定

　可搬式ウインチ（チルホール）等の牽引器具を使用し、ロープの一端の展張距離の約3分の1のところをちょう結びにした輪にウインチワイヤーのフックをかけて展張する方法は、一定の展張値を出すことができるので、競技会のような同じ条件にするロープ展張に最適な展張要領である。また比較的、展張距離の長いロープの牽引にもしばしば器具が用いられ、人命の救助に役立てられているところである。

11 1本ロープブリッジによる渡過

セーラー渡り

　1本のロープを腹ばい状態になって渡過する方法が、セーラー渡りである。これは外国の水兵が用いていたことから別名、水兵渡りといわれていたものである。我が国の消防には米国の軍隊のレンジャーの技術が自衛隊を経由して入ったものである。

コイル巻きもやい結び

強い衝撃荷重を受け止めるのに最適な結びであり、身体に与える苦痛も軽減できる利点がある。

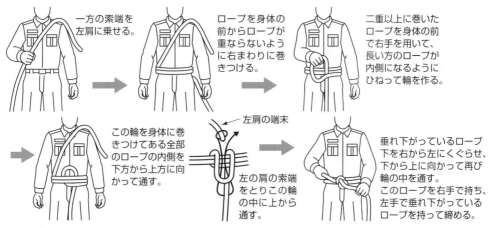

　結着を確実なものにするための半結びは、胴体に巻いた全部のロープに回すか、もやい結びと同様にするかいずれでもよい。
　胴体に巻きつけるロープの締め具合は、普通に締めたバンドの締めつけ程度でよい。

❶ロープ取扱い技術、搬送法

素端のもやい結び

コイル巻きもやい結びの索端にもやい結びを作る。

もやい結びは、結びやすく解けやすい結び方で結び目は堅固である。ロープの端末にループを作り下から索端を上に通し、長い方のコイル巻きもやい結びから垂れ下がったロープを巻くようにしてから、再びループの中を通す。

索端を締めつけて結び目を堅固にしてから半結びをかける。

もやい結びの輪にカラビナを取り付ける。

セーラー渡過要領

命綱用のカラビナをロープブリッジに掛けて安全環を確実に締める。
ロープブリッジ上に腹ばい状態になり、上体を胸までロープにつける。
右足首をロープに掛けて臀部に引きつける。

左足は、力を抜いて下に下げ、顔を起こして、目は、ロープの係留点を注視する。
渡過員は、ロープの上でバランスを取り、両手で交互にロープをつかみ、体に引きつけながらロープの上を前進する。

留意事項

　渡過員が結着する命綱の結びは確実に行うとともに、安全環の締めつけを確認すること。腹ばい状態の中心線をロープに乗せ、肩の力を抜き、更に下げた足に力を入れないこと。前進に伴い両足が後方に置き去りになり、バランスが崩れて身体がひっくり返るおそれがあることから注意すること。ロープブリッジをバックル等で傷をつけないようにするとともに、命綱にも当て布をして摩擦による傷みの保護に努めること。風等によりロープブリッジに揺れが生じた場合、横揺れに対しては、揺れに逆らわず肩の力を抜き、バランスの安定に努め、縦揺れに対しては、ロープが下から上にあがろうとするときに前進すること。訓練は、まず低所で行い適宜高所へと移行すること。この場合、低所であっても必ず命綱をつけ、ヘルメットをかぶり安全管理を図ること。

モンキー渡過要領

　モンキー渡過は、ロープにぶら下がった状態で、両手を交互にくり出しながら、両足を交互にロープに掛けながら渡る方法で、格好が猿に似ているところから、その名がついたとされている。この方法は、目は上を見ているため、高度に対する恐怖心をある程度緩和することができる反面、強力な腕力と腹筋力を必要とするものである。

　初心者のうちは、手と足の動きをマスターするために、ひざをロープに掛けて確実に渡過して、腕力と腹筋力の養成にも努めることが大切である。命綱はセーラー渡過用と同じものを作成する。

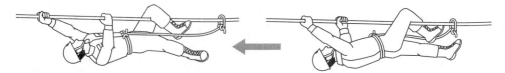

手、足の準備姿勢を取ったならば、体の反動を利用して、左（右）足を右（左）足の先に振り、掛けるとともに右（左）足を伸ばしてロープからはずして振り、左（右）手を右（左）手の先に握り替える。この動作を交互に繰り返して渡過する。

ロープブリッジの下に、右（左）手を進む方向側にして両手で下がり、右（左）足をひざまでロープに掛ける。

30

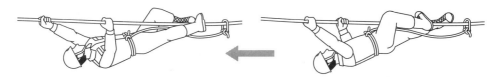

モンキー渡過がある程度習熟した者はリズムの取り方がよくなっており、また、腕力や腹筋力も増しているので、次の段階である土踏まずでロープをけり、足の振りを最小限にしてスピードを上げることができる渡過要領に移行することができる。

[留意事項]

渡過員は、命綱を確実に結着し、カラビナの安全環をしっかりと締めつけること。ロープに掛けた足に痛みが走るので、サポーター等で保護することも大切である。リズムに乗って渡過している最中、ロープに横揺れが生じた場合、足の振りを小さくして横揺れで足が振りきられないようにすること。訓練においては、低所から高所へと段階的に移行するとともに、低所であっても必ず命綱をつけ保安帽を着用すること。

[チロリアン渡過要領]

チロリアン渡過は、オーストリアのチロル地方で発達した渡り方であるとされている。渡過員の体重をカラビナで支えているだけ体力の消耗の軽減につながり、さらにモンキー渡過同様、上向きになっているだけ、高さからくる恐怖心は多少緩和される。

[命綱]

命綱は座席懸垂と同様に作りカラビナをつける。
ロープブリッジの渡過方向の左側に位置し、カラビナを取り付け安全環を締めて、ロープにぶら下がり渡過姿勢をとる。
目はロープの前方を見ながら、両手で交互にロープをつかみ、胸のあたりまでたぐりよせながら渡過する。

[留意事項]

渡過員は、命綱をしっかりと結着し、カラビナの安全環を確実に締めること。ロープブリッジにカラビナを掛けるときには、ロープのよりを確かめ、ロープのよりとカラビナの向きが合うように掛けること。

ロープの揺れに身体のバランスがとれないと手が外れることがあるので注意すること。ロープをたぐり寄せた手がカラビナに引き込まれないようにすること。渡過方向に障害物がないか気配りをすること。

訓練は低所から高所に段階的に行い保安帽を着用すること。

12 2本ロープブリッジ渡過

ブリッジの設定

狭い切り立った峡谷のような所での渡過は、荷物を背負って渡るような場合、上・下に2本展張したロープ間を渡過した方が効果的である。このブリッジの上下の間隔は、渡過する者の平均身長に標準を合わせたものとする。

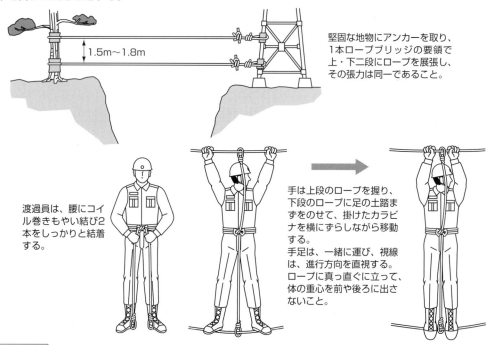

留意事項

渡過員の命綱は、腰に2本結着し、渡過前に入念に点検すること。2本のロープブリッジは同じような張力で展張すること。上・下の張力が不均衡であると移動中、体勢が崩れ、上のロープを握り損ねるおそれがある。渡過は、落ち着いてロープの上に真っすぐに立つようにすること。

スタンドホール

実施者は、腰にコイル巻きもやい結びの命綱2本をしっかりと結着し、これにカラビナを取り付け、2本ロープブリッジの下段のロープにカラビナを掛けて安全環を締めて、ロープブリッジの中央付近に進んで停止し、「ホール」の合図で身体を後方に反らした姿勢で、そのまま落下するものである。この訓練は胆力、度胸だめしに行うものであるが、落下後は下段のロープの揺れがおさまった時点で逆上がり等でロープにはい上がり、セーラー渡りで反対側の係留点に移動して訓練を終了するものである。

実施要領

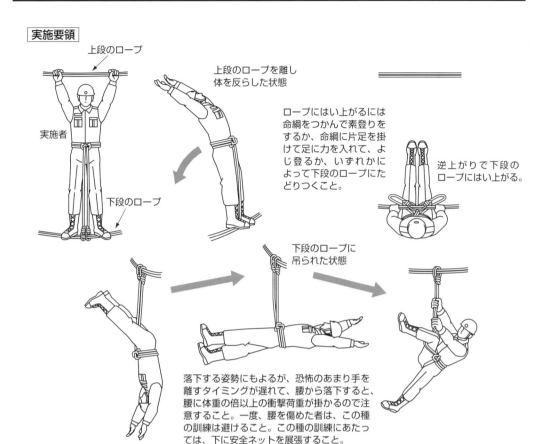

留意事項

　この種の訓練は、落下時の姿勢によって腰に掛かる負担が違ってくる。ロープの上で踵でしっかりとロープを捉え、度胸を据えて実施することが大切である。
　腰に負担が掛かるので、事前に腹筋や背筋をしっかりと鍛え上げてから実施すること。
　踵を中心に円を描くように頭から落下すると腰に掛かる荷重は、体重の5分の1程度である。これは下段のロープの伸びである程度、衝撃を吸収するが、ロープの伸びのリバウンド時には腰に荷重が掛かるので、腹に力を入れること。
　気乗りうすのときは避け、気力が充実しているときに実施すること。

13 斜めロープブリッジ渡過

高所と低所間に1本ロープブリッジと同様に斜めにロープを展張し、人員及び資器材を輸送する場合に多く用いられるのが、斜めロープブリッジ渡過方法である。

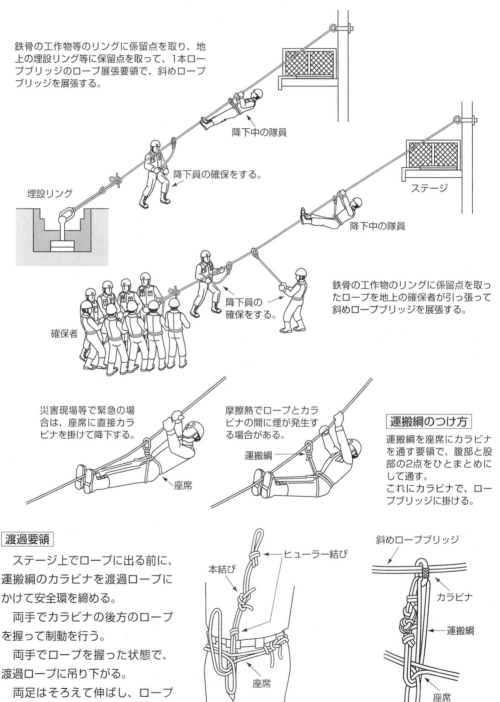

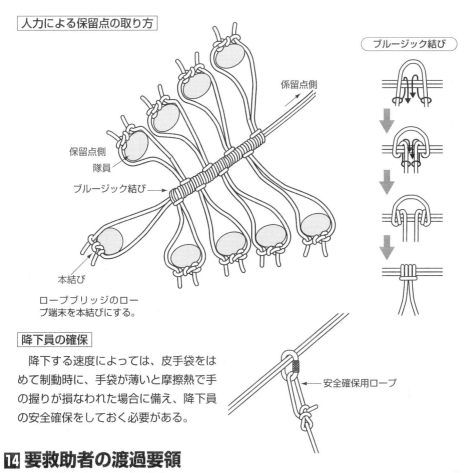

降下員の確保

降下する速度によっては、皮手袋をはめて制動時に、手袋が薄いと摩擦熱で手の握りが損なわれた場合に備え、降下員の安全確保をしておく必要がある。

14 要救助者の渡過要領

斜めロープブリッジで要救助者を渡過させる場合は、渡過中に手を離すことも考慮に入れ、運搬綱に転落防止用の確保ロープと速度調整用の確保ロープを取り付け安全管理に万全を期す必要がある。

要救助者の縛着法

要救助者が渡過する際や低所さらに高所からの救出には、ほとんど縛着帯が使用され、小綱を使用して要救助者を縛って救出する仕方は、主流から外れ傍流になりつつあるが、縛着帯を携行していない場合などには、二重もやい結び（腰掛け結び）や三重もやい結びで救出することが効果的である。

❶ロープ取扱い技術、搬送法

二重もやい結び

腰掛けに使用する場合は要救助者の大小に応じて輪を調整して、脱落のない結びにすること。

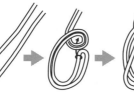

| ロープを所要のところで二つ折りにする。 | 長い方のロープが下になるように小さな輪をつくって、二つ折りにしたロープを下から通す。 | 下から通したロープの輪を広げる。 | この輪を2本の輪にくぐらせながら後方を通す。 | 輪を後方から上に上げる。 | 輪の大きさを調整しながら締めつける。 |

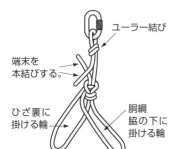

二重もやい結びによる渡過は、絶対に安全であるとは言い難いので、要救助者の胸に身体確保のコイル巻きもやい結びを施し、安全を高めるようにすること。

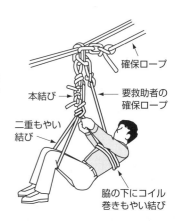

三重もやい結索法

三重もやい結びは、二重もやい結び同様に要救助者にロープを縛着して救出する際等に用いられる結索である。

| ロープを所要のところで二つ折りに長い方のロープが下になるように小さな輪を作り、二つ折りにしたロープを下から通す。 | 二つ折りにしたロープを長い方のロープのうしろに回す。 | 再び、輪の中にロープを上から通し輪の大きさを調整しながら締める。 |

両ひざ裏に掛ける輪
胴綱をやや長めにする。

斜めロープブリッジに掛けるカラビナとの結索等は、二重もやいと同じ様にする。

本結び

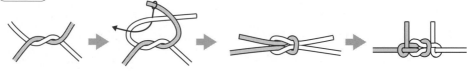

36

15 自己確保

　高所作業においては、転落等に備え、自己の安全を確保してから救助活動等を開始すべきであり、これをおろそかにして二次災害を招くようでは、本来業務の遂行に支障をきたすので、まず、自らの安全を確立してから、救出等の作業を行うべきであり、ベテランといえども普段から安全確保の習慣付けをしておくことが大切である。

ロープによる確保

　確保ロープの長さは、長ければ作業範囲が広くなるが、万が一、落下した場合の衝撃荷重は落下距離に比例して増大し、腰等に掛かる負担は甚大なものとなるので、ロープの長さは、必要最小限に留めることが大切である。

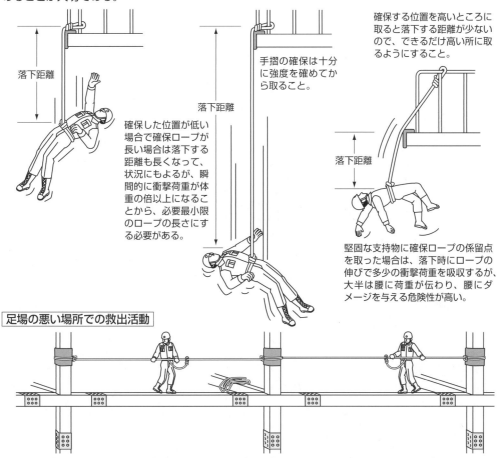

足場の悪い場所での救出活動

　足場が狭く不自由な現場活動を強いられる高所での救助にあたっては、あらかじめ確保用のロープを横に展張しておき、これに身体確保用のカラビナを取り付ける等の救出するルートを作り上げてから救出に取り掛かるようにし、段取りには十分に配慮する必要がある。

ふたえつなぎ作成要領
2本のロープを結び合わせる方法
ロープの径が異なる場合のつなぎに有効である。

❶ロープ取扱い技術、搬送法

16 確保

　高所作業や足場の不安定な場所においては、転落等の危険から身の安全を図るための手段として「確保」が用いられている。墜落の危険性がある高所においては、隊員自ら身体をザイルで支えたり、他の隊員や要救助者の身の安全を保って、救出を容易にするための合理的な手段であり、救助隊員にとっては必要不可欠な技術である。

　確保の種別は、身体による確保と地物利用の確保があり、身体による確保には、肩確保と腰確保がある。地物を利用したものとしては、自然物利用の確保と施設利用の確保それに自己確保とがある。

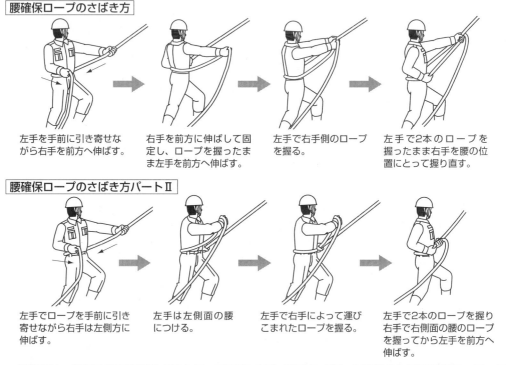

　腰確保は、確保する対象者からまたロープを右（左）手で右（左）大腿部のところで握り、ロープを腰に回して、左（右）手で左（右）腹部のところで握る要領で行う。

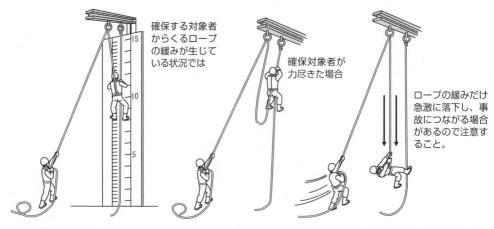

救出作業においては、転落等の不測の事態に備えて、要救助者等を吊り上げたり、吊り下げたりする際にアクシデントが発生することも予測して、二重に安全を担保する必要がある。万が一、救出活動中に救助隊員や要救助者が落下するような事が起こった場合は、確保者自身がその弾みをくらって、引きずられて壁面の支持点のリングに激突して負傷する事もあることから、確保者は油断することなく気を張り詰めて確保にあたる必要がある。

低い体勢での腰確保ロープのさばき方

　腰をおろした姿勢は、一層、安定性が増すことから、確保作業が行える広いスペースでは、低い体勢で確保する方が適当である。この確保は、足を扇状に開脚して、堅固な支持物に両足を踏張って、身体の安定を保って行う方法である。

左手でロープを手前に引き寄せ右手は左側方に伸ばす。

左手は左側方の腰につける。

左手で右手によって運び込まれたロープを握る。

左手で2本のロープを握り右手で右側面の腰のロープを握ってから左手を前方に伸ばす。

肩確保ロープのさばき方

　肩確保は、主に場所が狭い所や確保する対象者が下方からくる場合等に用いられ、対象者側のロープを一度腕にからませるとより一層、効果的な確保が可能となり、また確保者は、対象者に正対してから、最も踏張りが効く、足の位置を定めておいて、腰とひざに余裕をもたせた柔軟性のある体勢をとることに留意する必要がある。

　肩確保は、確保する対象者からきたロープを左（右）脇の下にとり、背中から回して、右（左）の肩に掛け、右（左）手で胸のところで握る。また、左（右）手は、脇の下にとったロープを左（右）大腿部のところで握る要領で行う。

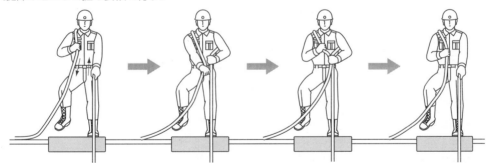

確保する対象者からきたロープを左手前方で握りそのロープを左脇の下から背中に回し、右の肩から右胸部のところで握り、左手でロープを手前に引き寄せながら、右手を左側方へ伸ばす。

右手で握ったロープは左手で双方のロープを握りやすいところまで伸ばす。

右手で引き寄せられたロープを対象者側からきたロープと左手で一緒に握りなおし、右手は胸部のところでロープを握りかえる。

左手は確保対象者からのロープを握り、右手は右胸部のロープを握ってロープを引き寄せる。

❶ ロープ取扱い技術、搬送法

降下時の確保

降下時にも登はん時と同様の体勢で確保し、ロープを両手で握ったり緩めたりしながら、ロープの走りを調整して、制動時には、右手を胸部に押しつけ、身体とロープ接触面を多くし抵抗力を大きくしながらブレーキを掛けるようにすること。

確保時に掛かる荷重

要救助者の体重が60kgであれば、その荷重はそのまま確保者の身体に伸しかかってしまい、これを支えるためには0.6kNの力が必要となる。

無意識の者は気道の確保に心掛けること。

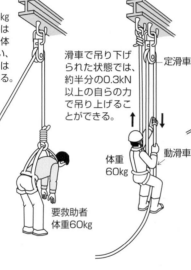

滑車で吊り下げられた状態では、約半分の0.3kN以上の自らの力で吊り上げることができる。

要救助者を引き寄せる場合は、滑車を用いて移動をなめらかにするとともに、確保者は引き寄せる者と協同作業で救出を行う。

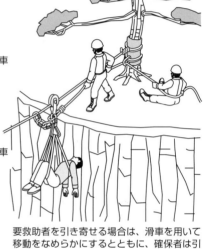

滑車の取扱い方

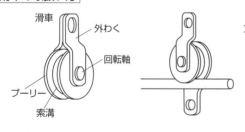

回転軸が摩耗してガタついたものは廃棄しておくこと。

滑車の索溝とロープの引っ張る方向がずれているとプーリーが回転することなく、横滑り状態になって、ロープの切断といったことにつながるおそれがあるので注意する必要がある。
滑車の強度は、5kN～30kNのものまであるので、状況に応じて使い分けること。

座席懸垂による背負い救出の確保

救助員が要救助者を背負い、座席懸垂する際は、少しの凹凸でもそれに足を取られ体勢を崩し、横揺れを起こしやすいので、確保者は救助員の負担を軽減するため、いくぶん確保ロープを張るようにして、要救助者を吊り上げぎみにして、降下の手助けにも心掛けること。

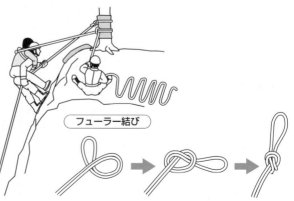

フューラー結び

17 応急はしご救助法

はしご車や空中作業車等の消防機械を使用できない災害現場では、要救助者を架ていした三連又は二連はしごの横さんにロープの支持点をとって確保しながら、安全確実に救出するのが応急はしご救助法である。

救助要領

三連又は二連はしごを伸ていし、基底部を確保員が固定し、はしごの安定を図っておいてから、操作員はロープの端末を持って登ていし、はしご上部の横さんに掛けて、要救助者に縛着する操作員に手渡す。端末を受け取った操作員は、三重もやい結びを作って要救助者に結着する。

はしご基底部の操作員は、はしごを片足で固定しながら、ロープの中程を肩確保し、要救助者の吊り下げに備える。
要救助者を縛着した操作員とロープの端末を持って登ていした操作員は協力して、はしごの横さんに要救助者を吊り下げる。

要救助者を縛着した操作員は、上階ではしごの主かんを持って、はしごを押し出して建物からはしごを離す。
要救助者の吊り下げに協力した操作員は、地上に下りて要救助者の吊り下げを誘導する。確保者は、誘導員の指示に従って慎重に下ろすようにする。

誘導員は、要救助者の身体を受け止めて、救急隊員に引き渡す。

留意事項

要救助者の体重をロープで横さんに掛けるときは、急激な荷重にならないように静かに行うこと。

吊り下げの誘導には、要救助者の体位や、はしごの傾き、はしごの爪の掛かりに十分注意すること。

要救助者の吊り下げは、一定の速度で円滑に行うこと。

この訓練の習熟度を増すために、何度もはしごを使用する場合は、はしごの接合部に補強材をあてて、破損の防止に努めること。

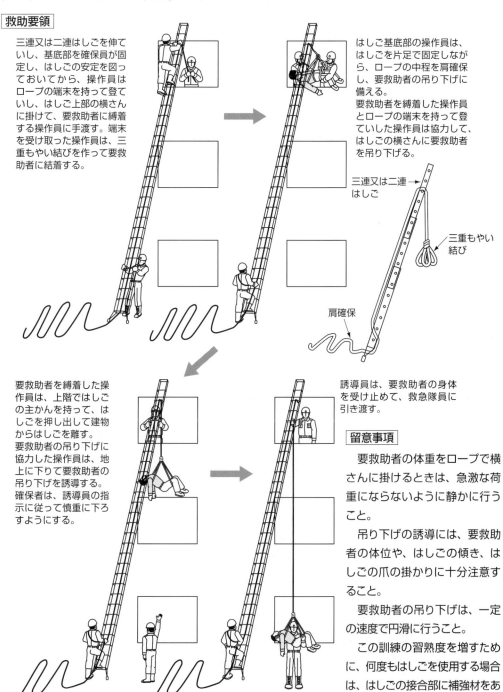

三連又は二連はしご
三重もやい結び
肩確保

41

18 応急はしご救助

応急はしご救助法は、屋内階段が狭隘のために要救助者を下ろすことができないような場合に、要救助者を担架に収容し、はしごを利用して担架を水平にしながら、要救助者を救出する方法である。

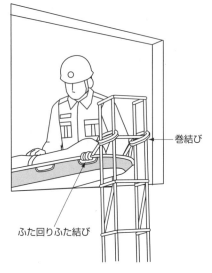

救助要領

はしごを所要の長さに伸ていして、建物に立て掛ける。

担架に要救助者を収容して、足部側の担架をはしごの主かんと横さんに小綱で巻結びをしておいて、片方の端末で担架にふた回りふた結びで結着する。はしごの確保者は、はしごの基底部を建物に押しつけて、はしごの固定を図る。

担架の要救助者の頭部側は、確保ロープの端末で二箇所を巻結びをしておいて、この二等辺三角形の頂点にもやい結びを作り、腰確保で担架を水平にしながら降下させる。

はしごの確保者は、はしごの伏ていにあわせて後退し、両手を交互に繰り出し、はしごの横さんを保持しながら、担架の降下の補助を行う。

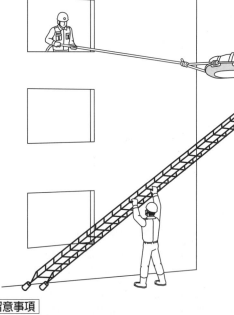

この救助法は、建物の開口部が公園の広場や空地、更には広い道路が前面にあるような場合には、要救助者を安全に降下させることのできる有効な手段でもある。

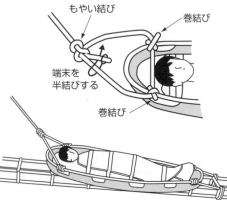

留意事項

はしごの伏ていの際は、はしごの先端に横揺れが生じるので、担架の確保者は確保ロープを一時止めて揺れを抑えるとともに、はしごの確保者は、はしごの基底部が浮き上がらないようにしっかりと固定すること。

19 一箇所吊り担架水平救助法

要救助者を高所から下ろす場合や低所から引き上げる際に使用する救助法である。要救助者の容態からみて安静を維持しなければならないような現場では、最適な救出法であり、安全、確実に救助できる利点がある。

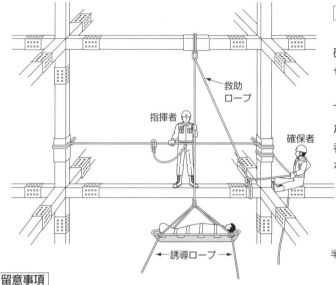

救助要領

要救助者を担架に確実に縛着し、確保者の救助ロープの操作にあわせて担架を静かに降下させる。

誘導ロープの操作は、担架の降下にあわせて、担架が障害物に当たらないように巧みに行い、確保者と指揮者更には誘導員との連携を密にしながら救出にあたる。

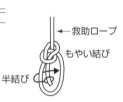

留意事項

担架は水平に保つように担架作業を行うが、頭部を若干高めにすると要救助者が楽になる場合もあるので、小綱で長さの調整を行うこと。

確保者は、自己確保を行ってから降下作業にあたり、担架には誘導ロープを取り付けておいて降下を開始すること。

低所から吊り上げる場合は、支持点のところに滑車を取り付けると吊り上げ作業が容易になる。

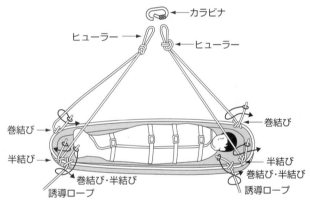

小綱で担架の要救助者の頭部と足部側の2箇所ずつを巻結びして、それに半結びを加えて結着して、ロープの二つ折りの二等辺三角形の頂点のところでそれぞれヒューラーを作成して、救助ロープのもやい結びの輪とヒューラーの輪との間にカラビナを差し込んで結合する。

担架は傾きが生じると要救助者に不安を与えることになるので水平が保たれるように小綱で結索する。

ナスカンフック

ナスカンフックの場合は、フックのゲートを鎖すため、内側からの力では、ロープは外れることはない。

キャツ・ポー(Cat's-Paw) ねこ足結び

ナスカンがない場合は、ロープの締めつけでフックから外れないようにする。

双方にループを作り矢印の方向による。

輪の部分をフックに掛ける。

20 地下槽、タンク内部等の救助法

汚水槽内や地下タンク等の硫化水素中毒によって作業員が倒れたり、タンク内部で修理作業中にガス中毒で作業員が昏倒するといった事故がしばしばみられ、レスキュー隊が救出するといった事例は枚挙にいとまがないところである。

救出要領

救出作業を開始する前に、状況の把握に努め、ガスの種別や酸素欠乏の有無を確かめるとともに、これに並行して予備ボンベをロープ結索して構内に吊り下げたりして、要救助者に新鮮な空気を補給しておいて、救出活動に入る必要がある。

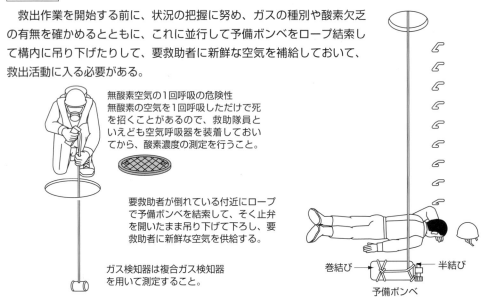

進入要領

要救助者の救出のため、マンホールの入口から進入する隊員は、腰に二重もやい結びを取り、胸の位置でもやい結びの要領で結びをとり、これに半結びをして、胸部が締めつけられないように引き上げロープの固定を図り、救出隊員の不測の事態に備える。

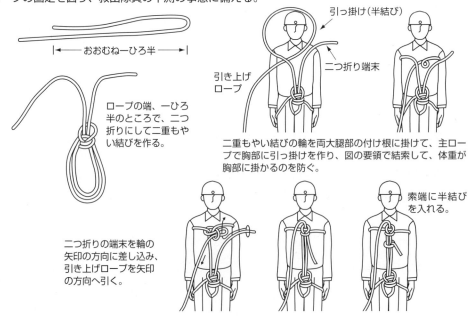

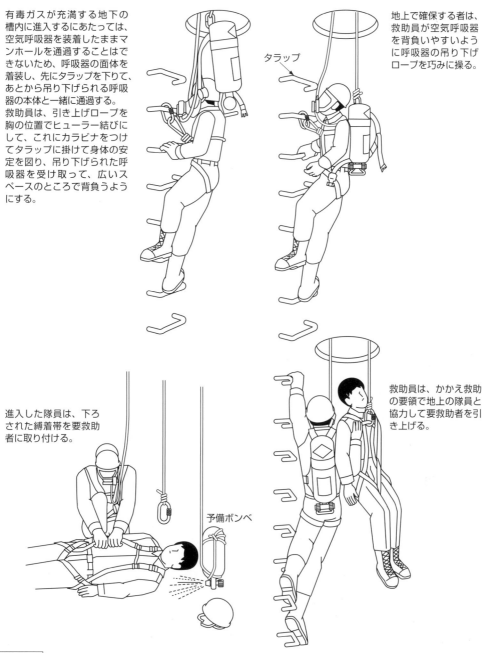

有毒ガスが充満する地下の槽内に進入するにあたっては、空気呼吸器を装着したままマンホールを通過することはできないため、呼吸器の面体を着装し、先にタラップを下りて、あとから吊り下げられる呼吸器の本体と一緒に通過する。
救助員は、引き上げロープを胸の位置でヒューラー結びにして、これにカラビナをつけてタラップに掛けて身体の安定を図り、吊り下げられた呼吸器を受け取って、広いスペースのところで背負うようにする。

地上で確保する者は、救助員が空気呼吸器を背負いやすいように呼吸器の吊り下げロープを巧みに操る。

タラップ

進入した隊員は、下ろされた縛着帯を要救助者に取り付ける。

予備ボンベ

救助員は、かかえ救助の要領で地上の隊員と協力して要救助者を引き上げる。

[留意事項]

　各ロープの余長は、混乱しないように整理しておくとともに、ロープによる合図をあらかじめ定めておくこと。
　ロープを損傷させるおそれのある箇所には、布等をあててロープの保護に努めること。
　はしごクレーン救助等を組み合わせることにより、要救助者の引き上げが容易となるので並行して準備すること。
　使用するロープは、用途に応じてカラーロープで色別すること。
　槽内の要救助者に新鮮な空気を送り込むために送風機等を用いるとより効果的である。

21 屋上からの救出

　高層建物火災において要救助者の救出を、建物の屋上から救助隊員が座席懸垂で降下して、要救助者の救出に功を奏する場合もあることから、建物内に高温熱気が充満して、屋内進入が不可能な場合やはしご車での救出も期待できないような場合等は、救助隊は躊躇することなく、屋上に救出活動の拠点を置いて、救助にあたる必要がある。

要救助者の救出要領

　救助隊員が座席に大型のカラビナを装着して、要救助者にライフベルト等を巻き付けて、隊員の股に吊り下げて降下する場合は、懸垂用ロープの懸垂点側をあらかじめカラビナに２回巻き付けてから降下して、要救助者のところで作業姿勢をとってから救出活動を行う。また要救助者に縛帯を着装して、屋上側に吊り上げる方法のいずれかによって救出を行う。

留意事項

　救助隊員は、屋上の手摺等に自己確保をしてから、救助活動にあたること。
　窓から噴出する煙の量によっては、空気呼吸器を着装して救出活動にあたること。

22 人力確保の仕方

　要救助者を吊り下げる適当な係留点（アンカー）が見つからない場合には、人力の確保により、要救助者を吊り下げて救出することも可能である。状況にもよるが、要救助者の体重が重い場合は、二人で確保するなどして救助隊員の腰に掛かる負担を軽減するようにしながら救出活動にあたることが大切である。

要救助者の吊り下げ要領

　事前に救助ロープを可能な限り伸ばしておくようにし、要救助者の吊り下げ途上でロープの絡み付きを防ぐようにしながら吊り下げる。要救助者の確保にあたる者は、座席のカラビナに救助ロープを巻き付けるにあたり、懸垂点側にあたる方の救助ロープに要救助者を縛着し、降下側の救助ロープを右手で握って確保する。

要救助者の体重が80kgもあり重い場合は、0.8kNの力で支えなければならないが、二人で確保することによって、一人当たり0.4kNの力で支え、力を分散することができる。確保者を補助する者は、救助ロープを座席のカラビナに巻き付けることなく、引っ掛ける程度にして、確保者の横合で救助ロープを引き、確保者に掛かる負担を軽減しながら確保にあたり、前に引きつけられる力が強い場合は、二人の確保者が同時に腰を下げて、救助ロープを手摺の上部に摩擦を掛けながら、荷重の軽減を図るようにする。

[留意事項]

　要救助者を吊り下げる際の手摺は、強固なものであるか。また腐食等はないか。事前に確認すること。
　救助ロープを握った手が座席のカラビナに巻き込まれないように注意すること。

23 はしごクレーン救助法

　はしごを利用して低所等から要救助者を吊り上げる場合に、積載はしごをクレーンの代用にし、滑車を動滑車や固定滑車にして、安全・確実に救出する方法が、はしごクレーン救助法である。

[固定滑車の取り付け方]

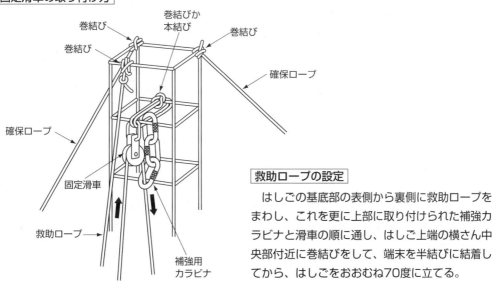

[救助ロープの設定]

　はしごの基底部の表側から裏側に救助ロープをまわし、これを更に上部に取り付けられた補強カラビナと滑車の順に通し、はしご上端の横さん中央部付近に巻結びをして、端末を半結びに結着してから、はしごをおおむね70度に立てる。

47

❶ロープ取扱い技術、搬送法

隊員は、はしご基底部の左右それぞれの操作位置に配置し、基底部のすべりを固定してから、はしごの傾き等に注意しながら慎重に救助ロープを引く。

二重の安全を確保する場合には、別に救助ロープを用意し、この先端にもやい結びを作り、カラビナを結着し、このカラビナを要救助者の縛帯のD環に掛け、はしごの上端から2段目の横さんの背面から表側に通し、引き上げ状況に応じながら確保をする。

二連又は三連はしごを縮てい状態で表側を上にして置き、小綱を二つ折りにして、上端から2段目の横さんの中央部に本結びか巻結びをして端末を半結びで結着する。

この小綱に、はしごの背面から滑車を取り付け、カラビナ3個を結合して補強する。

はしご確保ロープの結着は、左右主かんの上端に、確保ロープでそれぞれ主かんと横さんに巻結びをし端末を半結びして結着する。
状況によっては、はしごの基底部を小綱で地物に固定する。

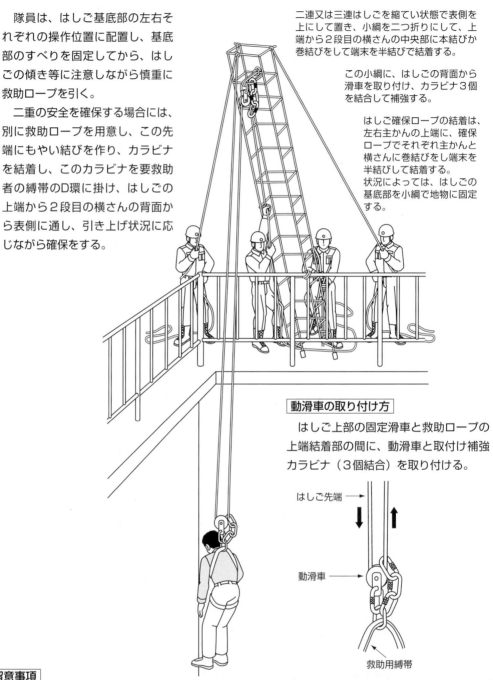

動滑車の取り付け方

はしご上部の固定滑車と救助ロープの上端結着部の間に、動滑車と取付け補強カラビナ（3個結合）を取り付ける。

留意事項
・補強カラビナの取付けは、ロープと滑車に巻き込まれないように取付位置に留意すること。
・固定滑車の取付位置は、はしご横さんの中央部にするとともに、はしごの基底部のすべり止めを完全にすること。
・はしごの確保は左右均衡に取ること。また身体確保の場合は腰確保とすること。
・要救助者の負傷の状況によっては、担架を用いること。救助ロープの操作は、はしごの傾き等に細心の注意を払うこと。

増水する川の中州に取り残された者の救出にあたっては、救命索発射銃でゴム弾を対岸に打ち込み索を渡して、これに渡過ロープを結索して対岸に展張する。この渡過ロープで救助隊員が中州に入って要救助者を次々と救出する方法がとられている。

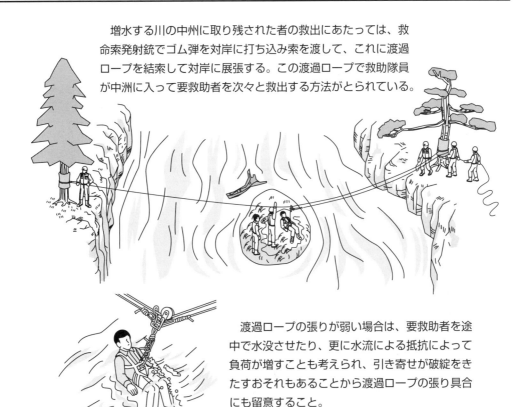

渡過ロープの張りが弱い場合は、要救助者を途中で水没させたり、更に水流による抵抗によって負荷が増すことも考えられ、引き寄せが破綻をきたすおそれもあることから渡過ロープの張り具合にも留意すること。

| 超人の救助隊員 |

奈良の東大寺の法華堂（三月堂）には、不空羂索観音立像があり、縄を持って衆生をもれなく救う仏様であるとされている。消防の救助隊員は、難局に出現しては急場を凌いでくれる現代の羂索を持った観音様の化身なのかもしれない。

昭和40年代の初頭に人命救助を目的としたレスキュー隊が我が国の大都市を中心に組織されたが、その後、全国の各都市にも波及し、消防全体がレスキュー隊を組織するようになったのである。

今では、この人命救助技術が年々向上し、他の追随を許さないレスキュー隊へと成長して、今なお進化を遂げているところである。

近年、地球温暖化の影響なのか、全国、各地で洪水による事故が増加の傾向にある。

これらにいかに対処するのか。至上命題でもある。

これは想定である。

通報を受けて出動した災害現場は、川上から流されてきた観光バスが橋脚に引っ掛かり、かろうじて留まった状態にあるが、車の屋根には数人が救助を待っている。増水のいかんによっては、更に車は下流に流されるおそれのある状況下での対処法はいかにあるべきか。

49

3. 器具結索

筒先の結索

スムースノズルの筒先は、見込み送水に備え、ホースの結合部付近で二つ折りにして巻き吊り結びと半結びの結索を行う。
ヴァリアブルノズルの場合は、ホースとの結合部付近で巻き吊り結びと半結びの結索を行う。

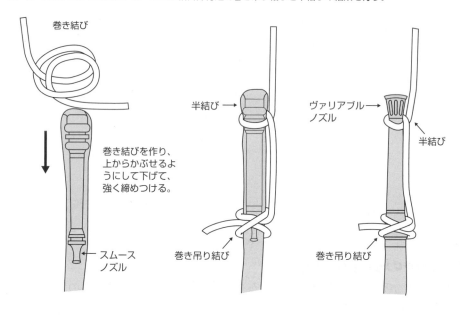

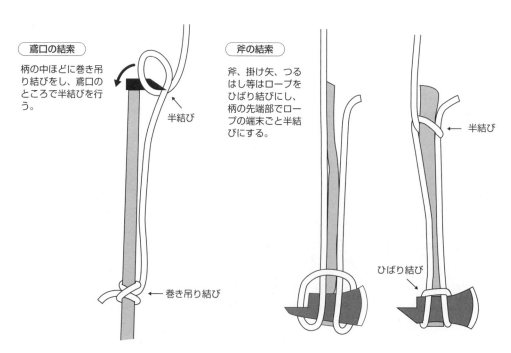

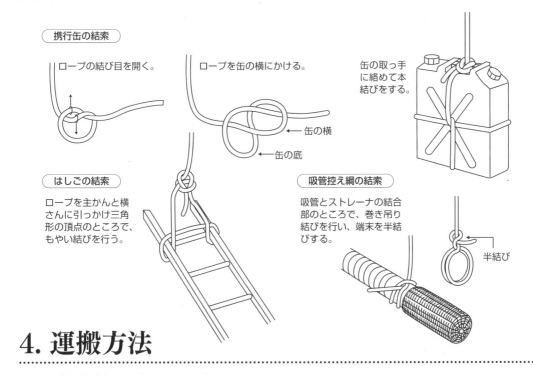

4. 運搬方法

1 要救助者の引きずり方

　救助する者が要救助者を引きずりながら安全な所に出す方法は、次の順序によって行う。

2 要救助者がはしごを下りる場合の補助の仕方

　要救助者の多くは、はしごを下りて避難することには慣れていないことから、救助する側は細心の注意を払う必要がある。

要救助者が正気であれば、救助する者がすぐ下を下りるようにするとよい。
その際は、両手を要救助者の身体全体を覆うようにして、横さんを把持して急に意識不明になった場合には、これを支えられる態勢が必要である。

要救助者が意識不明に陥っている場合は、救助する者のひざの上に要救助者を乗せ、一段一段を慎重に、注意しながら下りるようにするとよい。

5. 徒手搬送

徒手搬送は、負傷者を狭い通路や階段などを搬送する際に適した方法である。
この搬送は、ごく短い距離に用いる手段とすることが大切である。

負傷者を後ろから抱き起こし、片腕か両腕を把持して、後方へ引きずりながら搬送する方法

ファイアマンズキャリーによる運搬の方法

背負って搬送する方法
負傷者を背負いひざ下から腕を入れて、負傷者の両腕を交差するか平行にして、両手で把持しながら搬送する。

乳幼児や小柄な人を横抱きにして搬送する方法

❶ 肩をかして歩かせる方法

この方法は、ひどいけがを負っている場合に用いる、最も簡単でやさしい搬送の仕方である。

一人運びの方法は、肩をかすようにしながら、一方の手で負傷者の片方の手首を握り、もう片方の手で負傷者の腰を抱き抱えるようにしながら、負傷者の歩行を補助しながら搬送するものである。

❷ 二人で運ぶ方法

救助する者、二人でそれぞれ片方ずつ腕を取り、これを首に回して握り、お互いに他の片方の手で、負傷者の腰を抱き抱えて、支えながら搬送する方法である。

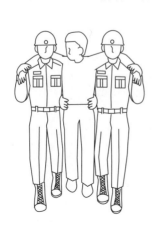

ヒューマン・チェーン

③ 手を組んで運ぶ方法

　救助する者が、お互いに手と腕を組み、背中当ての部分と腰掛けの部分を作り、互いに腰をかがめながら、負傷者をこの上にのせる。
　負傷者の両手は、救助する者の肩にのせて安定を図りながら、静かに立ち上がって搬送する方法である。

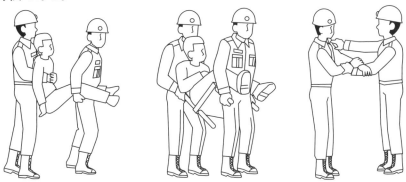

④ 背負って運ぶ方法 (バック・ストラップ・クロール)

　救助する者が、ロープ、ベルト、ひも、布のようなひも状の物で輪を作って、負傷者の背中に当て、側臥位にしておいて、わきから出ている二つの輪に腕を通して、回転するようにして、腹ばいになりながら、負傷者を背中に背負い上げ、四つんばいになって立ち上がって搬送する。

⑤ 3人で運搬する方法

　救助する者が3人とも負傷者の片側の肩の位置、腰の位置及び下腿部の位置に並び、ひざまずきながら肩の位置の者は、負傷者の首及び肩の下に両手を差し入れる。

　腰の位置の者は腰と大腿部を持ち、下腿部の位置の者は、下腿部を持って3人のひざの上にのせる。
　次に、救助する者の胸に負傷者をしっかりと抱き抱えながら静かに立ち上がる。

6 3人で担架にのせる方法

　負傷者を3人で運搬する要領で身体を持ち上げ、担架の所で静かにひざまずきながら、担架の上に寝かせる。

　背中にひどい傷を負っている場合は、負傷者をうつ伏せに寝かせて運ぶ方法がとられる。

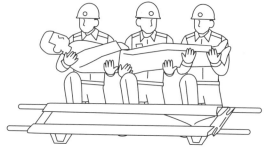

7 担架の運搬法

　負傷者の運搬は、通常は足の方を先にしなければならない。ただし、下肢に骨折がある場合は、階段を上がるときは足を先にし、反対に階段を下がるときは、負傷者の頭を先にして、骨折の部位に負担が掛からないように、できるだけ担架を水平に保ちながら搬送する。
　担架を運搬するときは、足並みをそろえながら歩行して、担架の上下動を防ぐようにする。

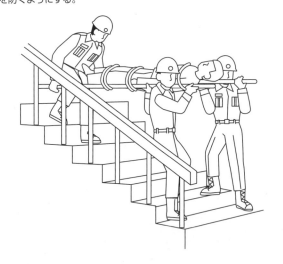
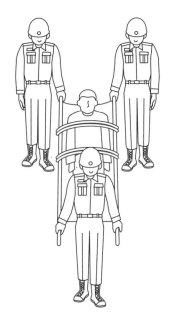

第2章 はしご・救助袋・緩降機の訓練

第1節 はしご

1 三連はしご

三連はしごは、火災防ぎょ活動や災害現場活動の際に多用される器材である。その操作は、安全で合理的な取扱い方が求められる。三連はしごの諸元・名称及び操法については次のとおりである。

各部名称

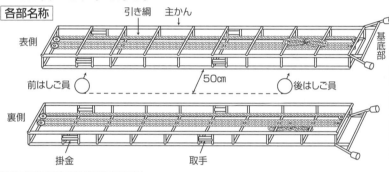

諸元	
全伸てい	8.7m
縮てい	3.55m
重量	43kg
許容最大荷重 (75°架てい時)	180kgf (1.77kN)

はしご取扱い上の注意事項

はしごの架てい角度は、75度が架てい時の最も荷重に対する強度を有し、かつ、てい上作業の安定を供給する角度である。

掛金の操作は、まず、二段目の掛金を掛けてから三段目の掛金を掛ける。

たてかけたはしごを小移動させるには、いったんはしごを垂直にしておいて、目標位置にかけ直した方が容易に行える。

はしごを縮ていする場合は、はしごを垂直にして三段目と二段目を全部伸びきった状態にしてから縮ていすること。

はしごの伸ていは、まず、三段目が伸びはじめ、全部伸びきった時点で二段目が伸びはじめる。

はしごの掛金を掛けることによって、二段目と三段目の落下が防止できるが、さらに二重の安全を担保するために、引き綱の端末を一段目の横さんにからめてから結び端末を処理する。

はしごの伸ていの際は、まず、三段目のはしごが伸びきってから二段目が伸びる構造であることから、目標位置の高さを考慮しながら伸ていすること。

はしごの伸ていと縮ていには、操作員が協力し、はしごを垂直にして相互に片足で基底部を固定してから、確保者は取手を握ってはしごを安定させ、一方の操作員が引き綱ではしごの伸縮を操作する。

はしごの伸てい時は、特に高圧電線に注意するとともに、はしごの先端が当たって破損し落下危険のある箇所は避けること。

❷はしご・救助袋・緩降機の訓練

フック付補助ロープ

三段目の先端には、作業時の転落防止用のフック付補助ロープが取り付けられている。

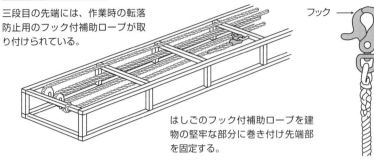

はしごのフック付補助ロープを建物の堅牢な部分に巻き付け先端部を固定する。

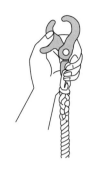

掛金の作動状況

| | 伸びはしごの支管が掛金の爪を押した状態 | 支管がかいし弁と爪の間に入った状態 | 爪が掛かった状態 |

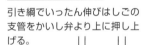

主かん／かいし弁／爪／支管

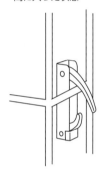

掛金の爪の解除法

引き綱でいったん伸びはしごの支管をかいし弁より上に押し上げる。

| かいし弁が爪のところに落ちた状態 | 支管で爪とかいし弁を押した状態 | 掛金が支管を通過した状態 |

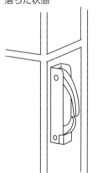

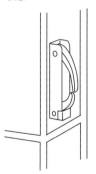

取手の取扱い方

はしごを伸てい及び縮ていの際には、確保者は必ず取手を握ってはしごを操作すること。主かんを握ると指を傷めることがある。

取手／留め金

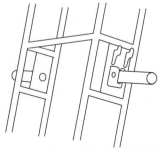

第1節　はしご

指揮者は、「**目標○○、はしご搬送**」と号令する。

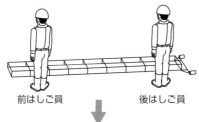
前はしご員　　　　後はしご員

前・後はしご員は、指揮者の号令で左足を踏み出して、相互に協力して両手ではしごを起こす。

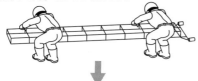

前・後はしご員は、片膝の姿勢ではしごを起こす。

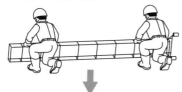

前・後はしご員は、片膝の姿勢で横さんの間に右腕を入れて肩にかつぐ。

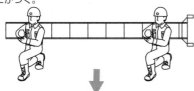

右手で横さんを持って後はしご員の**「よし」**の合図で立ち上がる。

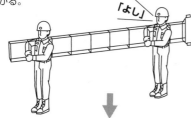

後はしご員の**「よし」**の合図で左足から前進して架てい位置に向かう。

前はしご員は、架てい位置に至り**「止まれ」**と合図し、左足を前にして停止する。

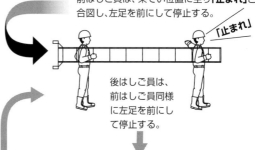

後はしご員は、前はしご員同様に左足を前にして停止する。

前はしご員は、肩からはしごをはずす。後はしご員は片膝の姿勢になってから肩からはしごをはずす。

前はしご員は、両主かんを持ってはしごを頭上に持ち上げ、後はしご員は、さがりながら、基底部が架てい位置に置かれたら横さんを順次持ちかえて、はしごを垂直に立てる。

後はしご員は、基底部を低くし、はしごの裏側に回りこみ、前はしご員の協力で基底部を架てい位置に置き、両取手を持ち、右足を一歩踏み出してはしごを保持し、前はしご員に協力してはしごを垂直に立てる。

指揮者は、**「伸てい」**と号令し、伸ていの状況を確認したのち、**「架てい」**と号令する。
前はしご員は、**「伸てい」**の号令で右足を一歩踏み出し、引き綱を引く。

後はしご員は、**「伸てい」**の号令で両取手を持ち、右足を一歩踏み出してはしごを保持する。

57

❷ はしご・救助袋・緩降機の訓練

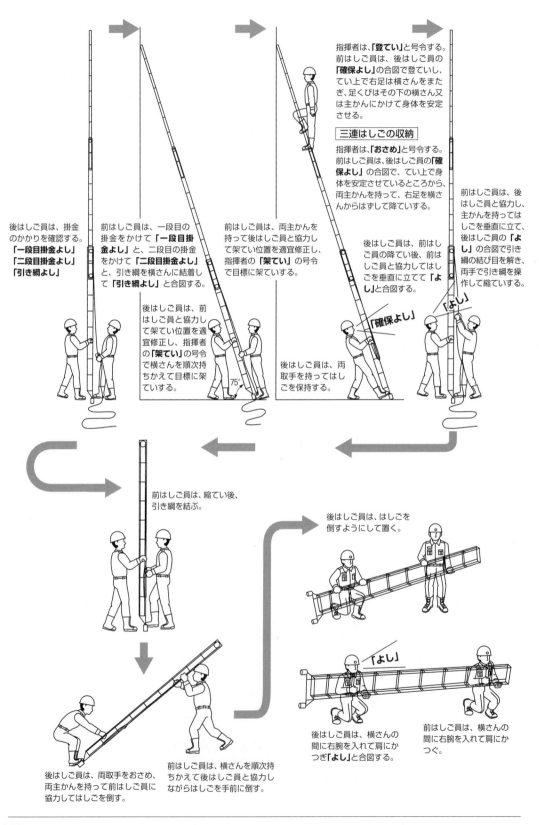

第1節 はしご

前・後はしご員は、はしごをかついで立ち上がる。

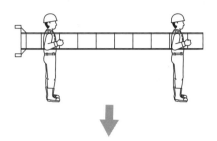

前・後はしご員は、両主かんを持ってもとの位置に置く。

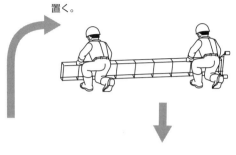

前・後はしご員は、もとの位置に向かって左足から前進する。

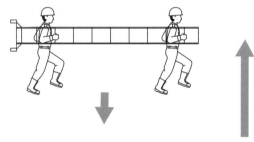

前・後はしご員は、はしごをもとの状態に置く。

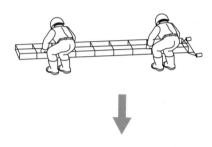

前はしご員は、もとの位置でUターンして「止まれ」と合図して停止する。

後はしご員は、Uターンの後、前はしご員の「止まれ」の合図で停止する。

前・後はしご員は、定位で基本の姿勢をとる。

前・後はしご員は、片膝の姿勢ではしごを肩から外す。

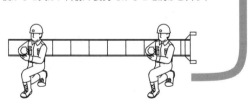

2 ふたつ折りはしご

　このふたつ折りはしごは、腕をはしごに挟む危険性を有することから、取扱いにあたっては、最も合理的な操作が必要とされるものである。
　はしごの各部の名称及び寸法は次のとおりである。

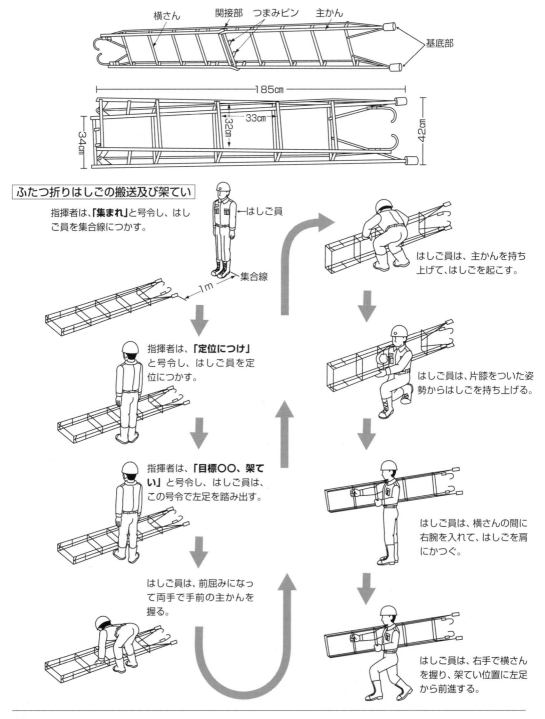

第1節 はしご

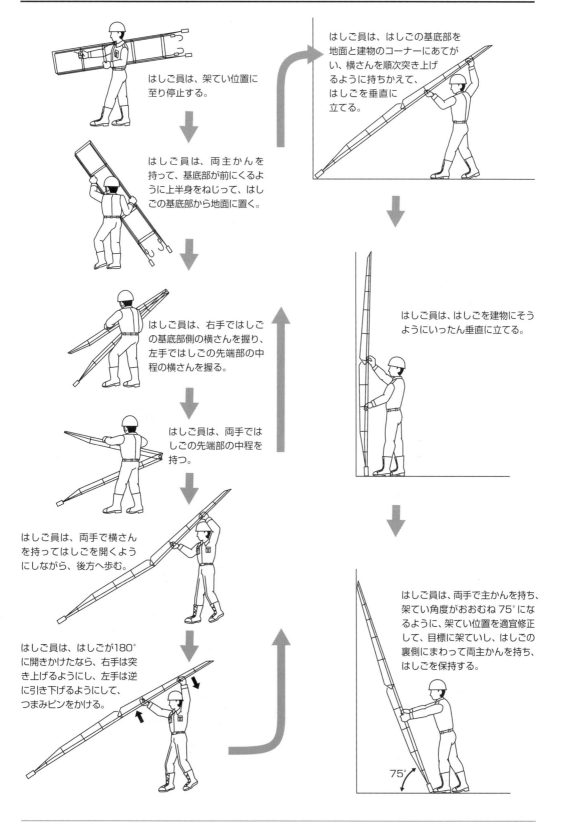

61

❷ はしご・救助袋・緩降機の訓練

ふたつ折りはしごの収納

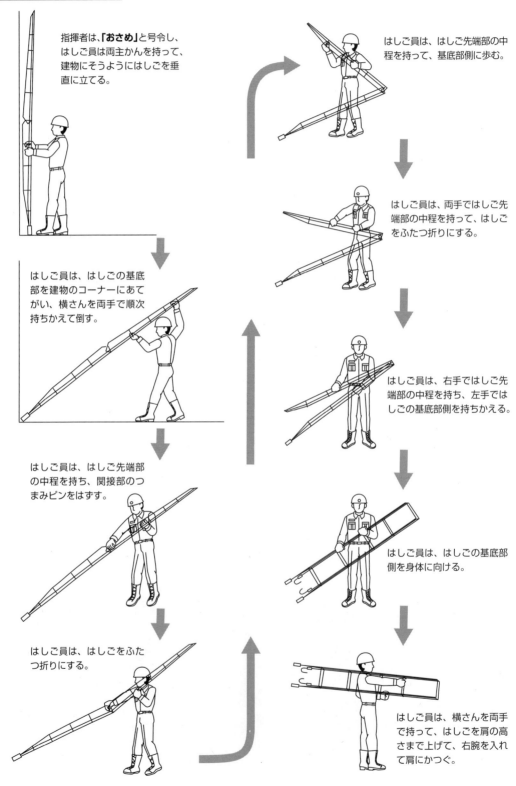

第1節 はしご

はしご員は、右手で横さんを持って元の定位に向けて左足から前進する。

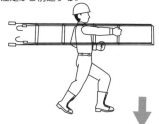

はしご員は、定位に至り停止する。

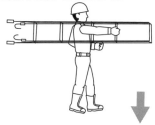

はしご員は、はしごを肩から外して主かんを両手で持つ。

はしご員は、両主かんを持ち、基底部が前にくるように上半身をねじって、はしごの基底部を地面に置く。

はしご員は、右手ではしごの基底部側の横さんを持ち、左手ではしご先端部の中程の横さんを持ちかえる。

はしご員は、両手ではしごの横さんを持って静かにはしごを地面に倒す。

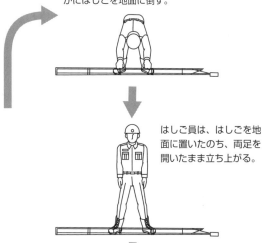

はしご員は、はしごを地面に置いたのち、両足を開いたまま立ち上がる。

はしご員は、集合線側に向きをかえる。

はしご員は、両手を腰にとって集合線にかけ足で向かう。

はしご員は、まわり込みの要領で集合線につく。

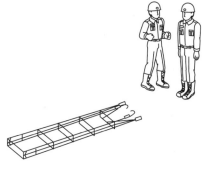

63

第2節　救助袋等

1. 救助袋の種類

　救助袋は、筒状の袋本体を斜めや垂直に展張して、この内部を滑り降りるものである。
　構造は、袋金具、取付金具、袋本体、下部脱出部緩衝装置（降着時の衝撃を和らげる）、把持取手、下部支持装置（斜降式に設置）、固定装置等から構成されている。

1 斜降式救助袋

2 垂直式救助袋

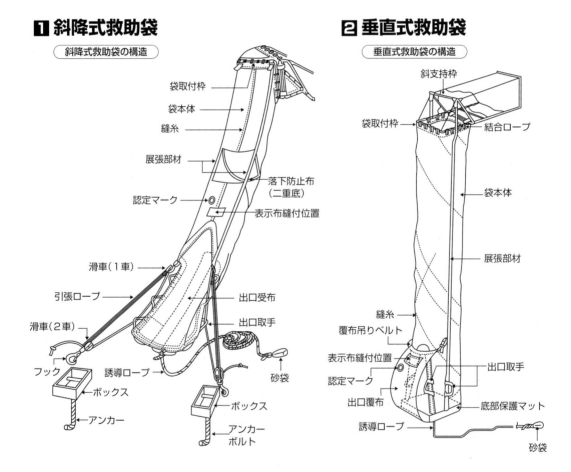

③ 救助袋取扱い訓練

① キャビネット（格納箱）

○救助袋のキャビネットが設置してある箇所の窓を開ける。

（分解型の場合）
上ぶたと前板を取り外し訓練に支障をきたさない所に置く。

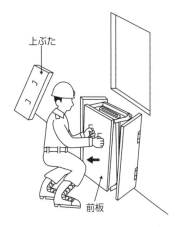

（引抜型の場合）
キャビネットを手前に引き抜き訓練に支障をきたさない所に置く。

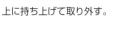

（かぶせ型の場合）
上に持ち上げて取り外す。

②
○袋本体を固定しているベルトを外し、袋本体の先端部を徐々に降ろす。

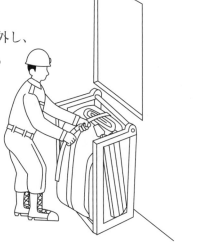

③　リードロープ
○リードロープの先端に取り付けてある砂袋は、地上にいる者に投下することを告げておいて「ロープ投下」と呼称しながら、目標地点に投下する。
○長い袋の場合は、加速がつき袋本体の降下速度が早まるので、袋に手が巻き込まれないように注意すること。

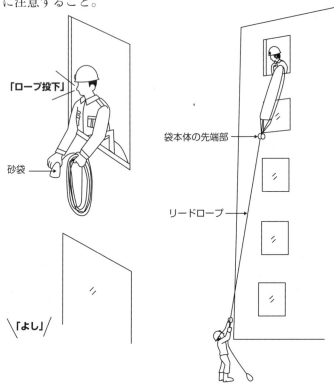

④
○斜降式救助袋の入口金具全体を引き起こして、回転させながらセットする。
○同時に袋本体の入口に上がるためのステップもセットする。
○垂直式救助袋も同様の方法でセットする。

第2節　救助袋等

○袋本体を窓から垂らした後、入口金具の支持フレームを空気圧を用いて、自動的に反転する装置でセットすることができる。

（入口金具自動反転装置）

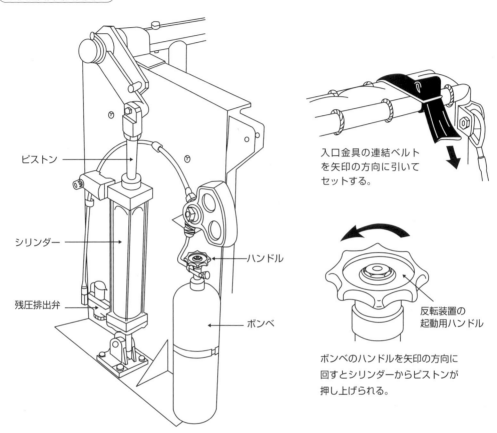

ピストン
シリンダー
残圧排出弁
ハンドル
ボンベ

入口金具の連結ベルトを矢印の方向に引いてセットする。

反転装置の起動用ハンドル

ボンベのハンドルを矢印の方向に回すとシリンダーからピストンが押し上げられる。

（支持フレームの格納）

ボンベのハンドルの全閉を確認後、残圧排出弁のノブを上から押しながら矢印の方向に回す。
手動で入口金具を回転させて支持フレームを格納する。
格納後は、残圧排出弁の全閉を確認すること。

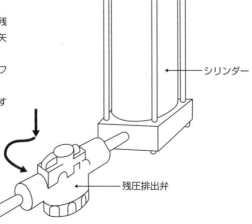

シリンダー
残圧排出弁

67

⑤
○地上の操作員は下部支持装置を持って、下部固定環に近づく。
○下部固定環のボックスのふたを開け、滑車の先端に付いているフックを引っ掛ける。
○ロープはねじれないように左右均等に引っ張りロープを固定する。
○ロープが緩むおそれがある場合は、ひと結びを施しておくとよい。

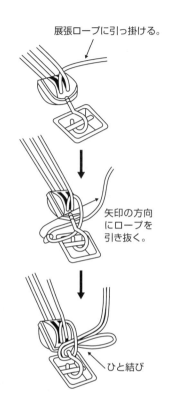

⑥
○展張セット確認後ステップに足を掛け、両手で入口金具を握って足から袋に入り、降下態勢を整えてから降下する。

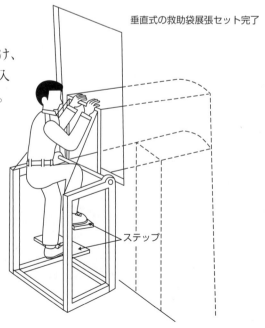

○展張セット後、救助袋本体の下部に腰掛ける要領で全体重を袋に掛ける。
○袋の下部が地面につくようであれば、再度、展張ロープを張り直すこと。

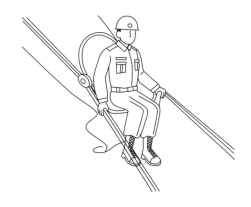

⑦ 斜降式救助袋の降下訓練
○袋本体展張セット確認後ステップに足を掛けて上がり、足から袋入口部に入り、態勢を整えて、地上の操作員に降りる合図をしてから降下する。
○反動をつけての降下はけがのもとになるので絶対にしてはいけない。
○降下するときに支持枠の横棒に後頭部を打ちつけることがあるので注意すること。
○夏は摩擦熱が高まるので身体の露出部を少なくするとやけどを防止することができる。
　また、化学繊維製の洋服は避けて木綿製の衣類で降下するとよい。
　スカートは、まくれることがあるのでズボンに着替えて降下するとよい。
○降下の途中でスピードが増し怖くなって手足を広げてしまうとブレーキが掛かり止まってしまうことがあるので、手足を広げ過ぎないようにすること。
○固い靴底は袋を傷めるので、ゴム底の靴に履き替えて降下するとよい。
○下部の保護マットを2名で保持する。スピードがつき過ぎ、勢いよく袋の外に飛び出しそうな者に対しては、マットを持ち上げて飛び出しを防ぐこと。

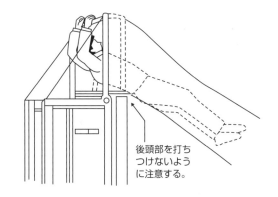
後頭部を打ちつけないように注意する。

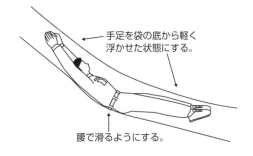
手足を袋の底から軽く浮かせた状態にする。
腰で滑るようにする。

保護マット

❷ はしご・救助袋・緩降機の訓練

⑧　垂直式救助袋の降下訓練
　○入口金具の横さんを握って、態勢を整えてから手を放して降下する。
　○袋の内部は、らせん状の二重構造のものが多い。

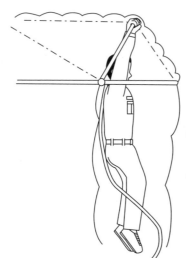

○降下の途中でひじや足を広げると完全に止まってしまう。
○つま先で袋の空間を探すようにして、自重を利用しながら降下するとよい。

○保護マットに到着したなら、必ずマットに尻を付けて、足から出ること。
○地上操作員は、手を差し伸べて転倒の防止を図ること。

地上に安全マットを敷く。

○訓練時の諸注意事項

・強風時の訓練は避けること。
・袋の中に滞留するような連続した降下をしてはいけない。
・袋を傷つける金具をポケット等に入れて降下しないこと。
・幼児を単独で降下させないこと。
・袋の真下に入ると降下してきた者と衝突する場合がある。

⑨ 入口金具格納方法

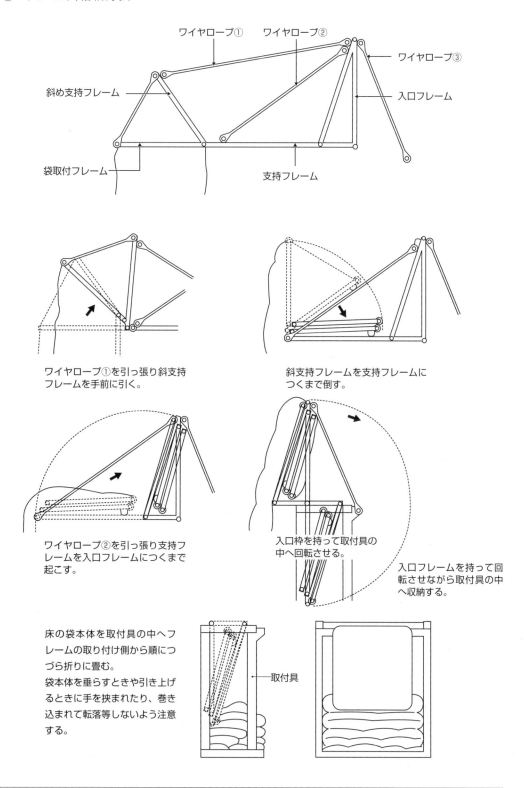

❷はしご・救助袋・緩降機の訓練

2. 緩降機

緩降機の取扱訓練は、緩降機設置階に指導を兼ねた操作員1名と地上に補助員1名を配置して実施する。

1 セット要領

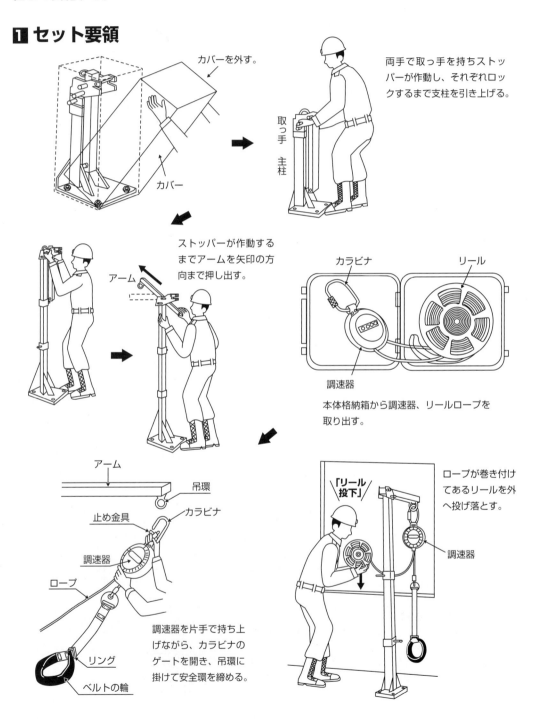

2 降下訓練

ベルトの輪を広げながら頭からかぶるようにしてわきの下にかける。リングが身体の正面にくるようにベルトを調節しながら、引いてリングを締めつける。

左手（右手）で、調速器のすぐ下のロープを2本とも握り、またもう一方の右手（左手）で地上に垂れ下がっているロープを握って、体の降下を抑えながら、窓枠から身を乗り出して**「降下準備よし」**と呼称してから両手を放して降下する。

窓枠から身を乗り出すときは、急激な荷重をロープに掛けないようにゆったりとした動作で、片足から離れること。

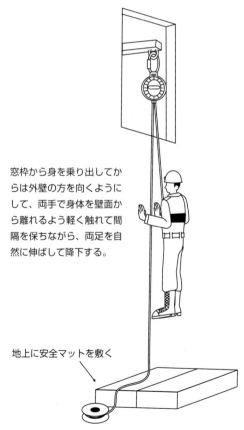

窓枠から身を乗り出してからは外壁の方を向くようにして、両手で身体を壁面から離れるよう軽く触れて間隔を保ちながら、両足を自然に伸ばして降下する。

地上に安全マットを敷く

❸ ロープウェーのゴンドラ事故

　ロープウェーのゴンドラには、緩降機が設置されている。本体は座席下等にあり、これを天井の吊環にセットする。床のハッチを開いてロープを投下する。

　ロープの長さは、谷の一番深い所に合わせてあることから、谷間の浅い箇所でゴンドラが停止した場合は、つるべ式の反対側のロープを引っ張り、ベルトをゴンドラに引き上げる。

　ロープの芯にワイヤーが使用されているため、余剰のロープを縛って降下することは事故につながりやすい。

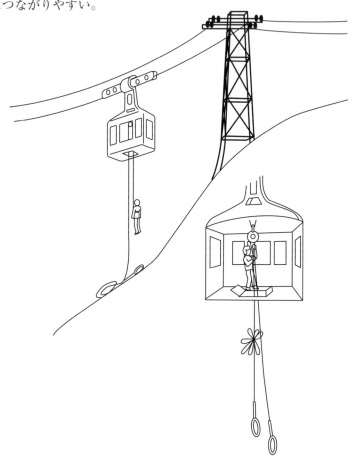

❹ 収　納

　指導員の **「納め」** の合図により、次の順序で収納を行う。
　〇ロープ及びベルトを設置階に引き上げておいて、調速器を吊環から外す。
　〇ベルトとロープ（1本のみ）をリールに巻き取る。（ロープはねじれないようにキンクを取りながら巻く。）
　〇調速器、リール及びロープを格納箱に収納し定所に置く。
　〇主柱は、セットしたときと逆の方法で下げ降ろし格納箱を閉める。

第3章 トリアージ

1. トリアージ（救命の優先順位）

　大震災等の大規模災害において、一人でも多くの人を救うために治療や搬送の優先順位をつけるのがトリアージである。この優先順位の判定は、災害現場で医師や看護師、救急救命士に委ねられている。その判定は、トリアージ・タッグの色（黒、赤、黄、緑）で示される。

　黒は、救命不可能を意味し病院への搬送は行われず、赤は、生命に直結する最優先の搬送が必要となるもので、黄は、重症であっても赤の搬送が終わるまで現場で待機となるものであり、緑は、軽傷を意味し黄の搬送が終わった後に搬送されるものである。

　そもそも、日本でトリアージの考えが普及し始めたのは、阪神・淡路大震災（平成7年1月17日）がきっかけである。このとき、おおよそ4万人のけが人が限られた数の病院に集中したため、助からない命に掛かり切りになるのではなく、助けられる命に全力を尽くすという思考の下に、医師は、救命の優先順位をつける必要に迫られたのである。

　国では、阪神・淡路大震災の翌年にトリアージ・タッグの統一基準をつくった。タッグには、けが人の氏名、判断した医師の氏名や時刻、症状といったことを書き込む欄が設けられて、このタッグを基にして医療の現場でも訓練を進めてきたのである。

　実際に我が国で大規模なトリアージが行われたのは、平成17年にＪＲ福知山線で起きた脱線事故現場であった。消防の要請で駆けつけた医療チームは、呼吸数や血液循環、意識の程度など、あらかじめ定められた基準に従って、優先順位の判定を行ったのである。

項目　　色別	黄	赤
呼　吸　数	10～29回	9回以下 30回以上
血 液 循 環	2秒以内	2秒超える
意　　　識	応答あり	応答なし
爪	爪を強く押した後、2秒以内で赤く戻る。	爪を強く押した後、赤くなるのに2秒を超える。

❸トリアージ

　通常の医療であれば、医師は救命不可能と思われても心肺蘇生の応急処置を試みるが、災害現場に駆けつけた医療チームが少人数である場合、大勢のけが人に対処するためには、短時間でけがの程度を判断しなければならず、内臓の出血などは外見からは分からないこともあって、判断する者にとっては重圧を感じながら対処することになる。

　医療チームは気道を確保し、自発呼吸が行われるかどうかを確認してから判断を下す。

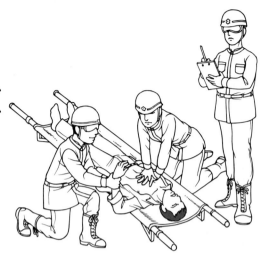

2. トリアージ・タッグ

　消防機関で使用するトリアージ・タッグの仕様とレイアウトは、別図のとおり定められている。全部で3枚綴となっており、1枚目は、災害現場用で、2枚目は搬送機関用、3枚目の本体用紙は収容医療機関用となっている。

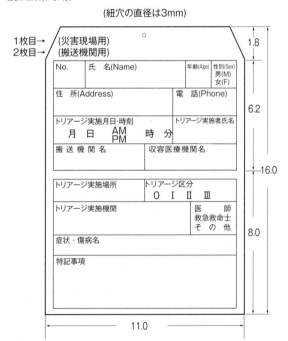

3枚目・表面（収容医療機関用）　　　　　3枚目・裏面（収容医療機関用）

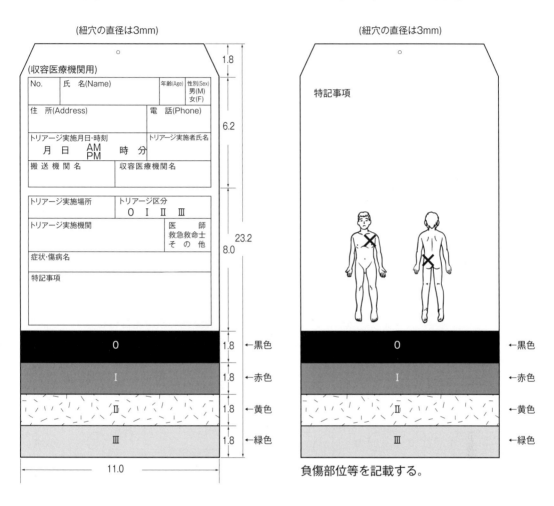

負傷部位等を記載する。

3. トリアージ・タッグの捥ぎり

　トリアージ・タッグは、優先順位の判定に従い、トリアージの区分の死亡及び不処置（0）、最優先治療（Ⅰ）、非緊急治療（Ⅱ）と軽処置（Ⅲ）の区分に〇を付け、捥ぎり部分で切り取ってから、四肢などにゴムひもで取り付ける。

❸トリアージ

タッグ黒色〔死亡及び不処置〕

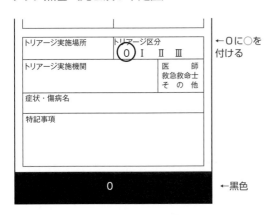

バイタルサインや意識レベル、顔面所見などで判定する。

タッグ赤色〔最優先治療〕

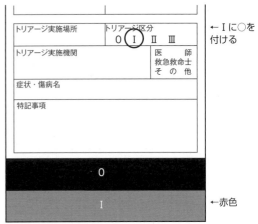

成人の1分間の呼吸数は16～19回であるが、9回以下又は30回以上の場合や爪を強く押して赤くなるのに2秒を超える場合、さらに呼びかけに応答がない場合は赤の判定となり、最優先治療が施される。

タッグ黄色〔非緊急治療〕

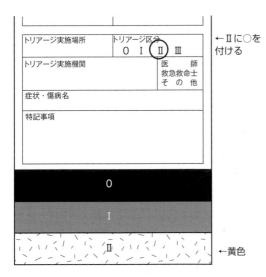

呼吸数が10～29回の場合や爪を強く押して2秒以内で赤に戻る場合、又は呼びかけに応答がある場合は、非緊急治療と判定され、赤の搬送後に処置される。

タッグ緑〔軽処置〕

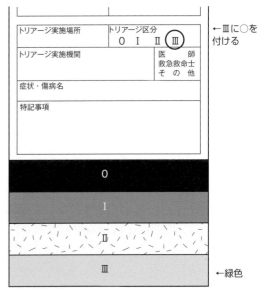

重症度や緊急性から外れた軽傷の者は、赤や黄判定の後に処置される。

第4章 機器取扱い技術

1. 空気呼吸器

資料出典　重松製作所

　空気呼吸器は、濃煙や有毒ガス等の充満している火災等の災害現場に進入し、救助・消火等の消防活動を実施するにあたって、呼吸を保護するものとして最も多用されている器具である。

各部名称

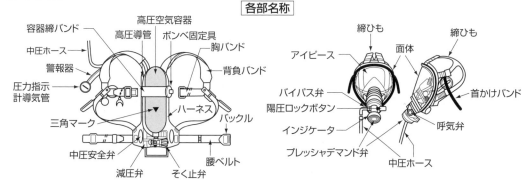

諸元

ライフゼムZ30の主要諸元

機　　　　　種	Z30
種　　　　　類	プレッシャデマンド形
使 用 ガ ス 名	空　気
最 高 使 用 圧 力	300kgf/cm²（29.4MPa）
質　　　　　量※	約3.5kg
最 大 補 給 量	約550ℓ/min
警報器　方式	ホイッスル式
始動設定圧力	30kgf/cm²（2.94MPa）
面 体 の 種 類	プレッシャデマンド形 CS面体またはSV面体
ハーネスの背板材質	鋼板またはステンレス板

※質量はボンベを含まない。

ライフゼムZ30シリーズ空気呼吸器用ボンベの主要諸元

ボンベ品番	415	615	815	815FZ (815F)	530FⅡZ (530FⅡ)	730FZ (730F)	930FZ (930F)
材　　質	CrMo鋼				FRP・アルミニウム合金		
内 容 量（ℓ）	4.0	6.0	8.0	8.4	4.67	6.75	8.96
最大携行空気量（ℓ）	600	900	1200	1260	1260	1820	2420
使 用 時 間（分）	15	23	30	31	31	45	60
質量　総 質 量（kg）	6.5	8.0	9.8	6.1 (6.2)	6.6 (6.7)	9.1 (9.2)	11.7 (11.8)
容器単体（kg）	4.4	6.5	8.0	4.3	4.8	6.6	8.5
寸法　外径（mm）	138	165	165	175	144	172	183
長さ（mm）（そく止弁を含まず）	390	410	515	508	498	502	568
最高充てん圧力（kgf/cm² MPa）	150(14.7)			300(29.4)			
耐圧試験圧力（kgf/cm² MPa）	250(24.5)			500(49.0)			

各部のはたらき

■面体
　アイピース、締ひも、呼気弁とからなり、ボンベから供給される減圧した空気を呼気として受け取るもの。

■呼気弁
　呼気したときに開き、吸気したときに閉じる弁である。

■調整器
　減圧弁、プレッシャデマンド弁などから構成され、高圧空気を大気圧近辺にまで減圧する装置である。

■減圧弁
　高圧空気を約6kgf/cm²（0.59Mpa）（中圧空気）に減圧する装置である。

■プレッシャデマンド弁
　中圧空気を大気圧近辺まで減圧し、かつ面体内の圧力を常に陽圧に保つ弁で、呼吸に応じて作動する。

❹ 機器取扱い技術

■陽圧ロックボタン
着装後の最初の呼気で面体内の圧力を陽圧にする自動陽圧機能で、このボタンを押すとプレッシャデマンド機能がOFFになる。
■インジケータ
プレッシャデマンド機能が、ONかOFFかを示すもので、赤色であればOFF、赤色が見えなくなればONを示す。
■バイパス弁
使用中にプレッシャデマンド弁が故障した場合に、空気を供給する緊急用手動弁である。
■警報器
ボンベ圧力が約30kgf/㎠（2.94MPa）に減少したときに、警報音が鳴るものである。
■圧力指示計
ボンベ内圧を表示するものである。
■圧力指示計導気管
圧力指示計及び警報器に高圧空気を通す耐圧ホースである。
■中圧ホース（高圧導管）
減圧弁からプレッシャデマンド弁に中圧空気を通す耐圧ホースである。
■中圧安全弁
中圧が一定の圧力以上になったとき、空気が洩れることにより圧力の上昇を防ぐ安全装置である。
■ボンベそく止弁
ボンベに付属する開閉用の弁である。
■マーク
FW容器ではブルネックボンベのマーク、鋼製容器では三角マークである。
■ハーネス
ボンベ締バンド、背負バンドからなり、呼吸器を背中に着装するための装置である。

|構造|

空気呼吸器の構造の概要は着用者が背負っている空気ボンベに充てんされている空気を減圧して、着用者に供給し、着用者の呼気は、そのまま器外へ放出される呼吸用保護具である。

空気ボンベに充てんされている高圧(150又は300kgf/㎠：14.7又は29.4MPa)の空気は減圧弁によって中圧(5～10kgf/㎠：0.49～0.98MPa)の空気となり、更にデマンド弁又はプレッシャデマンド弁によって呼吸可能な圧力を持った空気となり、着用者に供給された後、呼気は呼気弁を通して外気に放出される構造となっている。

空気呼吸器の種類

空気呼吸器には、デマンド形とプレッシャデマンド形の2種類がある。

デマンド形空気呼吸器は、着用者が吸気したときだけ、空気が供給される形式の呼吸器である。呼気の需要（demand）に合わせて空気が供給されるので、デマンド形と呼ばれる。デマンド形は、吸気時に面体内が陰圧になることから、面体と顔の密着性（フィットネス）が悪いと外気の侵入のおそれがある。したがって、無毒又は低毒性のガスによる酸素欠乏の現場での使用は適切であるが、有毒物質の濃度の高い現場では使用できない。

プレッシャデマンド形空気呼吸器は、着用者が吸気したときだけ空気が供給される形式の呼吸器であるが、デマンド形と違い面体が常に陽圧に保ちつつ、吸気の需要に合わせて空気が供給されるので、プレッシャデマンド形と呼ばれる。プレッシャデマンド形は、吸気の時でも面体内が陰圧にならないため外気が侵入する可能性が低いので、有毒物質の濃度の高い現場で使用するのが最適である。

ボンベの取付け

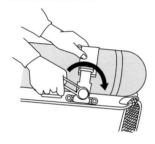
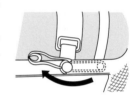

- ボンベに貼り付けてあるマークの中央（三角マーク付容器では、三角マーク）が真上になるようにボンベをハーネスにのせる。
- フックをボンベ締バンドに引っかけて、レバー式の場合は時計方向に約180度回す（ネジ式の場合はナットを締め付ける）。
- レバーをロックする側、矢印の方向へ倒す。
- ボンベを動かしてみて、ハーネスにしっかりと取り付けられたかを確認する。

ボンベそく止弁の種類

K型そく止弁

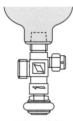
J型そく止弁

空気呼吸器のボンベについているそく止弁が、K型、J型のいずれかを確かめておくこと。

高圧導管結合

- そく止弁がK型の場合は、高圧導管に"O"リングが付いていることを確かめた後、そく止弁に手で締め付けること。
    - 注）スパナで強く締め付けると"O"リングがつぶれて、気密不良を起こす原因になるので注意すること。
- そく止弁がJ型の場合は、ボンベ連結パッキンを入れて、スパナで確実に締め付けること。もし、ボンベ連結パッキンを入れずに締め付けると"O"リング溝部がつぶれて、以後、K型そく止弁に使用できなくなるおそれがある。

❹ 機器取扱い技術

呼気弁の点検

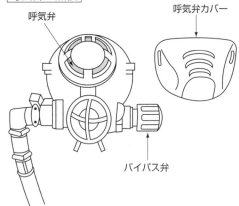

- 呼気弁カバーを外す。
- 呼気弁のバネ枠は、弁シートに確実に装着されているかどうかを確認する。
- 呼気弁の円筒コイルバネ（SV面体は円錐バネ）は、呼気弁及びバネ枠に確実にはまり込んでいることを確認する。
- 弁シートと呼気弁との間にゴミなどがついていないかを確認する。なお、点検は目視で行い、指やドライバーなどで呼気弁を持ち上げたりしないこと。
- 点検後は、呼気弁カバーの両側を軽く押さえて取り付ける。

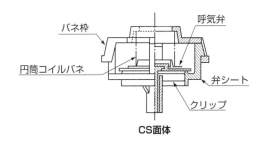

CS面体

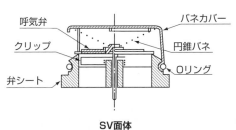

SV面体

プレッシャデマンド弁の取付け方

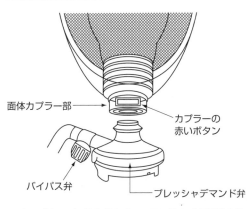
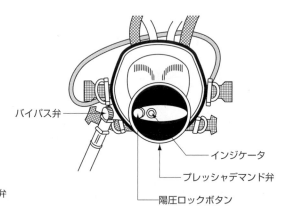

- インジケータが赤色になっているかを確認する。
- プレッシャデマンド弁をカプラーに差し込み、バイパス弁が面体に向かって真左側になるように合わせる。カプラーには結合時の回り止めがあり、位置がずれると結合できない構造になっている。
- 面体カプラー部を手でしっかり押さえ、"カチッ"と音がするまでプレッシャデマンド弁を押し込む。音がしなかった場合は、プレッシャデマンド弁を外し、再度やりなおしをすること。
- プレッシャデマンド弁を軽く引っ張り、面体から抜けないことを確認してから作業に入ること。
- 面体からプレッシャデマンド弁を外すときは、カプラーの赤いボタンを押したまま、プレッシャデマンド弁をまっすぐに引き抜くこと。

着装方法

・空気呼吸器を収納から取り出し、着装する前に使用可能時間をチェックすること。大気圧下における空気呼吸器の使用時間は、おおむね、次の式で算出される。

$$使用時間 = \frac{ボンベ内容積(ℓ) \times 充てん圧力(kgf/cm^2)}{毎分の呼吸量(ℓ/min)}$$

注）300kgf/cm²（29.4MPa）ボンベの場合は、圧縮係数の関係で約10％減となる。

注）高気圧環境下でも使用できるが、使用時間は絶対圧力に反比例して短くなる。

例えば、ゲージ圧力1kgf/cm²（0.10MPa）（＝絶対圧力2kgf/cm²（0.20MPa））の場合は2分の1となる。その他、空気呼吸器の使用時間は、作業、強度、着用者の訓練や経験の程度、精神的又は肉体的な要因等によって異なり、特に経験の浅い着用者は、意識的に大きな呼吸をしたり、緊張によって呼吸量が大きくなるため使用時間は短くなることを念頭に置くこと。

・背負バンドを両手で握り、リュックサックを背負う要領で腕をひじから背負バンドに通して背負う。
・脇バンドを下に引き、背中に固定しておいて、胸バンド、腰バンドを連結してバンドの長さを調節する。

面体着装

・ヘルメットをかぶっている場合は、後方にずらしておいて、面体の首かけバンドを首にかけて、面体の締ひもを十分に緩めておいて、左（右）手で面体を、右（左）手で締ひもを持ち、面体を顔にそわせて、あごの方からかぶる。
・締ひものつむじバンドが後頭部の中央に位置するように、左右の手で平均に締め付けた後ヘルメットをかぶる。
・面体に髪の毛をはさみ込まないようにしておいて、左右4本（SV面体は6本）の締ひもを締め付ける。
・面体装着後、深く呼吸をすると"バチッ"と音がするが、これは自動的に陽圧になったことを示す。
・拡声装置付きの面体は、面体をかぶった後に電源をONにする。
・面体の「ほほ」の部分に指を差し込み陽圧を確認する。空気がシューと音を立てて漏れればプレッシャデマンド機能は良好である。漏れのないものは機能不良であることから使用しないこと。
・面体の気密点検は、そく止弁を閉じて、呼吸を止めた状態で行い、圧力指示計の指針が目盛100から80まで降下する時間を調べる。降下時間が5秒以上であれば面体の気密は良好である。降下時間が5秒未満の場合は、面体をかぶり直して、再度点検を行うこと。
・面体をかぶり直しても漏れがある場合は使用しないこと。使用時間が短くなるばかりか、有害外気を吸い込むおそれがある。
・気密点検後は、直ちにそく止弁を全開して呼吸を行う。2〜3回強く呼吸してスムーズに呼吸できるかを確認すること。
・呼吸したときに異音がしたり、苦しいなどの異常がある場合は、使用しないこと。
・ボンベの圧力が十分であるかを確認すること。

面体の装着

❹ 機器取扱い技術

|使用中の注意|

　空気呼吸器の使用時間は、使用開始前のボンベ圧力と活動の程度や内容によっても異なるが、ときどき圧力指示計を見てボンベの圧力を確認しながら活動を行うこと。さらに、警報器はボンベ圧力が約30kgf/㎠（2.94MPa）になると鳴動するので、鳴りだしたなら活動を打ち切り、あらかじめ指定された拠点に戻ってボンベの交換等を行うこと。

　呼吸器の異常により呼吸が苦しい場合は、直ちにバイパス弁を開き、空気を補給するとともに指定拠点に戻ること。バイパス弁を開きすぎると必要以上の空気が放出されるため、使用時間が短くなるので注意すること。

　呼吸が苦しい場合でもむやみに面体を外さないこと。活動現場の有害なガスを吸い込むおそれがあるので注意すること。

　活動中、めまい、吐き気、寒気、呼吸困難、脱力感、発熱、目の刺激などを感じた場合は指定拠点に戻ること。

|脱装方法|

・プレッシャデマンド形は、陽圧ロックボタンを押す。
・呼吸を止めて面体を外す。陽圧ロックボタンを押したあと呼吸をすると自動的に陽圧に切り換わる。面体を外したとき空気が放出していれば、もう一度、陽圧ロックボタンを押すと空気の放出は止まる。
・そく止弁を閉じ器具をおろす。面体、プレッシャデマンド弁、圧力指示計等は下敷きにならないように置く。
・デマンド形は、面体を外し、そく止弁を閉じ器具をおろす。
・バイパス弁を開き、調整器の圧力指示計の指針が"0"を指示するのを確認してから元どおり閉じること。
・デマンド形及びプレッシャデマンド形のボンベを外すときは、バイパス弁を開けて器械内（ボンベを除く）の圧力を抜いてから行うこと。圧力が溜まったままで減圧弁とそく止弁との接続部を緩めると、その接続部の"O"リングを破損するおそれがあるので注意すること。

○特殊環境下における取扱い

|低温環境下の取扱い|

　活動現場の温度が－20～5℃で使用する場合は、呼吸器に水分が存在すると凍結が起こり、呼吸を妨げるおそれがある。温度が－20℃以下の場合は、呼吸器の上から防寒衣をかぶるなど、呼吸器自体の防寒対策を必要とする。

化学防護服の着装

・低温環境下では、面体、プレッシャデマンド弁はよく乾燥させてから取り付け、水分は付着させないこと。
・プレッシャデマンド弁は、バイパス弁を開いて水分を排出させること。
・面体を着用する際、呼気がアイピースにかかるとくもることがあるので、面体を正しくかぶるまでは呼吸を一時止めること。
・使用環境によっては、くもりが発生することから、くもり止液やクリアビューをあらかじめ塗っておくこと。
・環境温度が70℃以上の高温時の場合は、呼吸器の上から防熱衣（冷却スーツ）を装着するなどの防熱対策が必要である。
・高気圧下では空気呼吸器の使用時間が短くなる。大気圧下で使用時間が30分あるものでも高気圧下では次のように短くなる。
　　　環境圧力　1kgf/㎠(0.10MPa)(ゲージ圧)のときの使用時間は約15分
　　　　〃　　　2kgf/㎠(0.20MPa)(　〃　)　　〃　　　　約10分
　　　　〃　　　3kgf/㎠(0.29MPa)(　〃　)　　〃　　　　約8分

・高気圧下では使用時間が短くなることを考慮して、指定拠点に十分なボンベ圧力を残して戻ること。
・その他、救出活動の際は、要救助者を搬出にあたり呼吸量は増大し、また移動速度も遅くなることから、ボンベの残圧に十分な余裕をもたすこと。
・人体に悪影響を与える無機シアン化合物等の化学物質の中には皮膚を侵したり、皮膚から体内に吸収されるため、空気呼吸器の装着だけでは身体の保護は万全とはいえない。このような物質が存在する現場では、全身を確実に保護できる防護服を着装して活動することが大切である。

使用後の整備

空気呼吸器の使用後はそのまま放置せず、次の使用に備えて整備をすること。

・呼吸器を使用した後は、各部分を乾いた布でよく拭いて汚れを除いておくこと。乾いた布で落ちない場合はきれいな水で洗ってから陰干しでよく乾かすこと。
・面体は顔の汗や脂で汚れるので中性洗剤や石けんを用いてよく水洗いし、消毒用アルコールで消毒すること。
・ゴムの部分は特に油や有機溶剤に弱いので、シンナーや揮発油で拭かないこと。油汚れは中性洗剤を加えたぬるま湯で落とした後、水洗いして陰干しで乾燥すること。ゴムは紫外線に弱く、き裂を生じやすいので、直射日光に当てて乾燥させないこと。
・使用済ボンベを器械から外し、そく止弁接続口にねじ山保護及び異物混入防止のためボンベキャップを締めつける。
・空気充てん済の予備ボンベを器械に取り付け、組み立てておく。その際、そく止弁を少し開き、ねじ部のゴミを吹き飛ばす。組立て後、そく止弁を開いて内部の圧力を確認し、そく止弁を閉じること、このとき圧力指示計の指針を0に戻すこと。
・ボンベ交換の場合は、必ず空気ボンベと交換すること。酸素ボンベなどを使用しないこと。
・使用済のボンベは次の使用に備えて、空気を再充てんしておくこと。ボンベの充てんは必ず高圧ガス保安法によって許可を受けたガス充てん所に依頼して行うこと。
・ボンベ、調整器、圧力計などの高圧空気に接する部分には注油したり油をつけないこと。高圧空気は物を燃やす力が強く、油に触れると爆発の危険があるので注意すること。

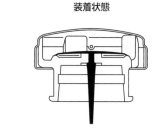

装着状態

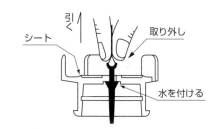

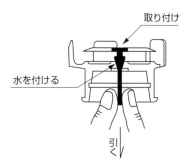

上の図の要領でデマンド形の呼気弁を交換し、プレッシャデマンド形の呼気弁が使用に耐えない場合は、交換を専門店に依頼する。

❹ 機器取扱い技術

|保管と定期点検|

　空気呼吸器は、いつでも直ちに安全に使用できるように整備して収納、保管しておくことが大切である。
・保管の場所は直射日光の当たらない乾燥した場所で、夏季でも気温が40℃以下の場所を選ぶこと。なお、緊急時に直ちに取り出して使用できる場所に保管すること。
・呼吸器は日常の仕業点検のほか、3カ月ごとに1回定期点検を行い、その結果を記録しておくこと。
・呼吸器は、金属、プラスチック、ゴム、布など性質の異なる各種の材料が集成されているので、それぞれの特性に応じた点検整備が行われなければならない。
・ボンベは、容器保安規則により、一般複合容器にあっては製造後3年ごとに、一般継目なし容器にあっては5年ごとに耐圧検査を受けることが義務づけられているので、耐圧検査有効期間内であることを確認のうえ使用すること。
・面体、吸気管、呼気弁など生命に直接関係のある重要な部品がゴムでできていることから、これらの点検整備は慎重に行う必要がある。ゴムの部品は製造後時間経過とともに自然に劣化して弾性を失う。特に整備や保管が不適当な場所では傷みが早い。
　使用頻度が少なく整備保管のよい場合で、面体、吸気管は3年、呼気弁は1年を交換の目安とし、一般的には、面体、吸気管は1年、呼気弁は6カ月位で交換するのが適切である。

|空気呼吸器ボンベ|

　近年、空気呼吸器のボンベは、軟鋼からクロムモリブデン鋼へと進歩したが、最近では、ガラス繊維から更に強度の高いカーボン繊維をアルミニウム合金のボンベ本体に巻き付けた超軽量のボンベが主流となりつつある。

　超軽量型のボンベの質量をクロムモリブデン鋼製と比較すると、クロムモリブデン鋼製8kgに対し、ガラス繊維使用品は4.3kg、カーボン繊維使用品は3.0kgとそれぞれ、54%、38%に軽量化されている。

　ライフゼム用のカーボン繊維ボンベの場合はブルネッカー、ガラス繊維ボンベはブルネックと呼び名で区別されている。

|刻印|

検査機関の符号
容器製造業者の符号又はその記号
充てんすべきガス名
内容量
容器質量（弁及び取りはずしのできる付属品を含まない）
容器検査年月
最高充てん圧力
耐圧試験圧力
容器記号及び番号

AIR　V 8.1　W 8.0
ADL　1212　2 1997
TP250　　FP150

|ボンベの取扱い|

　空気呼吸器に使用されているボンベは、高圧ガス保安法、一般高圧ガス保安規則及び容器保安規則により規制されている。
・ボンベの容器（シリンダー）及び付属のそく止弁（バルブ）については、高圧ガス保安法により3年ごとに再検査を受けなければならない。
・ボンベの肩のところに、検査機関の符号、容器製造業者の符号又はその記号、充てんすべきガス名、容器記号及び番号、内容量、容器質量（弁及び取りはずしのできる付属品を含まない）、容器検査年月、最高充てん圧力、耐圧試験圧力が刻印されている。
・ボンベは充てんされているガスの種類を示すために表面積の2分の1以上を酸素の場合は黒、空気用はねずみ色に塗装し、ガス名を白色文字で表示してある。
・ボンベは直射日光の当たらない、乾燥した、夏季でも40℃以下の場所に保管すること。

酸素欠乏症等の事故対応

酸素欠乏症や硫化水素中毒等の事故に対応するには、救助者が空気呼吸器などの保護具を着用して、しかも、ガスの種類や濃度を測定しておいて、更に電動等の送・排風機を用いて発災施設等の換気を十分に行っておいてから救出活動に入り、二次災害の防止に努めなければならない。

酸素欠乏

空気の組成に酸素の割合が約21％を占めているが、マンホール、発酵タンク、穀物サイロ、井戸、基礎坑、トンネルなど換気の悪い場所では、微生物の呼吸や土中の鉄の酸化などにより、酸素濃度が低下しやすく、また船倉タンク、ボイラー等の密閉された鉄の構造物も鉄さびが発生すると内部の空気の酸素濃度が低下する。

一方、爆発や火災危険性の高い製品は、空気と接触すると酸化したり、劣化を起こしやすい不安定な物質に変化する。これらの危険や障害を防止するために、窒素のような大量の不燃性ガスを貯蔵タンクや製造設備内に入れて、空気と置換するために使用されている。さらに、一般的な工業製品や農産物等でも、品質の向上や腐食防止等のために不燃性のガスの利用が拡大しており、これらの設備等から、一度、ガス漏れが発生すると無酸素状態の環境が形成される。

また、地下の土木工事では圧気工法が用いられると、土中に圧入された圧縮空気中の酸素が、土に含まれる酸化されやすい鉄分によって消費され、酸素欠乏の空気が作られる。これらの現場で働く作業員が、この空気を吸い込んで倒れ、これを救出に入った者も倒れるといった例は、枚挙にいとまがないほどである。

注）不燃性ガスの代用として粉末消火剤をあらかじめタンク内に噴射しておき、タンクの溶断作業にとりかかったところ大爆発したケースがある。

酸素欠乏の環境例

- 輸入バナナの熟成むろ ……………… 酸素が消費されて炭酸ガスが発生している。
- 野菜や牧草貯蔵サイロ ……………… 高濃度の炭酸ガスが発生している。
- 原木・チップの船倉 ………………… 木材の呼吸作用及び発酵作用で炭酸ガスが発生している。
- 下水・活物槽のマンホール ………… 細菌の増殖で酸素を消費し炭酸ガスが発生、これが進むと無酸素状態になってからメタンや硫化水素が発生する。
- ケーブル、ガス管等を収納 ………… 暗渠やマンホールに汚水が流入し、増殖した微生物が酸素を消費する暗渠、マンホール して炭酸ガスを発生する。
- しょう油、酒類等のタンク ………… 微生物のはたらきにより酸素を消費し、炭酸ガスや硫化水素、アンモニアなどを発生する。

2. 救助用送排風機

排風機は火災時の煙や災害現場の漏洩した有害ガスを強制的に吸い出して排出する機具であり、また送風機は逆に立ち込める有害ガス等に新鮮な空気を送り込み毒性を薄めるはたらきをするもので、ポータブルな機器本体と風管（ダクト）とからなる。種類としては、電動のものや水力駆動、それにエンジン駆動といったタイプのものがある。

各部名称

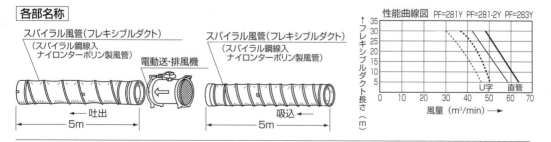

❹ 機器取扱い技術

諸元

名称	型式	プロペラ径	プロペラ翼数	性能 風量(最大)	性能 静圧(最大)	モーター(50/60Hz共用) 相数	電圧	出力	極数	定格	本体重量	フレキシブルダクト 型式	フレキシブルダクト 寸法
標準形	PF-281Y	280φ	6	60/70(㎥/min)	49/64mmAq	単相	100V	510W	2P	連続	14kg	FD-300	300φ×5m×150P
	PF-281-2Y						200V						
	PF-283Y					三相	200V						
軽量形	PF-201Y	200φ	7	25/29(㎥/min)	25/80mmAq	単相	100V	125W			8kg	FD-225	225φ×5m×150P

　救助用送排風機は機器本体に風管（フレキシブルダクト）を取り付けて、煙やガスを吸い出す（サクション）と反対に吹き出す（ブロー）機器として火災や災害現場で多用されている。
　電動の場合は、発動発電機等の電源によってモーターを駆動させこの動力でファンを回転させるものである。水力駆動は、消防ホースの送水圧でタービンを駆動し、この動力でファンを回転させ、エンジン駆動のものはエンジンの動力でファンを回転させるものである。

災害発生の状況

　タンク内へ転落したケースの場合は、充満した窒素ガスが温度上昇により膨張して開口部より噴出し、異常に気付いた監視員が点検のため開口部を開け、短時間であれば呼吸器を装着しなくても大丈夫だろうといった安易な考えで行動し、その一呼吸が直ちに死につながった。

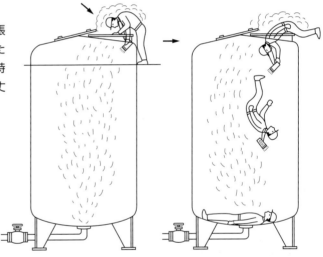

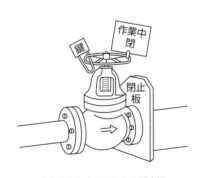

弁を完全に止めるための閉止板

　窒素やアルゴンなどの高圧配管の弁を止めて作業をする場合は、わずかなガス漏れにより酸素欠乏の空気が形成されることがあるので、完全なガス遮断には閉止板が設置されている。

酸素欠乏とは

「酸素欠乏」……空気中の酸素の濃度が18％未満である状態をいう。
「酸素欠乏症」…上記状態または空気中の硫化水素の濃度が10ppmを超える状態をいう。

空気の組成

構成ガス	容積比率　％	分圧 kPa	分圧 mmHg
酸　　　　素	20.93	21.20	159.1
窒　　　　素	78.09	79.11	593.5
二酸化炭素（炭酸ガス）	0.03	0.03	0.2
アルゴンその他の希ガス	0.95	0.96	7.2
計	100.00	101.30	760.0

○有害ガスの測定

酸素濃度の測定

　災害現場の空気中に存在する酸素濃度を正しく測定することは、酸素欠乏症を未然に防止するための基本となる。酸素欠乏の状態は人間の感覚では感知できず、酸素濃度測定器による測定が唯一の方法である。災害現場の酸素濃度を正確に知った上で、空気を送り込む等の換気を行い、空気呼吸器等の保護具を着装しておいてから現場活動を実施することになる。

測定器の構造

　採気式の測定器は、ホースで被検空気を測定器まで吸引し、測定器内のセンサーで酸素濃度を検出するもので、酸素センサーとともに可燃性ガスセンサー等を組み込み、指示計を切り替えいずれも測定できるようにしてあり、警報器を内蔵したものもある。

諸元

形　式	XPO-317			使用圧力範囲	大気圧～2気圧まで(但し、測定圧力条件下においてO₂21%校正が必要)
	可燃性ガス	酸　素	有毒ガス	使用温度範囲	－10℃～＋40℃
検知対象ガス	メタン及び可燃性ガス一般	大気中の酸素	COもしくはH₂S	電　源	単3形乾電池4本
検知原理	接触燃焼式	ガルバニ電池付	直読式ガス探知管	連続使用時間	アルカリ電池使用の場合7時間以上(但し無警報時)
採取方式	自動吸引式			防爆構造	本質安全・耐圧防爆構造id2G3
検知範囲	0～100% LEL	0～0.1% VOL%	0～25VOL%	濃度識別	寸　法	W84×H190×D40(㎜)
				重　量	約850g
指示精度	F.S.±5%	F.S.±5%	±0.3%以内 (JIS-T8201規格は±0.7%)	指示値の±35%	付属機能	1.メータ照明付 2.電池電圧終止警報 3.可燃性ガス警報・酸欠警報の警報ブザー音の識別 4.探知管測定終了警報
警報設置値	20% LEL	0.05 VOL%	18% O₂	―
警報表式	ランプ点滅と長い断続ブザー音	ランプ点滅と短い断続ブザー音	―	付属品	レザーケース、単3形乾電池4本、ガス導入管、ドレンフィルタ、フィルタエレメント、探知管(10本)

ガルバニ電池式酸素計

　電気化学的酸素濃度測定法であり、電気化学的測定法には、一般的に酸素の減極作用を応用したもので、電解液中に陽陰極を浸して、この両極に0.5～0.8Vの電圧を印加したときに流れる電解電流を測定するポーラログラフ方式と、外部より電圧を印加しないで、両極より発生する電流を測定するガルバニ電池方式があるが、安定性、操作及び保守の簡便性、堅ろう性などの点で、ガルバニ電池式の方が優れているため、現在では現場用測定器にはこの方式がもっぱら採用されている。

　ガルバニ電池式酸素計は、電極と電解質によって形成されるガルバニ電池の出力が酸素濃度に比例することから、その出力又はそれを増幅した出力を酸素濃度として指示するものである。

　センサーには、このガルバニ電池が使用されているが、これは極めてデリケートで、使用中に強い衝撃を与えたり、高温にさらすと出力が低下してしまうものがあり、高濃度の炭酸ガスに触れると作動が不安定になるものがあるので注意を要する。また、隔膜が汚れると酸素の透過を妨げて出力が低下したり、応答速度が極端に遅くなったりする。センサーは、製造後、経年劣化により使用に耐えなくなるので、定期的に点検を行って常に使用できる状態にしておくことが大切である。酸素計とは、日本産業規格（JIS）に定める規格に適合する酸素濃度計及び酸素濃度警報計をいう。

❹ 機器取扱い技術

酸素濃度の測定

・酸素欠乏の場所に立ち入り酸素濃度を測定する場合は、必ずプレッシャデマンド形の空気呼吸器を着装すること。低酸素の空気を一呼吸しただけで瞬間的に失神し、身体を支える腕の力が抜けてマンホール内へ墜落するおそれがあり、墜落によって頭部などの損傷といった危険をも伴うので注意すること。

・酸素欠乏は比較的空気の流通の悪い場所で起きることが多い。そのような場所でも位置によっては酸素濃度に著しい差がみられることから、部分的な酸素欠乏の空気の存在を見つけ出すためにも、複数の位置の酸素濃度を測定すること。

・メタンガス等可燃性ガスが存在する場所では、酸素呼吸器を使用すると呼気中の酸素により可燃性ガスが燃焼範囲を形成して爆発の危険が増すことから、空気呼吸器を使用すること。また、このような場所へ内部照明や電動工具類を持ち込む場合は、防爆構造のものを用いること。

硫化水素の濃度測定

　硫化水素は、無色で腐敗した鶏卵のような臭気があり、0.03ppmというきわめて低い濃度でも臭気を感じることができる可燃性で毒性の気体で水に溶解し、弱い酸性を有する物質である。臭気は時間が経つにつれて嗅気疲労で次第に臭いを感じなくなってしまう。高濃度では瞬間的に嗅気が麻痺してしまい、臭気を感じることなく意識を失って死に至る危険性の高い物質で、天然には、火山ガスや鉱泉中に含まれ、また、硫黄を含む有機物の腐敗によって生じ、卵が腐った臭いがするのはそのためである。

測定器の種類

　測定の仕方には、次の二つの方法がある。

■検知管方式

　硫化水素検知管は付属のガス採取器（ポンプ）に取り付け100～1000mℓの試料空気を通す。試料空気中に硫化水素が含まれていると検知剤のシリカゲルに吸着され、酢酸鉛と反応して硫化鉛を生成し、この部分が茶褐色になる。変化層の長さは、硫化水素の量にほぼ比例するので、試料空気の量が一定であれば、変色層の長さを測って硫化水素の濃度が求められる方法である。

■定電位電解法

　これは電気化学的ガス濃度測定法の一つである。試料空気中に硫化水素が含まれていると、電気化学反応が起きて電流が流れる。この電流は硫化水素濃度に比例するので、電流を測定することによって硫化水素の濃度が得られる方法である。

換気方法

　災害現場の空気中の酸素濃度を18％以上、また硫化水素濃度を10ppm以下に保つように換気する。

・救助用送排風機を災害現場に設置するさいは、空気呼吸器を着装してからあたること。

・要救助者の救出活動は、タンク等のガス漏洩の換気をしながら空気呼吸器を着装してあたること。

・排出した酸素欠乏の空気や硫化水素等が再び吸い込み口から入り込む短絡が起こらないよう、風向きにも注意すること。

下水・暗渠等の換気

地下に設置してある下水・暗渠等の換気は、2台以上の送排風機を用いて、一方のマンホール側から送風し、もう一方のマンホール側に排風機を設置してガス等の排出を行う。

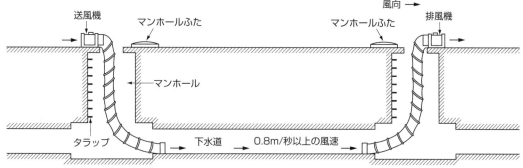

・送気を開始してから15分後に酸素濃度等を測定するとともに、救出活動を行っている間は送気を継続すること。
・救出活動する隊員1人あたり10㎥/分以上の送気を継続すること。

3. 投光器・発動発電機

■ 可搬式投光器・発動発電機（EX6・EX6H型発電機）

可搬式投光器は、災害現場において人命検索、救助、避難者の誘導、避難所の照明等に必要不可欠なものである。

電源には、主に発動発電機が用いられ、発生した電気はコードリールを介して投光器に伝導されて照明がともる。

各部名称

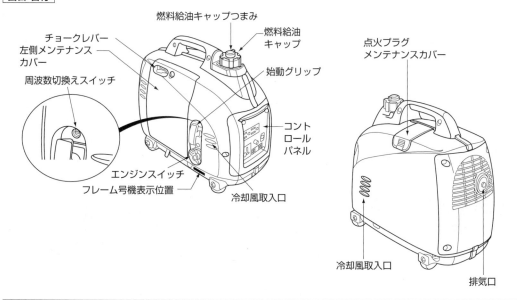

❹機器取扱い技術

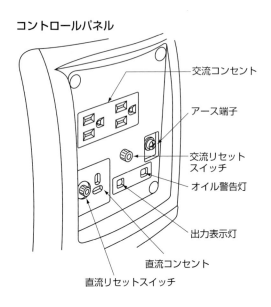

コントロールパネル

- 交流コンセント
- アース端子
- 交流リセットスイッチ
- オイル警告灯
- 出力表示灯
- 直流コンセント
- 直流リセットスイッチ

主要諸元

項目	名称	EX6JN、EX6HJN	EX6JNE
型 式		EZGG	
原動機の形式		強制空冷4サイクル縦型ガソリン(OHV)	
総排気量		50cm³	
使用燃料		自動車用無鉛ガソリン	
燃料タンク容量		2.3ℓ	
潤滑油容量		0.25ℓ	
始動方式		リコイル式	
発電機形式		多極界磁回転型	
機体形式		フル カバード タイプ	
寸法	全長	450mm	
	全幅	240mm	
	全高	380mm	
乾燥質量		12kg	
出力	定格(交流)	600VA	
	出力(直流)	72W	
定格周波数		50Hz/60Hz	
定格電圧	(交流)	100V	
	(直流)	12V	
定格電流	(交流)	6.0A	
	(直流)	6A	
電圧調整方式		サイリスタ位相制御方式	
出力端子	(交流)	アース式コンセント	アース式コンセント(抜け止め式)
	(直流)	T型コンセント	

発動発電機

　発動発電機は、エンジンと発電機が一体化したものであり、エンジンからの動力の伝達方法としては、直結、歯車又はベルト駆動がある。発電機の出力、回転数、周波数等により回転が調整される。

発電機の据え付け

　発電機は、転倒防止や機能障害を防ぐ観点からも軟らかい地面や傾斜地での使用を避けるとともに、炎天下、雨天時には遮蔽して保護する。さらに、建物や他の設置物から1m以上離し、しかも、地下室等の換気の悪い所での使用に際しては、換気に十分配慮しなければならない。また、車載用として製造されたもの以外のものは、車載したままで使用しないこと。

○**仕業点検**

左側メンテナンスカバー

・エンジンオイルの量を点検、補給する場合やエアクリーナの清掃などを行うときに取り外す。
・左側メンテナンスカバーはマイナスドライバー等を使用して取り付けネジを緩めて、メンテナンスカバーを取り外す。

点火プラグメンテナンスカバー

　点火プラグを清掃するときに取り外す。

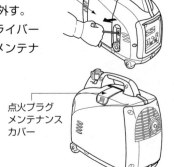
点火プラグメンテナンスカバー

左側メンテナンスカバー／取付けネジ

燃料の点検
- 燃料給油キャップを外し、注入口のレベル（給油限界位置）まで燃料があるか点検する。
- 少ない場合は補給する。
- タンク容量は2.3ℓ
- 照明が長時間に及ぶ場合は補給が必要となる。

エンジンオイルの点検
- 左側メンテナンスカバーの取付けネジを外して、カバーを取り外す。
- エンジンオイル給油キャップを外し、オイル給油口の口元までオイルがあるか点検する。
- 汚れや変色が著しい場合には交換をする。
- 少ない場合には、新しいオイルを口元まで補給する。
 （4サイクルガソリンエンジンオイルを入れる。）

4サイクルガソリンエンジンオイル

　エンジンオイルの性能やグレードは、API（米国石油協会）規格によって表示されているが、粘度についてはSAE（米国自動車技術者協会）粘度分類が採用されており、エンジンオイル低温時と高温時の粘度を表す表示がなされていて、0w-60までの11段階の粘度指数によって表され、数値が高いほど粘度の高いエンジンオイルということになる。

　したがって、真夏の使用時には5w-30、冬季には0w-20というようにシーズンにあわせてまめにエンジンオイルを交換すると、エンジンの長持ちにつながる。

エアクリーナ(空気清浄器)の点検
- 左側メンテナンスカバーの取付けネジを外して、カバーを取り外す。
- エアクリーナ上部の爪を押し下げ、カバーの上部を外し、下部の合せ部を外してエアクリーナカバーを取り外す。
- ろ過部（ウレタン）の汚れを点検し、汚れのひどい場合は、ろ過部（ウレタン）の清掃を行う。

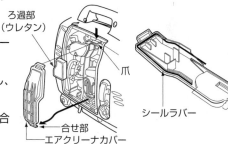

エアクリーナ(空気清浄器)の清掃
- エアクリーナが目詰まりをすると出力不足や燃料消費が多くなるので定期的に清掃をすること。
- 清掃は25時間運転ごとか3カ月ごとに実施する。

清掃の仕方
- 左側メンテナンスカバーの取付けネジを外して、カバーを取り外す。
- エアクリーナ上部の爪を押し下げ、カバーの上部を外し、下部の合せ部を外してエアクリーナカバーを取り外す。
- 次にろ過部（ウレタン）を取り外す。
- 清掃後、エアクリーナカバーに取り付けられたシールラバーに損傷がないこと、また確実に取り付けられていることを確認する。

❹ 機器取扱い技術

- エアクリーナカバーを確実に取り付ける。取付けは、下部の合せ部を取り付けた後、上部の爪を確実に取り付ける。
- ろ過部（ウレタン）を洗い油で洗浄し、固くしぼってからエンジンオイル（SAE10W-30等）に浸し、固くしぼる。
- エアクリーナカバーに取り付けられたシールラバーに損傷がないこと、また確実に取り付けられていることを確認する。
- ろ過部（ウレタン）、エアクリーナカバーを取り付ける。
- エアクリーナカバーの取付けは、下部の合せ部を取り付け後に、上部の爪を確実に取り付けて行う。
- 左側メンテナンスカバーを確実に取り付ける。

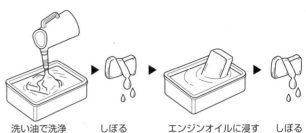
洗い油で洗浄　しぼる　エンジンオイルに浸す　しぼる

【エンジンオイルの交換】
- エンジンオイルが汚れていると摺動部や回転部の寿命を著しく縮めるもとになるので、初回は10時間運転ごとに、それ以降は50時間運転ごとか6カ月ごとに交換する。交換するオイルは、4サイクルガソリンエンジンオイルを入れる。
- オイルの量は、0.25ℓ。

【交換の仕方】
- 左側メンテナンスカバーの取付けネジを外して、カバーを取り外す。
- オイル給油キャップを外し、本体を傾けてオイルを抜く。
- 新しいエンジンオイルを注入口の口元まで注入する。
- 注入後、オイル給油キャップをゆるまないように確実に締め付ける。
- 左側メンテナンスカバーを確実に締め付ける。

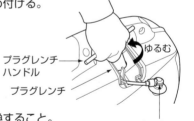

【オイルの処理】
- オイルはゴミの中や地面、排水溝等に捨てないこと。
- 処理業者か販売店に相談のうえ処理すること。
- オイルは使用しなくても自然に劣化するため、定期的に交換すること。

【点火プラグの清掃・調整】
　点火プラグが汚れたり、電極が摩耗したりすると完全な火花が飛ばなくなるので、100時間運転ごとか1年ごとに清掃することとし、300時間運転ごとか2年ごとに交換すること。

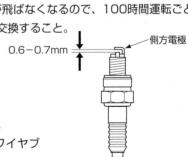

【清掃・調整の仕方】
- 点火プラグメンテナンスカバーを取り外す。
- 点火プラグキャップを点火プラグから外す。
- プラグレンチ、プラグレンチハンドルで点火プラグを取り外す。
- 点火プラグをプラグクリーナで清掃する。ない場合は針金かワイヤブラシで汚れを落とす。

- 側方電極の火花すき間は0.6～0.7mmに調整する。
- 取付けは、まず手でねじ込み、次に点火プラグレンチで確実に締め付ける。
- 点火プラグキャップを点火プラグに確実に取り付ける。
- 点火プラグメンテナンスカバーを確実に取り付ける。

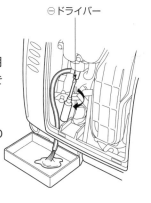

発電機を長時間使用しない場合
- 発電機は毎月1回試運転を行うこととし、燃料は自然劣化するので3カ月に1回新しい燃料と入れ換え、オイルは定期的に交換すること。このときエアクリーナの点検も行うこと。
- 試運転は、照明などの負荷をかけて10分間以上運転すること。
- エンジンの調子、オイル、燃料の漏れ、出力表示灯、エンジンスイッチの作動を確認すること。

キャブレータ（気化器）、燃料ポンプ内の燃料の抜き取り
- 左側メンテナンスカバーの取付けネジを外して、カバーを取り外す。
- エンジンスイッチを"運転"にして、キャブレータのドレンスクリュを緩めて燃料を容器に受ける。
- 点火プラグメンテナンスカバーを取り外し、点火プラグキャップを点火プラグから取り外す。
- 始動グリップを3・4回引き、燃料ポンプ内の燃料を抜く。
- 完全に燃料が抜けたならエンジンスイッチを"停止"にし、ドレンスクリュを締める。
- 点火プラグキャップを点火プラグに確実に取り付ける。
- 点火プラグメンテナンスカバーを確実に取り付ける。
- 左側メンテナンスカバーを確実に取り付ける。

エンジンの掛け方
- 屋内や換気の悪い場所でエンジンを掛けると有害な一酸化炭素が溜り中毒を引き起こすおそれがあるので注意すること。
- また、発電機のコンセントから使用器具のプラグが抜いてあるかどうか確認すること。使用器具が接続されたまま発電機を始動すると、使用器具が不意に作動して思わぬ怪我や事故を引き起こす可能性があるので注意すること。

燃料給油キャップつまみで調節
- 燃料給油キャップのつまみは、燃料タンク内と外気との通気穴の開閉装置である。発電機を運転するときに操作をする。
- 操作は確実に"開(ON)""閉(OFF)"の位置に合わせる。
  "開(ON)"：発電機運転時
  "閉(OFF)"：停止、運搬、保管時

エンジンスイッチ
- 発電機を運転、停止するときに操作する。
- エンジンスイッチを"運転"の位置に合わせる。

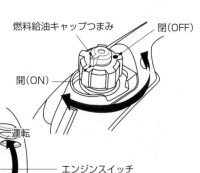

❹ 機器取扱い技術

チョークレバー

・始動時にエンジンが冷えている場合にチョークレバーを"始動"の方向に操作する。
・始動後エンジンの回転が安定したならチョークレバーを徐々に戻して"運転"の位置にして暖機運転を行う。

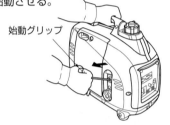
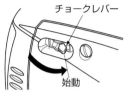

エンジン冷間時はチョークレバーを"始動"に合わせる。

始動グリップ

・エンジンを始動させるときに操作する。
・始動グリップを引いて重く感じるところを探し、始動グリップを一度戻して、始動グリップを図の矢印方向に引いて始動させる。

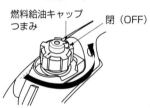

始動後エンジンの回転数が安定したならば、チョークレバーを徐々に戻して"運転"の位置にして暖機運転を行う。

エンジンの停止

・エンジンスイッチを"停止"の位置にする。
・燃料給油キャップのつまみを"閉(OFF)"にする。

エンジン始動不能の場合

・エンジンが始動しないときは、点火プラグから火花が出るかを確認する。
・点火プラグキャップを点火プラグから取り外す。
・点火プラグをエンジンから取り外し、点火プラグをプラグキャップに取り付ける。
・プラグ穴のまわりにガソリンがこぼれていないか確認し、こぼれている場合は布きれ等で拭き取る。
・プラグ穴から離れた場所で、プラグのネジ部をエンジン本体にアースしておく。
・感電を避けるためプラグキャップ以外には触れないこと。
・エンジンスイッチを"運転"の位置にして始動グリップを引き、プラグの電極に火花が出るか確認する。
・その他、始動方法がマニュアルどおりか、燃料切れをきたしていないか。オイル不足の場合は、オイルアラート機構がはたらき、オイル警告灯が点灯してエンジンがかからない。さらに、点火プラグのすき間が正常か、点火プラグの汚れや濡れていないかを確認すること。

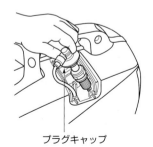

○使用器具の接続

アース端子接地

・使用器具をアースした場合は、発電機の本体も必ずアースする。

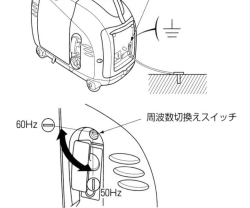

アース端子

交流電源

・周波数切換えスイッチを使用器具の周波数に合わせる。

・交流リセットスイッチが"入"であることを確認する。

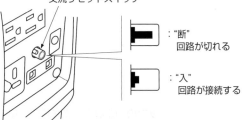

周波数切換えスイッチ
交流リセットスイッチ
："断" 回路が切れる
："入" 回路が接続する

エンジン始動

・エンジンを始動し正常に発電している場合には、出力表示灯（緑のランプ）が点灯し続ける。

・出力表示灯（緑のランプ）が点滅した場合は、エンジンスイッチを"停止"にし、エンジンを一旦停止させてから、エンジンを再始動すること。

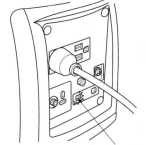

正常運転の場合
出力表示灯(緑)が点灯

プラグの差込み

・使用器具のスイッチが切れていることを確認しておいてから、コンセントへ使用器具のプラグを確実に差し込む。

・使用器具のスイッチが入っていると、使用器具が急に作動して、思わぬ事故を招くことがある。

・差込みプラグは、アース付き3本足差込みプラグ（市販品）を使用すること。

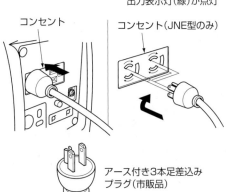

コンセント
コンセント（JNE型のみ）
アース付き3本足差込みプラグ(市販品)

97

❹ 機器取扱い技術

発電機の周辺

・危険物や燃えやすいものがないこと。
・建物及び他の設置物から1m以上離れていること。
・換気が十分であること（風通しの良いところ）。
・排気口は風通しの良い広い場所に向けること。
・周囲に火気がないこと。
・発電機にダンボール等を被せないこと。
・使用場所が小石、土、砂利等で凸凹していたり、軟らかい地面の所では使用しないこと。
　これらの場所でやむをえず使用する場合には、発電機の下に板など敷いて本体を安定させること。
・傾斜地では使用しないこと。

直流電源

・充電コードで直流コンセントとバッテリをつなぎ、エンジンを始動して充電する。
・コードの取付けは、必ず図の番号順に行うこと。取外しはエンジンを停止した後、取付けの逆の順番で行うこと。
・バッテリ(12V)の充電以外には使用しないこと。
・バッテリを取り扱うときは風通しの良い場所で行うこと。
・バッテリからは可燃性のガスが発生しているので、火気を近づけると爆発の危険性がある。
・バッテリ液面が下限以下のままでの使用又は充電を行わないこと。
・バッテリ液面が下限以下のままでの使用又は充電をするとバッテリの劣化を早めたり、破裂（爆発）の原因を引き起こすおそれがある。
・バッテリ液は、希硫酸であるので、目や皮膚に付くとその部分が侵されるので十分注意すること。万一、付着したときは、すぐに大量の水で15分以上洗浄し、直ちに専門医の診断を受けること。
・充電するときは、バッテリに接続されているコードをすべて取り外してから行うこと。
・外すときは⊖側から外し、接続する場合は⊕側から行うこと。
・リセットスイッチが"断"になっているときは、結線を確認してから"入"にする。

バッテリの充電

・バッテリを長時間充電すると、バッテリ液の温度が上がり、バッテリの機能が低下する場合がある。
・解放型バッテリ（液補充型）の取り扱いは次のとおりである。
・バッテリに接続されているコードやチューブを外し、バッテリを取り外す。
・バッテリの比重を測定する（比重計で測定）。
・比重は1時間おき位に測定する。また、リセットスイッチが切れていないか確認する。
・目安として満充電の比重は1.26〜1.28である。
・必ず蒸留水を補給すること。水道水はバッテリの寿命を縮める原因となる。
・各セルの比重も測定すること。
・バッテリの栓を外して、バッテリ液量を点検し、液面が下限（LOWER）に近い場合は、各セルに蒸留水を上限（UPPER）まで補給すること。

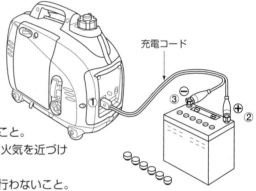

比重と充電時間

・バッテリ液の比重を基にして充電時間が求められる。
・詳細はバッテリの取扱説明書を参照すること。
・図は比重1.14の47Ah/20HRバッテリを約6時間充電すると満充電になることを例示したものである。
・バッテリの種類、放電状態によって充電時間が異なる場合がある。
・充電コードの届く範囲内で発電機からできるだけ離れた場所にバッテリを置き、バッテリの栓を外しておいて充電する。

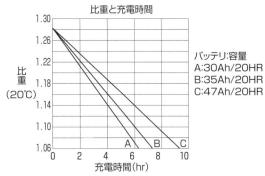

※30Ah/20HRとは（30アンペアアワー20時間率放電時）電流1.5Aで連続20時間放電できるバッテリ容量を示す。

充電終了

・充電が終了したなら、エンジンを停止し、取付けの逆の手順で充電コードを外す。
・バッテリに栓を取り付けて、バッテリを取り付ける。

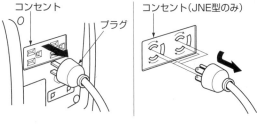

発電機の緊急停止

・緊急停止の場合は、エンジンスイッチを"停止"の位置にする。

・通常の停止の場合は、使用器具のスイッチを切り、プラグをコンセントから抜く。

・エンジンスイッチを"停止"の位置にし、燃料給油キャップのつまみを"閉(OFF)"にする。

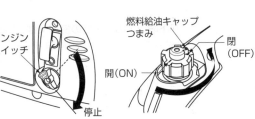

配線図

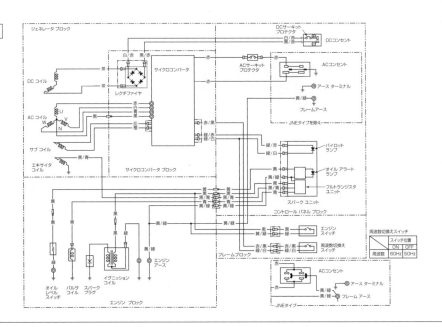

❹機器取扱い技術

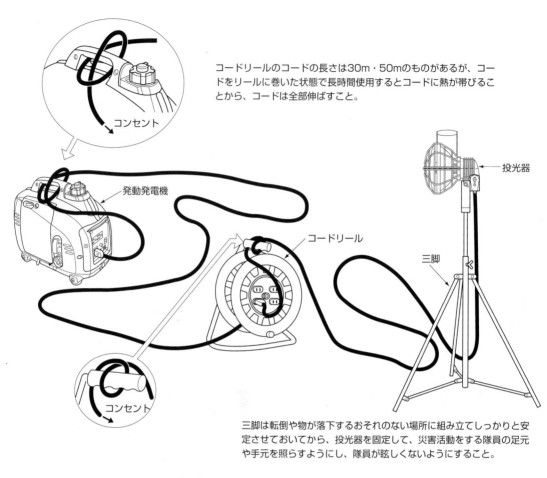

コードリールのコードの長さは30m・50mのものがあるが、コードをリールに巻いた状態で長時間使用するとコードに熱が帯びることから、コードは全部伸ばすこと。

三脚は転倒や物が落下するおそれのない場所に組み立てしっかりと安定させておいてから、投光器を固定して、災害活動をする隊員の足元や手元を照らすようにし、隊員が眩しくないようにすること。

投光器を持って屋内進入した際に突然、電源の供給が断たれると照明が無くなって、自分の位置が全く分からなくなり、パニックに陥ることから、コンセントからプラグが簡単に抜けないように工夫を施すこと。

4. テント

1 膨脹テント

　膨脹式テントは、耐久性に優れた軽量で堅牢なゴム引布を基材として使用し、チューブ径もΦ320mmと太く円に近い角型形状で風雨に対して強い構造となっている。気柱は折り込み方式が採用され、4本の気柱で構成し、各気柱に安全弁（140mmHg:18.62kPa）が取り付けられ、充気方法は、固定した減圧器とアスピレーター効果を有するエアーガン、携帯用の大型ハンディブロアー、角型ブロアー（ホース付き4分岐式）を使用することが可能であり、効率性と安全性に配慮されている。床シートは、雨水防止構造になっており、天幕と気柱及び床シートは取り外し可能になっている。災害現場等において使用されることを目的として造られたものである。

仕様
1　寸法　　6000mm×6050mm×3000mm×Φ320mm
　　　　　（全幅）　（全長）　（全高）（チューブ径）
2　重量　　約110kg（本体重量）
3　展張方法　高圧エアーボンベ、電動空気ファンコンプ
　　　　　　レッサー等により展張が可能

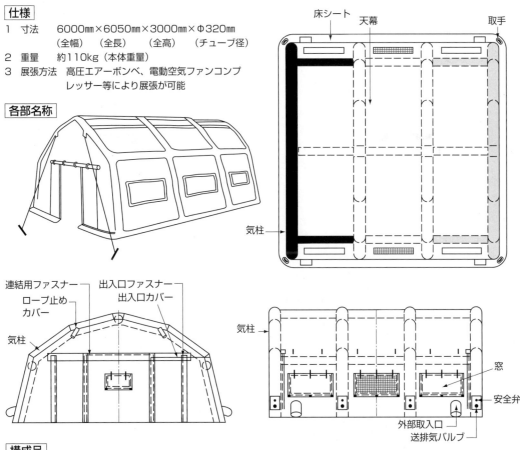

構成品
① 気柱　合成ゴム引布　4
② 床シート　合成ゴム引布　1
③ 安全弁　合成ゴム＆ステンレス　4
④ 出入口カバー　合成ゴム引布　2
⑤ 出入口ファスナー　合成樹脂　12
⑥ 連結用ファスナー　合成樹脂　1
⑦ ロープ止めカバー　合成ゴム引布　4
⑧ 外部取入口　合成ゴム引布　4
⑨ 送排気バルブ　合成ゴム＆合成樹脂　4
⑩ 窓　PVCシート　8
⑪ 取手　合成ゴム　4
⑫ 天幕　合成ゴム引布　1

❹ 機器取扱い技術

|設営方法|

　テント本体を4〜6人程度の人数で設営予定地に運搬し、収納袋（本体重量110kg）から取り出して折り畳んであるテントを広げておいて、床の部分の四隅に取り付けられている取手を持って引っ張り、床、気柱、天幕などのよじれ、しわを均等に伸ばす。この4本のメイン気柱にそれぞれ口栓と安全弁が取り付けられているので、この口栓の座に口栓本体を右に回して取り付けて、口栓キャップを外した状態にする。

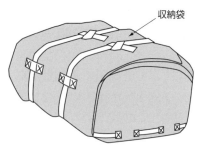

エアーテント本体は、折り畳んだ後にロール状に巻いた状態で収納袋に入れて収納してある。

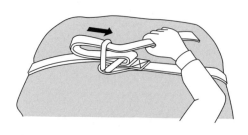

固定金具に通してあるベルトを矢印の方向に引くとベルトが緩む。

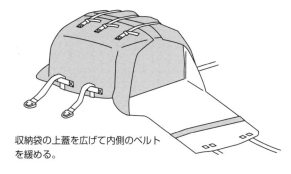

収納袋の上蓋を広げて内側のベルトを緩める。

Dリングに通してあるベルトを緩める。

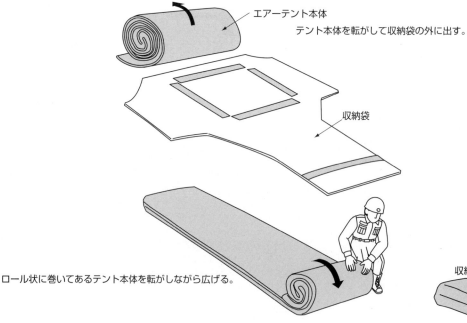

エアーテント本体
テント本体を転がして収納袋の外に出す。

収納袋

ロール状に巻いてあるテント本体を転がしながら広げる。

収納袋

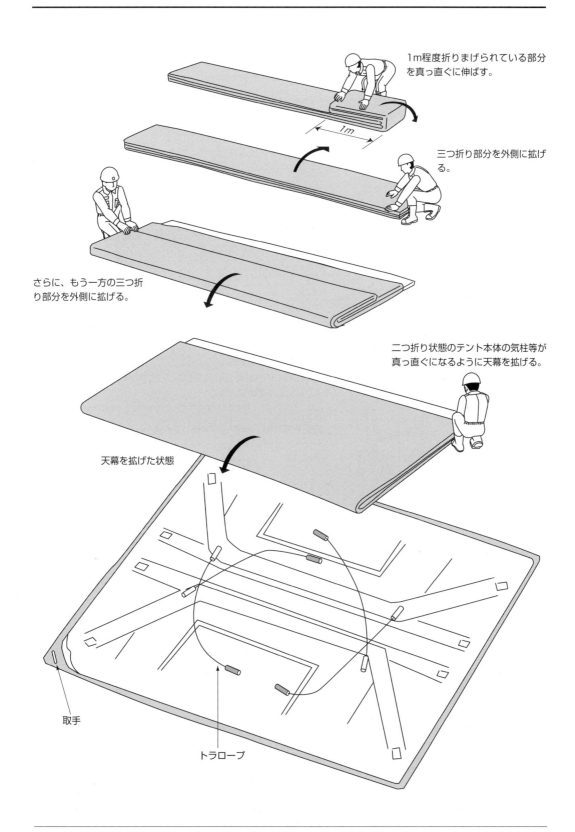

❹機器取扱い技術

テントの側面の口栓側
中央部に角型ブロアーを置き、コードリールを介して電源の発動発電機に接続するように配置する。

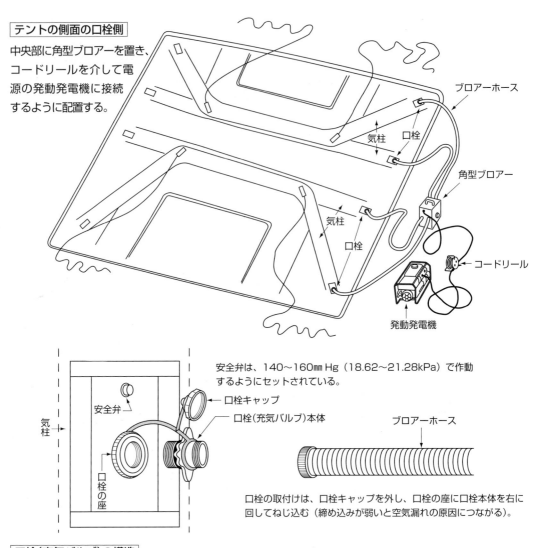

安全弁は、140～160mmHg（18.62～21.28kPa）で作動するようにセットされている。

口栓の取付けは、口栓キャップを外し、口栓の座に口栓本体を右に回してねじ込む（締め込みが弱いと空気漏れの原因につながる）。

口栓（充気バルブ）の構造

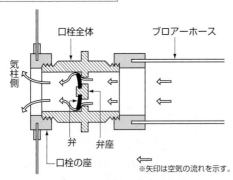

角型ブロアーからブロアーホースを介して送風された空気は、口栓（充気バルブ）の弁を押して、気柱側に流れ込む。

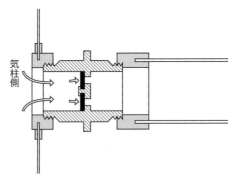

角型ブロアーの送風が停止すると気柱側の気圧が口栓（充気バルブ）の弁を弁座に押しつけて、気柱側から空気が大気に流出するのを止める。

送風機セットによる充気

ブロアーの電源を接続して、スイッチをONにする。充気に要する時間は5分ほどである。
気柱が立ち上がりかけたなら、前後固定のトラロープ等で補助を行う。

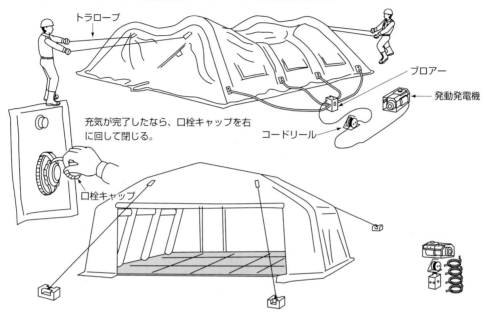

充気完了後、設置場所の状況に応じて、前後のトラロープでテントを固定する。

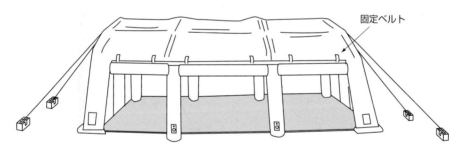

テント側面開放状態

全側面を開放する場合は、サイドファスナー、下部マジックファスナー、天幕固定ベルト、バックルを外し、巻き上げて固定ベルトで固定する。

サイド窓を開放する際は、カバーをマジックファスナーより外し、巻き上げてから、上部の固定ベルトで固定する。

空調用ダクトや電気コードは、外部取入口からテント内部に引き込む。

105

❹機器取扱い技術

○その他の充気要領

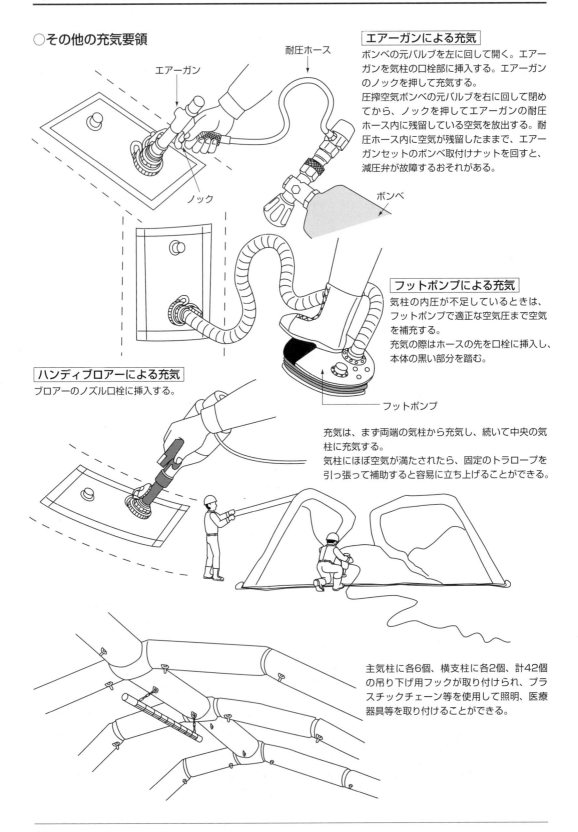

エアーガンによる充気
ボンベの元バルブを左に回して開く。エアーガンを気柱の口栓部に挿入する。エアーガンのノックを押して充気する。
圧搾空気ボンベの元バルブを右に回して閉めてから、ノックを押してエアーガンの耐圧ホース内に残留している空気を放出する。耐圧ホース内に空気が残留したままで、エアーガンセットのボンベ取付けナットを回すと、減圧弁が故障するおそれがある。

フットポンプによる充気
気柱の内圧が不足しているときは、フットポンプで適正な空気圧まで空気を補充する。
充気の際はホースの先を口栓に挿入し、本体の黒い部分を踏む。

ハンディブロアーによる充気
ブロアーのノズル口栓に挿入する。

充気は、まず両端の気柱から充気し、続いて中央の気柱に充気する。
気柱にほぼ空気が満たされたら、固定のトラロープを引っ張って補助すると容易に立ち上げることができる。

主気柱に各6個、横支柱に各2個、計42個の吊り下げ用フックが取り付けられ、プラスチックチェーン等を使用して照明、医療器具等を取り付けることができる。

収納方法

テントの内部を清掃して、ゴミや石を取り除き、湿気や汚れを拭き取ってからテントを固定している水のうを取り外して水を抜きながら、トラロープを緩める。側面下部の固定バックルは取り付けた状態で、天幕のファスナーはすべて開いたままにしておいて、4か所の口栓をキャップは閉めた状態で根元から左に回して取り外して排気する。

気柱の排気

各主気柱に取り付けられている口栓すべて（4個）をキャップは閉めた状態で根元から左に回して取り外して排気する。

口栓全体を口栓の座から取り外した瞬間、勢いよくシューと空気が出る。

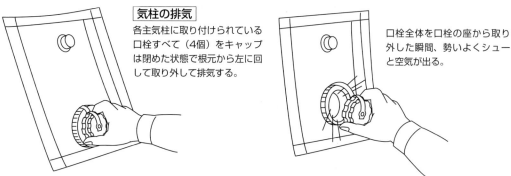

気柱内に残っているエアーは、口栓部に向かって押し出すようにして抜き、気柱が均等に真っ直ぐになるように天幕を伸ばす。この時、主気柱は端部で折り畳み、天幕の前後の出入口は内側になるように折り込んで表面をならす。

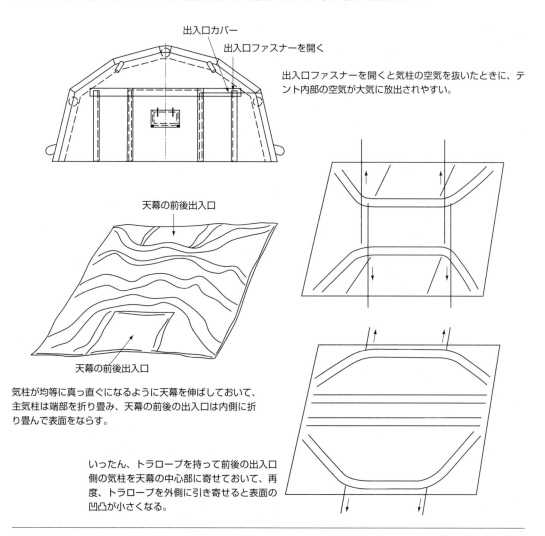

出入口カバー
出入口ファスナーを開く

出入口ファスナーを開くと気柱の空気を抜いたときに、テント内部の空気が大気に放出されやすい。

天幕の前後出入口

天幕の前後出入口

気柱が均等に真っ直ぐになるように天幕を伸ばしておいて、主気柱は端部を折り畳み、天幕の前後の出入口は内側に折り畳んで表面をならす。

いったん、トラロープを持って前後の出入口側の気柱を天幕の中心部に寄せておいて、再度、トラロープを外側に引き寄せると表面の凹凸が小さくなる。

❹機器取扱い技術

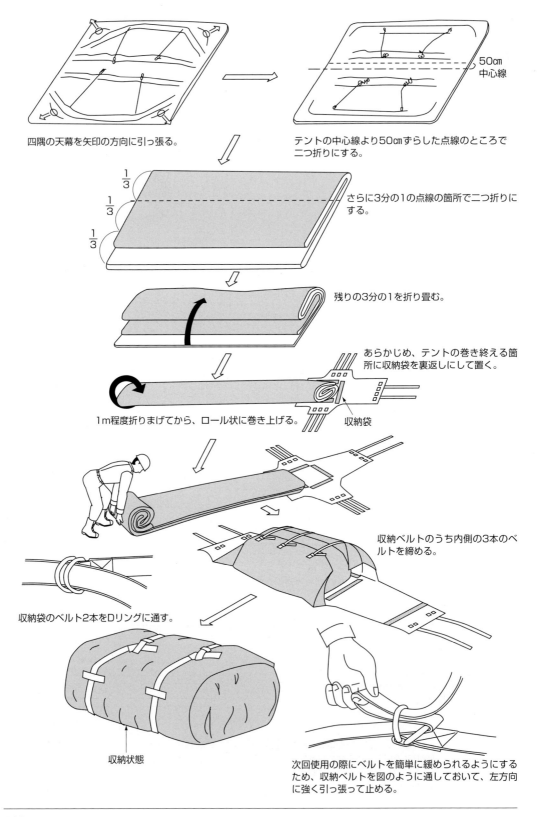

2 組立式テント

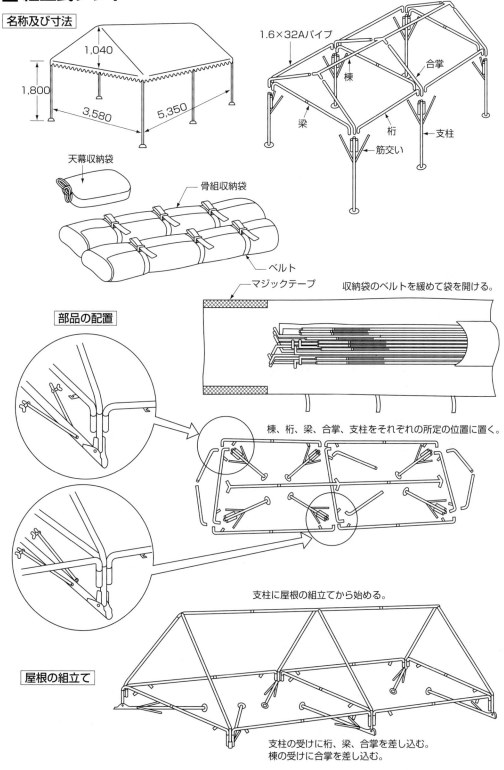

❹機器取扱い技術

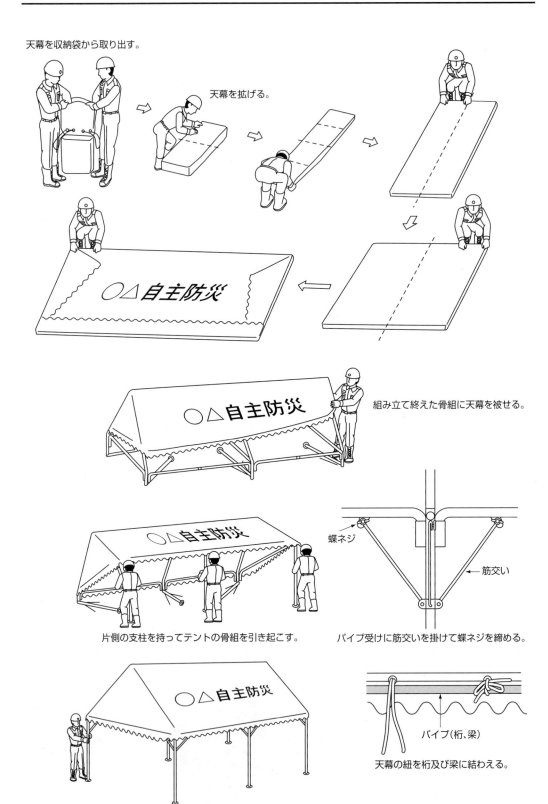

風対策

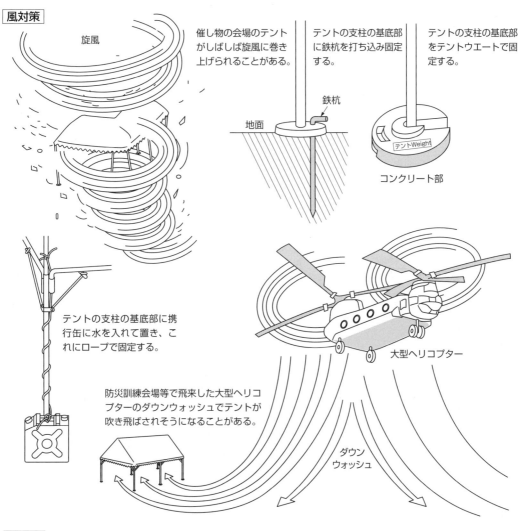

雨対策

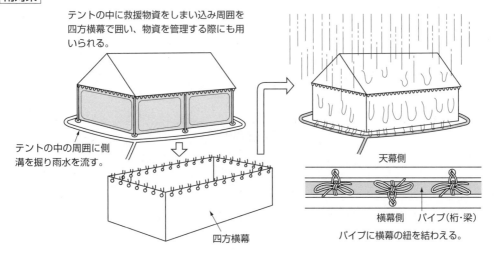

❹機器取扱い技術

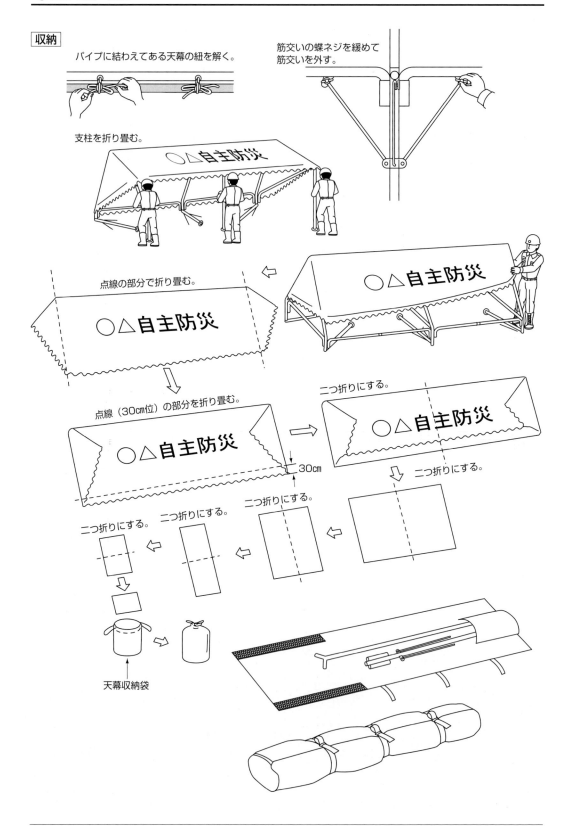

112

5. 破壊器具（弁慶）

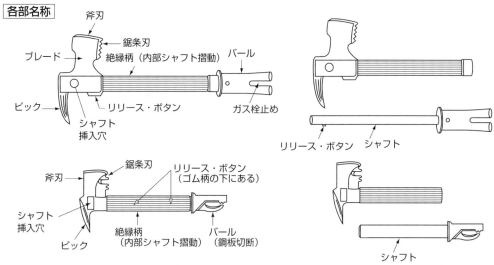

一般家屋には雨避けと戸締まりのために雨戸が取り付けられているものもあるが、扉の室内側から落とし錠で施錠されているため、救助及び消火活動に際して、外側から扉を開放するのは容易ではない。屋内進入にあたっては施錠箇所の扉の取り外しは避けて、錠のない扉をバール等を差し込んで外すのが良策である。

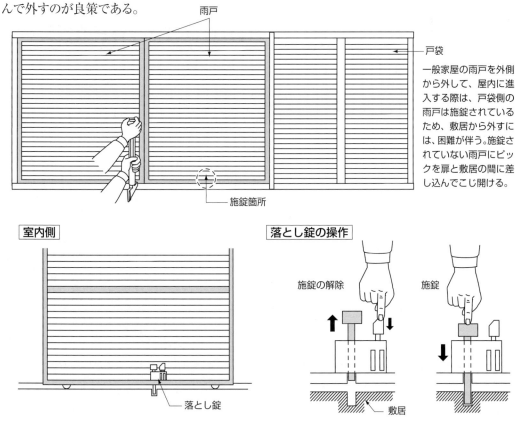

❹ 機器取扱い技術

窓用アルミシャッターの開放要領

　一般住宅には、防犯も兼ねて窓用のアルミシャッターが設置されているものもあり、これにはラッチ錠が取り付けられている。

　シャッターを上げるには、室内側のラッチ錠のつまみ部分をつまんでスライドバーを掛け金から外して解錠するが、屋外から内部に進入する際には、ピックをシャッターと窓枠とのすき間に差し込み、テコの原理で力を加えてラッチ錠を破壊して開放する。

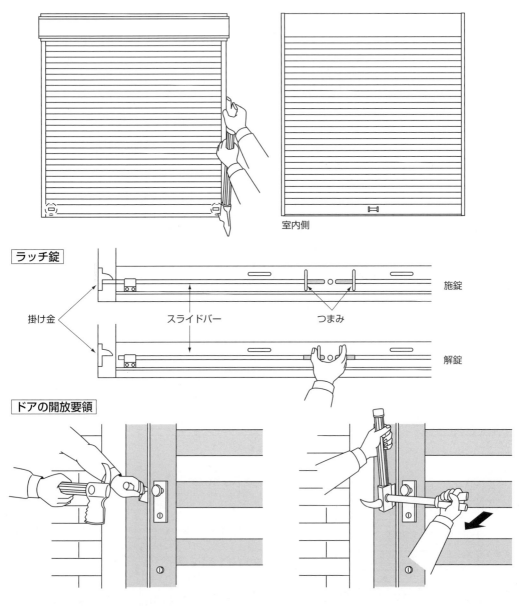

ドアの開放要領

リリース・ボタンを押しながら弁慶の本体部分からバールの部分を引き抜いて、これをドアのすき間に差し込んで、弁慶のヘッドの部分で打撃を加え、ブレードを挿入できるほどの間隙をつくる。

この間隙に弁慶のブレードを差し込んでおいて、ヘッド部分のシャフト挿入穴にシャフトを差し込み、バール部分を持ってテコの原理をはたらかせて、矢印の方向へ力を加えてドアを開放する。

車両ドアの開放要領

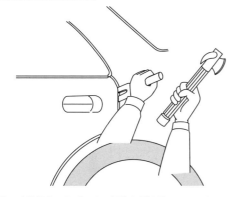 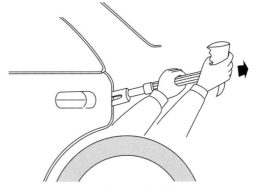

弁慶の本体部分からバールの部分を引き抜いて、これを車両のドアのすき間に楔を打ち込む要領でヘッドの部分で打撃を加えながらバールを深く差し込む。

バールの部分を打ち込んだ後、これに本体部分を装着して両手でヘッドの部分を持って矢印の方向に押して、車両のドアをこじ開ける。さらにこれを二人で押しつけることによって力が倍加する。

鋼板の切断要領

  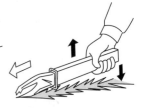

斧の柄を両手で握りヘッド部分のピックを鋼板に打ち下ろして開口部をつくる。

この開口部にバールのエッジを差し込んで斧でバールの端に打撃を加える。

薄い鋼板の場合は罐詰罐を切る要領でバールを上下動させながら切断する。

車止めの南京錠の破壊要領

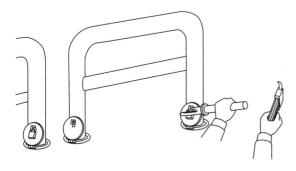

公園の出入口等には車止めが設置されているところがある。この場所を緊急車両が通過する際には、車止めの下部に取り付けられている南京錠をバールで破壊して車止めを引き抜いて車両を通す。

格子窓の破壊要領

防犯の観点で窓に取り付けられた格子は、窓枠の支持棒をバールで破壊して取り外す。

❹ 機器取扱い技術

破壊作業
■斧

斧を使用する場合は、手元が狂い、刃先を足先に打ち当てないようにすること。

斧やハンマーなどを使用する場合は、柄を両手で持って、トントンと地面等に突いて、ヘッドのくさびの緩みを直し、柄にしっかりと据えてから使用すること。

柄からブレードが外れて飛び、作業中の隊員に当たり、負傷させるおそれがあるので、作業範囲内に人が入らないようにすること。

天井面が邪魔して十分に振りかぶることができない場合には、打撃力は小さくなるが、折り膝の姿勢をとって、拝み打ちの要領で破壊作業を行う。

■掛け矢

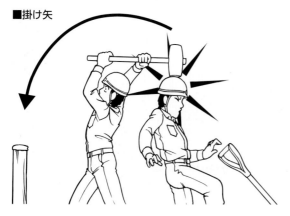

振りかぶる場合は、作業範囲内に人がいないかを確認し、危害防止に努めること。

■ハンディーブレーカー

カッターをリテーナに装着してハンドグリップを握って、本体に往復運動させ、カッターに打撃（パーカッション）を加えてコンクリート等を破壊する。

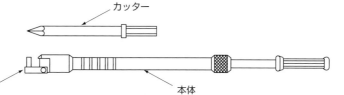

横方向の破壊

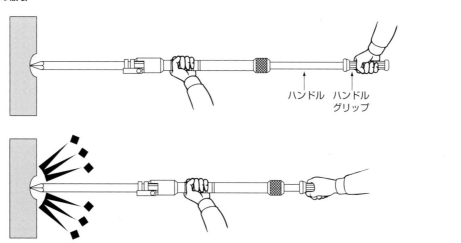

縦方向の破壊

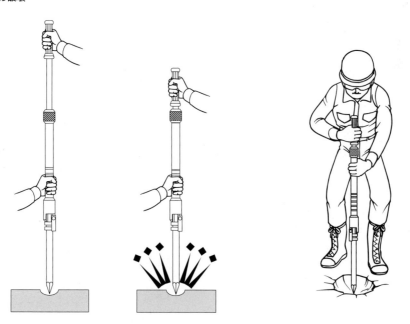

117

❹ 機器取扱い技術

■鏨(たがね)

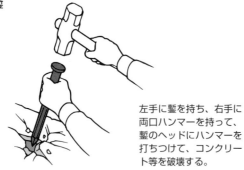

左手に鏨を持ち、右手に両口ハンマーを持って、鏨のヘッドにハンマーを打ちつけて、コンクリート等を破壊する。

・狭い空間では、鏨を使用して開口部をつくる方が効果的である。
・鏨を巧みに使い、コンクリートを欠くようにして開口部を広げる。
・鏨をコンクリートに打ち込みすぎないようにすること。
・鏨を握った左手をハンマーで打撲しないようにすること。

■鉄筋カッター

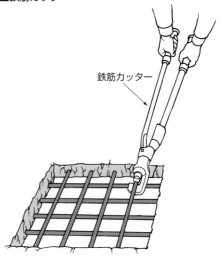

鉄筋カッター

床や壁の鉄筋を鉄筋カッター等で切断して検索用の開口部をつくる。

■ハンマー

コンクリート壁や床を長柄ハンマーで打撃して破壊する。建物にもよるが、壁や床の厚さはおおむね12cmで、中には10mmあまりの鉄筋が10cm間隔で入っている。

ハンマーの打撃によってコンクリート片が飛散するため、手には皮手袋をはめ、ゴーグルを着装して顔面の保護に努めること。

・ハンマーは、天井が高いときは、回し打ちをし、低い天井のときは、餅つきの要領で拝み打ちをする。
・そばに人がいるような場合は、ハンマーが当たらないように安全を確かめてから振り上げること。

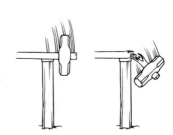

ハンマーを打ち損なうと、ヘッドが柄から折れてしまうので注意すること。

・救出に当たっては、絶対に助け出すという崇高な精神で臨み、余震等の恐怖心で逃げ帰ることがないようにすること。
・コンクリート等の破砕活動中は、粉塵が舞い上がるので、防塵マスクを装着すること。

6. エンジン・カッター

切断機具のエンジン・カッターは、小型の空冷2サイクルエンジンの動力源で、カッターディスク（ブレード）を回転させて、鉄やコンクリート等を切断する機具である。

各部名称

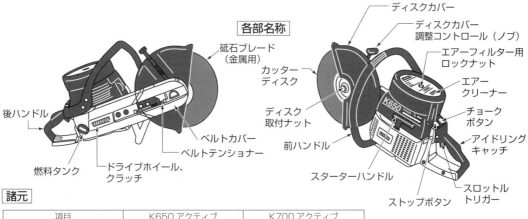

諸元

項目	K650 アクティブ	K700 アクティブ
エンジン空冷2サイクル式		
排気量	71cc	71cc
出力	3.5kW	3.5kW
フルスロットル時回転数	10,000±400rpm	10,000±400rpm
混合燃料	（オイル）（ガソリン）	（オイル）（ガソリン）
一般オイル使用時の混合比	1：20（5％）	1：20（5％）
専用オイル使用時の混合比	1：50（2％）	1：50（2％）
本体重量	9.3kg	9.9kg
カッターディスク径	12"（305mmΦ）	14"（355mmΦ）
最高周速	80m／秒	100m／秒

カッターディスク（ブレード）の取付け方

固定してあるフランジワッシャーを専用のボックスレンチでブレードボルトを反時計回りに回転させて緩めてフランジワッシャーBを外す。

カッターディスクはフランジワッシャーAとBとの間に取り付ける。
ブレードボルトを締め付ける前に駆動軸ブッシュとディスク穴径が一致しているかを確かめる。

双方の径の合致を確認した後、ブレードボルトを差し込み、フランジワッシャーの径がずれないように手で保持しながら、ボルトを片方の手で締め付ける。

ブレードボルトをボックスレンチで締め付ける際駆動軸も回転するため、駆動軸固定ピンを差し込み口に差し入れて回転を止める。

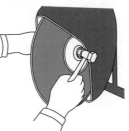

左手にピンを持って駆動軸を固定しておき、右手のボックスレンチでブレードボルトを時計方向に回転して締め付けてカッターディスクを固定する。
ブレードボルト締め付け後、ブレードの先端を持って、左右に動かしてみてカタカタ動くようであれば、再度、駆動軸ブッシュとディスク穴の合致を確かめ直すこと。

❹ 機器取扱い技術

カッティングアームの反転

カッティングアームを180度反転させて、カッターディスクをアームの反対側に取り付けることができる。これにより壁面などに接近して切断する必要がある場合に用いられる。

反転は、ベルト交換時と同様の方法で、カッティングアームを取り外し、180度回転させてアームの反対側に固定してから、ディスクカバー調整コントロールを引きながらディスクカバーを所要の位置に動かすこと。

注：カッターディスクに回転方向の指示がある場合は、ディスクは反転させて取り付けること。

Vベルトの緊張及び交換方法

Vベルトは、切断作業中の機械的損傷、ほこり・汚れなどから保護されるように完全に密封されている。Vベルトを緊張する場合は、前部カッティングアームを固定している2個のナットを緩め、ベルトカバー上の「矢印」位置にナットが位置するように、緊張スクリューを調整するとベルトは自動的に正しい張りの位置になる。

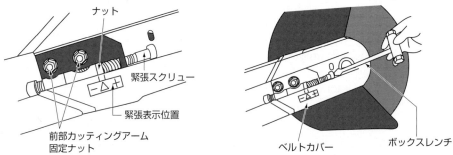

Vベルトの交換は、2個のナットを緩めた後、ベルト緊張が緩むまで緊張スクリューを緩めナットを取り外しておいて、さらにベルトカバー2個のナットとスクリューを緩めて、後部のカバーとVベルトを取り外してから、ベルトの交換を行う。

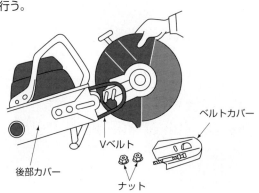

操作方法

■**エンジン停止スイッチ**

スイッチを手前に引くとエンジンは停止する。エンジン停止後、スイッチは元の位置に戻しておくこと。

■**チョークレバー**

冷機状態のエンジン始動時に使用する。このレバーを引くとチョークフラップが閉じる。暖まったエンジンはチョークなしで始動する。

■**ハーフスロットルボタン**

エンジン始動時に使用する。スロットルトリガーを引いたままで、このボタンを押し込み、先にスロットルトリガーを離すとハーフスロットルがセットされる。エンジン始動後、解除するときは、いったん、スロットルトリガーを引くとボタンは外れる。

■**スロットルトリガー**

エンジンスピードとブレードの回転数を調整する。

■**スロットルキャッチ**

エンジンがアイドリングスピードにあるとき、偶発的にスロットルが開くのを防ぐ安全装置である。この部分を握らないとスロットルトリガーを引くことはできない。

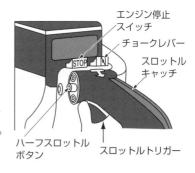

キャブレターの調整方法

製品の出荷検査時に、キャブレターは基本調整値にセットされている。

　　高速側ニードル（H）：3/4開き
　　低速側ニードル（L）：1/8開き

各国における異なる気候条件や海抜に適合させるため、再調整が必要な場合もあり、海抜の高い地域で作業する場合には、Hニードルを若干絞る必要がある（薄い混合気にする）。

基本調整値に多少の幅があり、個々のエンジンの回転数には若干の相違があるが、実際の作業上において問題は生じない。

エンジンの始動方法

1　エンジン停止スイッチが〔ON〕の位置に戻っていることを確かめる。冷機エンジンの場合はチョークレバーを引く。
2　スロットルトリガーを引き、ハーフスロットルボタンをセットする。
3　スターターを引きやすくするため、デコンプバルブ（有）を押し込む（このバルブはエンジンが始動すると自動的に閉じる構造になっている）。
4　左手で前ハンドルを握り、右足爪先で後ハンドル下部を固定しておいて、右手でスターターハンドルを握り、素早く引っ張る（冷機エンジンの場合には、「初爆」が起きた時にチョークレバーを戻し、エンジンが始動するまで更に1・2回スターターを引く）。

　　注：「初爆」発生時に、デコンプバルブが戻った場合は、再度、バルブを押し込む。

5　エンジン始動後は、「ハーフスロットル」でブレードが回転状態となっているので、いったん、スロットルトリガーを引いてハーフスロットルを解除する。

　　注：エンジン始動後は、本体を平らな安定した場所に置き、足場を確保しておいて、後方も確認した後に、刃先が何物にも接触していないことを確かめて始動すること。

❹機器取扱い技術

切断作業
■安全装備
　切断作業は、安全靴、防火性能を有する作業服、安全ゴーグル、イヤマフ、ヘルメット及び手袋等を着装して身体の保護に努めること。
■作業開始
・作業場所にガソリン等の可燃性ガスの有無やカッターから出る排気ガスの換気は良好か確かめること。
・カッターを持ち運びするときは、必ずエンジンを停止し、作業する箇所でエンジンを始動すること。
・エンジンを始動後、スロットルトリガーを放した状態でブレードが停止するか確かめること。
・カッターを落下させたり、ブレードを打ちつける等、ブレードに異常な衝撃を加えないこと。
■切断開始
・エンジン始動後、ブレードが回転中は、必ず両手で前、後ハンドルをしっかりと保持し、ハンドルは親指を下にしっかりとまわして握りしめること。
・鋼材や他の金属は、金属用のブレードを用いるとともに、必ず強い押付け力と高いブレードの回転数とで切断すること。
・切断中は、ブレードを後ろに引くように動かし、切断物と刃先の接触が最少になるようにするとともに、無理やり強く押さえつけないこと。
・切断は、まっすぐに行い、ブレードを突き立てたり、こじいたり、はさんだりしないこと。
・切断開始時や切断中は必ずフルスロットル状態とし、ブレードの回転数の調整は、カッターの送りや引きの押付け力を加減しながら行うこと。
・ブレードに目詰りや切断能力が低下したときや異常な震動が発生した場合は、直ちにエンジンを停止して点検を行うこと。
・雨中や注水時の切断やコンクリート、石材等の切断時の防塵効果及び刃先の冷却のために散水する場合は、電気系統やベルトに水がかからないようにすること。

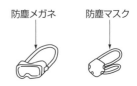

コンクリート等の切断

切断物と刃先の接触を最少にしながら、切断箇所の温度を低く保つようにし、ブレードの深さを一定にしておいて、前方向と後方向に交互に進めて切断する。
ブレードは非金属用を使用する。

切断物と刃先の接触を多くするとブレードからの放熱が悪くなり、ブレードの寿命を短くするもとになる。

ホースで散水するとディスクが長持ちし早く切断できる。

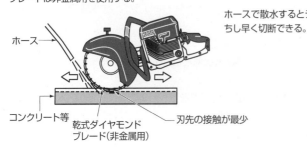

シャッターの切断

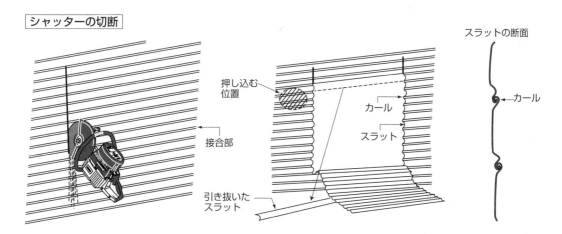

重量シャッターのスラットは1.6mm程度の厚みを有しており、カッターで切り下ろす場合は、スラットの接合部分（カール）で時間を費やすことを念頭において切断すること。

シャッター開口部の作成は、出入りに支障とならない程度の幅に両側をカッターで切り下ろしておいて、開口部の反対側を押し込み間隙をつくり、上部のスラット2・3枚目付近のスラットを引き抜くことによって作成できる。

エアーフィルター

・エアーフィルターの装置は、1. プレフィルター　2. メインフィルター　3. スピルフィルターからできている。
・3のスピルフィルターの交換は、代理店で行うこと。
・1のプレフィルターは、工具がなくても簡単に交換や掃除も可能である。
・プレフィルターは2のメインフィルターがすぐに目詰りしない役目を果たしている。
・プレフィルターは、燃料補給するたびに引き出して軽くたたいて清掃すること。
・鋼鉄の場合は25時間ごとに、コンクリート等を切断した場合は、10時間ごとに交換するか、完全に洗浄すること。
・メインフィルターは、ナットを緩めてフィルター室から取り出して洗油等で洗浄するか新品と交換すること。
・メインフィルターは5回洗浄したものは新品と交換すること。

燃料（混合油）

ガソリンとオイルの混合比(20:1)

ガソリン	2サイクル専用オイル
5ℓ	0.25ℓ
10ℓ	0.5ℓ
20ℓ	1.0ℓ

・ガソリンは、レギュラーを使用すること。
・オイルは、良質の2サイクル専用オイルを使用すること。
・4サイクル用のエンジンオイル等は使用しないこと。
・ガソリンとオイルは燃料タンクに入れる前に完全に混合すること。
・燃料タンクに燃料を入れる前には、必ずエンジンを止めること。

カッターの保全方法

　ブレードは破損しやすいことから、取扱い及び格納にあたっては十分な注意を必要とする。砥石ブレードは、過度の熱や湿気のない、平らな状態に置くことが大切である。また、ブレードは、高い湿気、水分、その他の液体等にさらしたり、凍結温度状態で保管しないこと。

❹ 機器取扱い技術

7. 削岩機

○削岩機取扱訓練

　削岩機は、打撃又は切削によって岩石に穴をあけるものであり、打撃をあたえるだけのものを打撃削岩機といい、切削をするものを回転削岩機というが、この両者を組み合わせて使いやすくコンパクトにしたものがPICO（ピコ）14削岩機である。現在、災害現場でコンクリート等の破砕に多用されているものである。

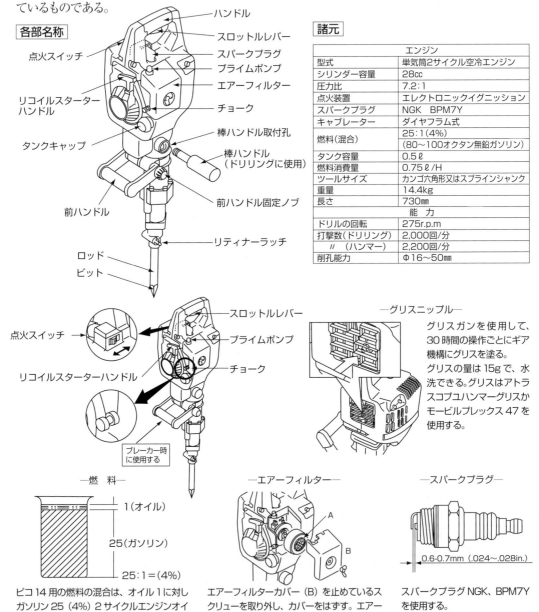

エンジン	
型式	単気筒2サイクル空冷エンジン
シリンダー容量	28cc
圧力比	7.2：1
点火装置	エレクトロニックイグニッション
スパークプラグ	NGK　BPM7Y
キャブレーター	ダイヤフラム式
燃料（混合）	25：1（4%） （80〜100オクタン無鉛ガソリン）
タンク容量	0.5ℓ
燃料消費量	0.75ℓ/H
ツールサイズ	カンゴ六角形又はスプラインシャンク
重量	14.4kg
長さ	730mm
能　力	
ドリルの回転	275r.p.m
打撃数（ドリリング）	2,000回/分
〃　　（ハンマー）	2,200回/分
削孔能力	Φ16〜50mm

ピコ14用の燃料の混合は、オイル1に対しガソリン25（4%）2サイクルエンジンオイルを使用する。

エアーフィルターカバー（B）を止めているスクリューを取り外し、カバーをはずす。エアーフィルター（A）を取り外して引火性のない溶剤で洗浄し、完全に乾かしてから取り付ける。

スパークプラグNGK、BPM7Yを使用する。正しい電極のギャップは0.6〜0.7mmである。

グリスガンを使用して、30時間の操作ごとにギア機構にグリスを塗る。グリスの量は15gで、水洗できる。グリスはアトラスコプユハンマーグリスかモービルプレックス47を使用する。

ツールシャンクの取付け方

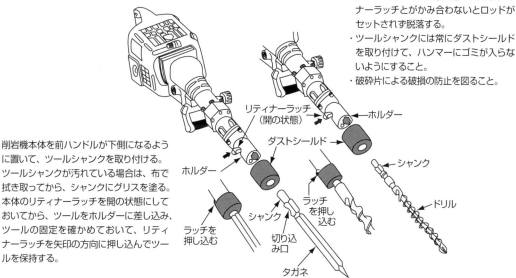

- ツールシャンクの切り込み口とリティナーラッチとがかみ合わないとロッドがセットされず脱落する。
- ツールシャンクには常にダストシールドを取り付けて、ハンマーにゴミが入らないようにすること。
- 破砕片による破損の防止を図ること。

削岩機本体を前ハンドルが下側になるように置いて、ツールシャンクを取り付ける。ツールシャンクが汚れている場合は、布で拭き取ってから、シャンクにグリスを塗る。本体のリティナーラッチを開の状態にしておいてから、ツールをホルダーに差し込み、ツールの固定を確かめておいて、リティナーラッチを矢印の方向に押し込んでツールを保持する。

ドリルとハンマーの切換え

ドリルとハンマーとの切換え用レバー等は特に有していない。ホルダーにドリルとブレーカー用のタガネを取り付けることによって回転とハンマーとに変化する。

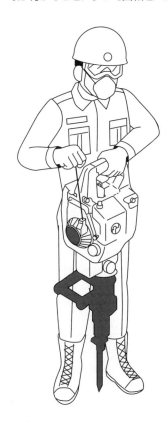

身体の保護

破壊作業に入る前に、破砕片からの眼球の保護と粉塵の吸い込み防止及び破片等で肌の露出部分の受傷防止のために、保安帽・防塵メガネ・マスク・革手袋を着装する。

エンジン始動

エンジンを始動する際は、本体を破砕面に対して垂直に立てて、左手でハンドルを握り、右手で点火スイッチをスタートラインの所へスライドさせる。

次いで、プライムポンプを3・4回押しておいて、チョークを引いて軽く2・3回リコイルスターターハンドルを引き、チョークを元に戻して一気に強くスターターハンドルを引いてエンジンを始動させる。

マシーンを使用する前に数分間アイドリングを行う。エンジンの回転数を3,000～3,400r.p.mにあげるとクラッチがつながって作動する。

エンジン停止

エンジンがアイドリングの状態にもどるように、スロットルレバーをはなす。点火スイッチをストップの位置にスライドさせるとエンジンは停止する。

エンジン再スタート

- 点火スイッチをスタートラインの位置にセットする。
- エンジンがかかるまで、スターターハンドルを引く。
- チョークは使用しない。

❹ 機器取扱い技術

震災時のビルの小破壊

　阪神・淡路大震災において、鉄筋コンクリートや鉄骨構造の建物が中間層破壊によって、10階建て前後の中層ビルの4・5階等で、真ん中の階層だけが壊れてぺちゃんこになる座屈が起こり、この中に多くの人々が閉じ込められて、消防の救助隊によって救出されている。

ラーメン構造と壁式構造

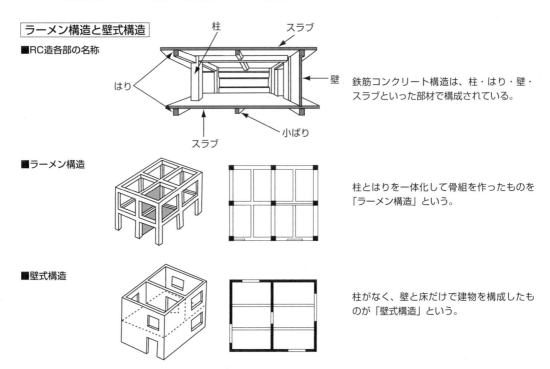

■RC造各部の名称

鉄筋コンクリート構造は、柱・はり・壁・スラブといった部材で構成されている。

■ラーメン構造

柱とはりを一体化して骨組を作ったものを「ラーメン構造」という。

■壁式構造

柱がなく、壁と床だけで建物を構成したものが「壁式構造」という。

　建物の強度を高めるために、ラーメン構造の柱とはりの中に壁を組み込む場合もあり、このような壁を「耐震壁」といい大きな強度が得られる。同じ鉄筋コンクリートの壁でも、出入り口などの大きな開口が設けられた壁や、柱・はりからはずれた壁は「非構造壁」といい、耐震性能上はあまり役に立たない壁もある。また、柱やはりにつながっている非構造壁は、その位置に応じて、「そで壁」、「たれ壁」、「腰壁」ともいわれている。

スラブと壁の構造

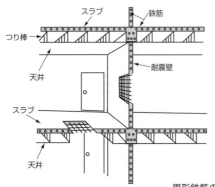

　スラブには、引張鉄筋が用いられている。鉄筋の直径は9mm以上の丸鋼かD10以上の異形鉄筋あるいは、鉄線の径が6mm以上の溶接金網が用いられている。

　正負最大曲げモーメントを受ける部分にあっては、その間隔は表に示す値となっている。

	鉄筋普通コンクリート	鉄筋軽量コンクリート
短辺方向	20cm以下 径9mm未満の溶接金網では15cm以下	20cm以下 径9mm未満の溶接金網では15cm以下
長辺方向	30cm以下、かつスラブ厚さの3倍以下 径9mm未満の溶接金網では20cm以下	25cm以下 径9mm未満の溶接金網では20cm以下

異形鉄筋の径

要救助者の探索活動

　鉄筋コンクリート建物が地震動によって座屈した中間層が破壊して、この中に閉じ込められた人々の救出には、座屈した階から直接進入不可能な場合、上階の床から削岩機のドリルで穴を開けて、この中にファイバースコープの先端部を挿入して要救助者を見つけ出す。
　要救助者を発見した後は、削岩機のブレーカーで進入口をつくり、スラブの9mm程度の引張鉄筋をルーカスレスキューツール等で切断しておいて、この進入口の上に三脚ユニットを立ち上げて進入態勢を整える。

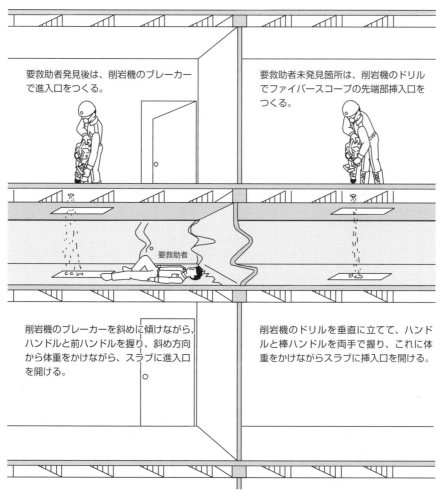

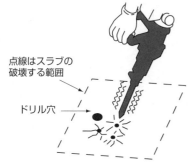

- 当初、床に進入口の最大限の面積を点線のように決めておく。
- 次いで、小破壊ブロックを定めてブレーカーの刃先を差し込む。
- ブレーカーの刃先が食い込んで動かない場合には、いったん抜き取り、一定の間隔をおいて他の箇所に穴を開ける。
- 小ブロックを割り貫いた後は、亀裂の部分にブレーカーの刃先を差し込んで崩すようにしながらハツり、穴を拡大していく。

❹ 機器取扱い技術

8. チェンソー

資料出典　エレクトロラックス・ジャパン

　チェンソーは、小型エンジンの駆動によって、切断刃のソーチェンがガイドバーを回転しながら、樹木の伐採や木材等を切断する際に使用する機具である。

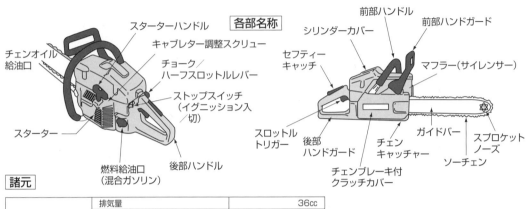

各部名称

諸元

エンジン部	排気量	36cc
	ボア	38mmΦ
	ストローク	32mm
	アイドリング回転数	3,000rpm
	許容最高回転数	13,000rpm
燃料系統	燃料タンク容量(混合ガソリン)	0.4ℓ
	チェンオイルタンク容量	0.2ℓ
	チェンオイル給油方式	自動ポンプ
	ポンプ給油(8,000rpm/時)	6〜8cc/分
鋸部	標準ガイドバー長	33〜38cm
	ソーチェンピッチ/ゲージ	325/058inch
	重量	4.5kg

ガイドバー及びソーチェンの取付け方法

チェンブレーキが解除されているか、前部ハンドガードを前部ハンドル方向へ動かして点検する。

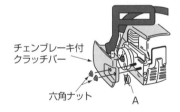

2個の六角ナットを外し、チェンブレーキ付クラッチバーを取り外す。

輸送梱包用リング（A）を取り外す。

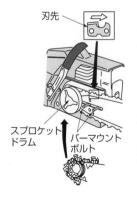

ガイドバーを2本のバーマウントボルト部に取り付け、一番後方にスライドさせておく。
ソーチェンをスプロケットドラムとガイドバーレール溝へ装着する。始めにガイドバーの上側よりチェンを入れる。
装着時は、ガイドバー上側レールに入れたソーチェンの各刃先が前方向になっているか確認すること。

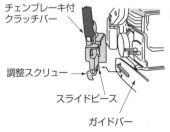

再びチェンブレーキ付クラッチカバーを取り付け、スライドピースをガイドバー側の穴に合わせる。

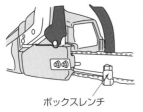
ボックスレンチ

・ソーチェンのドライブリンクが正常にスプロケットとバーレールの溝に入っていることを確認し、2個の六角ナットを指先でいっぱいに仮締めする。
・ボックスレンチを使い、ソーチェンを緊張する。
・調整スクリューを時計回転方向に回し、下側の垂みがなくなるまで緊張する。

・ガイドバー先端を持ち上げ、ソーチェンを緊張する。
・ソーチェンが適正に緊張されているかどうかは、ガイドバー下側に全く垂みがなく、しかも指先でソーチェンが動くこと。
・確認後は、ボックスレンチで2個の六角ナットを締め付けて固定する。

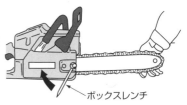
ボックスレンチ

新品のソーチェン装着時は、延びが出るため、適時緊張し直すこと。適正なソーチェン緊張は、秀れた鋸断性能を生み、ガイドバーとソーチェンの耐久性をよくする。

・ガイドバーの中心近くを軽く持ち上げて点検する。
・スプロケットノーズバーの場合は、すき間が出るか出ないか位がよい。
・ハードノーズバーの場合は3～3.5mm程度のすき間が出るのがよい。

[エンジン始動]

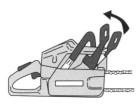

・前部ハンドガードを前部ハンドル側に引き付け、チェンブレーキを解除する。
・イグニッションスイッチを左側へスライドする。
・左手で前部ハンドルを握り、右足爪先を後部ハンドル下側に入れ、チェンソーを固定する。
・右手でスターターハンドルを握り、スターター爪がかかるまでゆっくり引く。
・かかって重くなった位置でスターターハンドルを強く引っ張る。
・エンジンに初爆が起きた時、チョークを引いている場合は、直ちに戻す。
・エンジン始動後は、直ちに軽くフルスロットルにする。フルスロットルによりハーフスロットルが解除され、ソーチェンが停止する。
・冷機エンジンの始動は、チェンブレーキを解除し、イグニッションスイッチを入れ、チョーク/ハーフスロットルをいっぱいに引いておいて、スターターハンドルを引っ張って始動する。

[エンジン停止] ・エンジンはイグニッションスイッチを切ると停止する。

❹ 機器取扱い技術

ソーチェンの潤滑

・チェンオイルは、ガイドバーとソーチェンの摩耗を防ぎ切断をスムーズにする大切な役目をしている。燃料（混合ガソリン）補給毎にチェンオイルも給油すること。
・オイルの吐出は、ガイドバーの先をブロック等の明白色の物体に向けて約20cm離し、チェンソーを3/4スロットルで30秒から1分間位運転して、オイルが出ているかを点検すること。

チェンブレーキの操作方法

・チェンブレーキは、前部ハンドガードが立った位置①のとき、チェンブレーキははずれてソーチェンはフリーとなる。
・前部ハンドガードが前方に傾いた位置②にあるときは、チェンブレーキが作動しソーチェンはロックされる。
・ブレーキの作動を解除する場合は、前部ハンドガードを手前に引き戻すこと。

キックバックの避け方

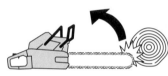

・キックバックは、高速で回転しているチェンがバーの先端上部1/4の所（キックバックゾーン）で物体に触れ、チェンソーを跳ね上げてバーやチェンが作業者の方へ向かってくることである。これが発生しチェンが走行すると大きなケガを負ったり、致命傷となる場合があるので、正しい作業技術の修得と慎重な取扱いが大切である。決してハンドルを離さないこと。

服装

・服装は、ヘルメット、手・足等の保護具、防塵メガネ（ゴーグル）、耳せんを装着すること。
・合図用の呼笛も用意しておくこと。

伐倒

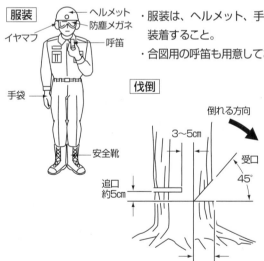

・伐倒する周囲に誰も近づかないことを確認すること。
・エンジン全開で8,000～9,000rpmの範囲でチェンソーを軽く材木に押し当てて切断する。
・木の大きさ、形状、傾斜状態等から倒す方向を決める。
・受口の切り込みの大きさは木の種類と太さにより差はあるが、直径の1/3位まで切り込む。
・追口の切り込みは、受け口の下の面より5cm位高い所から水平に切り込む。
・芯部の残りが3～5cm位の所で、受口の方向に倒れる。受口の奥と追口の先の芯部の残りを"つる"という。

 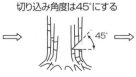

切断

バーの下側で物体を切断する場合、引っ張る力のストロークが働く。この場合、チェンソーは木の方向に向かって、バーの先端は、自然と木の前方になる。

バーの下側での切断は、コントロールし易く、キックバックゾーンの位置を避けつづけることができる。

物体の下側をバーの上部で切断する場合は、特に注意が必要である。これは、押す力のストロークとなり、チェンは押す方向に力が働き、チェンソーには作業者の方向に押し戻す力が働く。押し戻される力に抗しないと、チェンソーが後方に押し戻され、バーのキックバックゾーンが木に触れ、キックバックが発生するおそれがある。

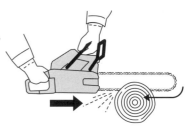

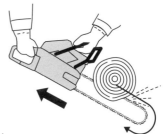

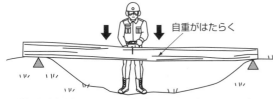

木材の両側が支えられている場合はチェンがはさまれる危険性が高い。

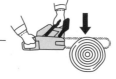

まず上から1/3位まで切断する。

次に下側から残りの部分を切断する。

木材の片側だけが支えられている場合は、木材が裂ける危険性がある。

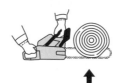

まず下側から1/3位まで切断する。

次に上側から残りの部分を切断する。

張力のかかった木の切断

切断する前に張力のある木や枝がどの方向に動くか、自然に折れるところはどこかを見極めること。

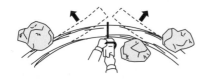

一般的には、張力がかかっている木や枝に対して、それが解かれた場合を考えて安全な場所で切断作業を行うこと。

張力のかかっているところに一か所又はそれ以上に切り込みを入れて張力を減少させておいて切断を図ること。決して、一度に切断を行わないこと。

❹ 機器取扱い技術

保守点検

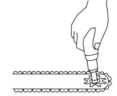

クラッチドラムベアリングの潤滑エンジンドライブシャフトとクラッチドラムの間にニードルベアリングがある。このベアリングには毎回グリースを注油すること。

ノーズスプロケットの潤滑給油の度に、ノーズスプロケットのグリース注油を行うこと。

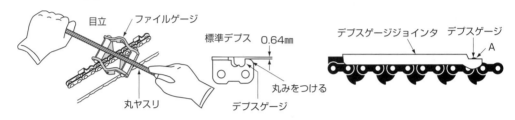

　切れ味の悪くなったカッターは、付属の丸ヤスリで左右のカッターの角度30°でそろえて目立をする。そろっていないと挽き曲りや振動を引き起こすもとになる。目立は、ファイルゲージに丸ヤスリをあてて行う。目立が完了したならば、カッターの全部に付属のデプスゲージジョインタをあてて、デプスゲージの突き出た部分Aを平ヤスリで削り落とし、さらに丸みをつけて、標準デプスを保つこと。

燃料

　混合ガソリンには、無鉛レギュラーガソリンを使用し、一方、混ぜ合わせるオイルには専用オイル50：1のものを使用すること。もし、このオイルが入手できない場合は、空冷用2サイクルの25：1を使用すること。

燃料フィルタ

　燃料注入口のフィルタは取り外してガソリンでよく洗浄すること。

オイルフィルタ

　燃料フィルタと同様にオイルフィルタを取り外してガソリンでよく洗浄すること。

シリンダフィンの清掃

　このシリンダフィンの間がゴミでつまってしまうとエンジン過熱のもとになることから小まめに掃除すること。

エアクリーナ

　両端を軽くつまみ、ゴミを気化器室に落とさないようにしながらエアクリーナを取り出して、ガソリンまたは洗浄油で洗うこと。
　エアーで吹き飛ばす場合は、内側から行うこと。

ガイドバー

　ソーチェンの回転する溝部、オイル穴部はいつもきれいにしておくこと。もし切りくずなどがつまっている場合には、付属工具のデプスゲージジョインタで取り除くこと。
　ガイドバーは、時々上下ひっくり返して使用すると耐久力が倍になる。

9. エアーソー（空気鋸）

　エアーソーは、空気の動力で2本のピストンを往復させるレシプロ方式により鋸を駆動して、鉄材、ステンレス鋼、軽合金やその他の非金属等を切断する携帯用鋸で、刃先にエアーを吹きつけることから火花をほとんど発生しないため、安心して火気厳禁の現場作業や救出活動に使用できる機具である。動力源としては、エアーコンプレッサーや空気ボンベから圧縮空気を取り出して使用することができる。

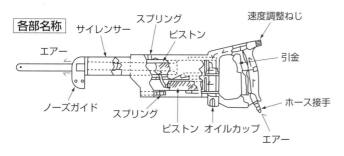

諸元	
重　　量	2.7kg
全　　長	425mm
空気消費量	180ℓ/min
潤滑油量	2cc
ストローク	45mm

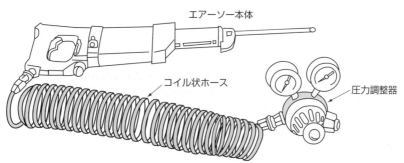

　エアーソーの特徴は、鋸の刃先を駆動に使用した空気と潤滑油で冷却しており、切断中は火花と熱がほとんど発生しないため、引火物の漏洩した現場でも使用が可能である。また、重量がわずか2.7kgと軽量であることから片手での操作も容易である。潤滑油は、専用オイル2ccで3時間連続使用が可能である。さらにエアーソーは、引鋸であることから鋸歯の折損が少ないといった利点もある。

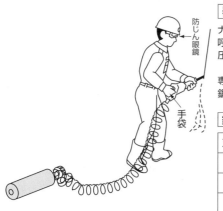

器材一式

ナイロンコイルホース ── 7mの接続金具付コイル状ホースで軽量
呼吸用ボンベ ── 8ℓ空気呼吸用ボンベ
圧力調整器 ── 元圧130〜150kgf/c㎡（12.7〜14.7MPa）のボンベから減圧
専用オイル ── エアーソー専用のオイル（250ccポリビン入り）
鋸歯 ── 長さ250mm、300mm

鋸刃の種類

刃の数	使用対象物	備　考
18	厚さ5mm以上の板、棒	板厚が薄いものを切ると刃先の間に入り込み刃がこぼれるので切断物に刃が2山以上かかるような刃を選ぶ。厚い材料を細い刃の鋸刃で切ると切り屑等が出にくく切れ味が落ちる。
24	厚さ2〜5mmの板、棒	
32	厚さ2mm以下の板、棒	

❹機器取扱い技術

操作要領

・オイルカップのオイルを確認する。
・ホース各接合部等にごみ、水等が付着していないかを点検した後、ボンベに接続する。
・サイレンサーを回し、六角レンチで切断鋸刃取付けネジを緩めて、切断鋸刃の歯をハンドルの方向に向けてノーズガイドを通して、六角レンチで取付けネジを閉めて固定する。

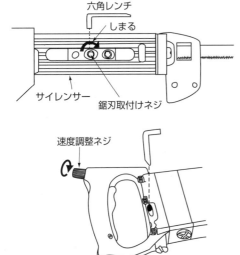

・鋸歯の取付けは、サイレンサーを回し六角レンチで鋸刃取付けネジを緩め、鋸刃の歯をハンドルの方向に向けてノーズガイドを通しておいて、鋸刃の末端の穴にネジが挿入するようにしてから、六角レンチで取付けネジを矢印の方向に回し締め付けて固定する。
・鋸歯を取り付けた後、サイレンサーを閉じる（水中の場合は開く）。

・使用した六角レンチは本体に収納する。
・ホースの接続は、ホースのカップラを矢印の方向に指で引っ張っておいて、ノーズガードに挿入してから指を放して固定する。
・速度調整ネジを矢印の方向に回し、適正な圧力に調整しておいて鋸刃を作動させる。

取扱い上の注意

・オイルをカップに一杯にしてから使用すること。
・オイルカップの取付け、取外しはドライバー等を使用せず手で行うこと。
・切断用の鋸刃の取付け、取外しは必ずホースをはずして行うこと。
・周囲に可燃物があるときは、十分な安全対策を講ずること。
・作業時の空気圧力は10kgf/cm²（0.98MPa）を厳守すること。
・各接続部は、漏れのないように確実に締め付けること。
・ホースは引きずったり無理に引っ張る等の粗暴な取扱いをしないこと。
・容器に調整器を接続するときは、空気の弁をすばやくわずかに開き、空気等の充てん口付近のゴミを吹き飛ばすこと。
・水中では、ホースの着脱を絶対に行わないこと。
・作業時は、防じん眼鏡、手袋をつけて、努めて人を近付けないこと。

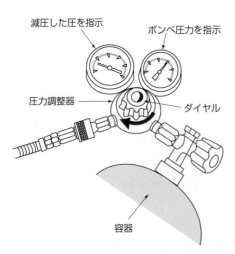

圧力調整器のダイヤルを矢印の方向に回してボンベの圧力を減圧してエアーソー本体に送る。

|切断|

・切断する対象物に本体をしっかりと保持してから、鋸歯を当てて引金を引く。
・切断する対象物に応じて鋸刃を交換してから対応すること。
・直線の切断時の空気圧は、7kgf/c㎡（0.686MPa）とし、曲線の切断時は更に1～2kgf/c㎡（0.10～0.20MPa）高めの圧力で対応すること。
・切断するときは、切断面に切断鋸刃を2山以上かけて切断すること。

|収納|

・作業が終わったなら引金を離し、容器等のバルブを締めてから圧力調整器の計器内の圧を抜くこと。
・本体からホースを外し、サイレンサーを回して、切断鋸刃取付ネジを緩め、切断鋸刃を外す。
・ホースを容器等から取り外す。

10. ガス溶断器（携帯用）

　災害現場における鉄鋼材の切断作業には、エンジンカッターや油圧カッターが使用され効果を発揮しているが、万能とは言い難い。これらの機器では対応できない厚みのある鉄材の切断にガス溶断器を用いる方が威力を発揮する場合がある。

　本器は、携行が可能なように酸素容器、アセチレン容器、圧力調整器、乾式安全器、ゴムホース及び溶接・切断両用器等を車輪付の携帯ボックスにコンパクトに収納したものである。

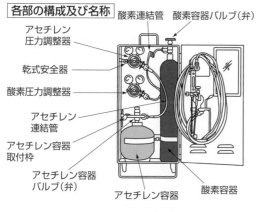

|各部の構成及び名称|

|仕様|

構成品
　酸素容器　　　　　　　　　　（内容積3.6ℓ）約500ℓ
　アセチレン容器　　　　　　　（内容積3.6ℓ）約500ℓ
　酸素圧力調整器　　　　　　　ニューアスター型
　　　　　　　　　　　　　　　（過剰押込防止Wナット付）
　アセチレン圧力調整器　　　　ニューアスター乾式安全器取付型
　　　　　　　　　　　　　　　（過剰押込防止Wナット付）
　酸素連結管　　　　　　　　　（銅　管）長さ830㎜
　アセチレン連結管　　　　　　（ホース）長さ400㎜
　酸素・アセチレンホース　　　長さ4000㎜
　切断器（両用器）　　　　　　ニューグリッタM型
　ボックス　大きさ　　　　　　高さ730×幅730×奥行215　車輪付
　重量　　　　　　　　　　　　約30kg

|付属品|

溶接竿　M型溶接竿 ……………………………………………………… 1個
切断火口　No.1,2 ………………………………………………………… 各1個
溶接火口　No.200、450 ………………………………………………… 各1個
掃除針 ……………………………………………………………………… 1組
点火ライター ……………………………………………………………… 1個
アセチレン容器開閉ハンドル …………………………………………… 1個
酸素容器およびホース口用両口スパナ ………………………………… 1個

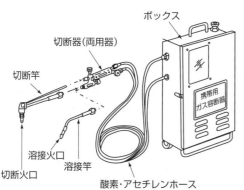

|火口条件表|

切断火口

火口番号	火口孔 φmm	板厚 mm	ガス圧力 MPa 酸素	アセチレン
1	0.7	3～7	0.2	0.02
2	0.9	5～15	～0.3	～0.03

溶接火口

火口番号	火口孔 φmm	板厚 mm	ガス圧力 MPa 酸素	アセチレン
200	1.2	1～3	0.2	0.02
450	1.7	3～5	～0.3	～0.03

❹ 機器取扱い技術

酸素・アセチレンホースの接続

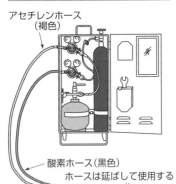

酸素容器への取付け
・容器がしっかりと固定されているか確認する。
・容器の容器バルブに圧力調整器の連結管を取り付ける前に、容器のガスを数回噴出させ、取付け部の埃、ゴミ等を吹き飛ばして除去する。
・連結管の容器取付部のパッキンが正常であるか確認する。パッキンが損傷している場合は新品のパッキンと交換する。
・取付ナットを容器バルブのねじに手で軽くねじ込む。
・モンキーレンチ又はスパナを用いて、取り付けナットを締め付ける。

アセチレン容器への取付け
・容器がしっかりと固定されているか確認する。
・容器の容器バルブに圧力調整器の連結管を取り付ける前に、取付け部の埃、ゴミ、水分等をきれいなウエスで除去する。
・容器バルブのパッキンが正常であるか確認する。パッキンが損傷している場合は新品のパッキンと交換する。
・連結管先端の容器取付け枠を容器バルブに差し込み、押しねじを手で強く締め付け、容器バルブを挟みつける。

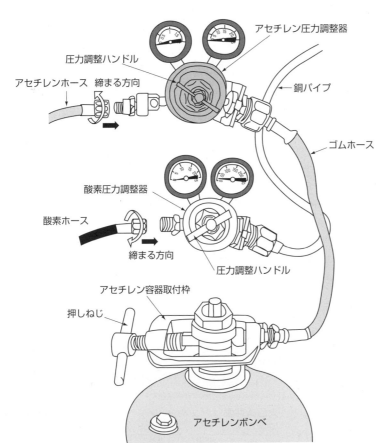

・アセチレン圧力調整器にアセチレンホース（褐色）を取り付ける。圧力調整器の出口のネジやまとアセチレンホースのナットをねじ込み、矢印の方向に回すとナットが締まり、さらにスパナ等でガス漏れが起こらないように締め付ける。

・酸素圧力調整器に酸素ホース（黒色）を取り付ける。圧力調整器の出口のネジやまと酸素ホースのナットをねじ込み、矢印の方向に回すとナットが締まる。アセチレンホースと同様に締め付ける。

・アセチレンボンベに容器取付枠を差し込み、押しねじを手で強く締め付ける。

・容器の取付けねじ、入口ソケットねじが変形して、圧力調整器の連結管が取り付けにくいときは、無理に取り付けないこと。無理な取付けはガス漏れの原因となる。
・ねじ部やホース等の接続部には、必要以上の大きな力を加えないこと。
・接続部漏れ検査には、検知液（石けん水等）を用いて気密の確認を行うこと。

・ねじ部等接続部に付着したペンキ、グリス等の油脂類は、爆発や着火の危険性があることから完全に除去すること。

[吹管その他の機器の接続]

　圧力調整器の出口と使用する吹管は、ゴムホースで接続され、ゴムホース継手はスパナ等の工具を用いて、ガス漏れのないように締め付ける。
　吹管本体に、溶接加熱の時は溶接竿を、切断の時は切断竿を取り付け、作業に合った火口を選び、トーチヘッドに取り付ける。

[圧力のセット]

　容器バルブを開きガスを得るときは、身体は圧力調整器に対して斜め前に位置し、圧力計の正面には絶対に立たないようにすること。

・圧力調整ハンドルを、左右に回し空回りすることで、緩んでいる状態であるか必ず確認する。
・圧力調整器、ゴムホース、吹管が確実に接続してあるか確認する。
・吹管のすべてのバルブが閉じられているか確認する。

> ・アセチレン容器バルブの開閉は、専用の容器開閉ハンドルを使用すること。
> ・容器開閉ハンドルは容器バルブに取り付けたままにしておき、緊急の場合、直ちに閉じることができるようにしておくこと。

> ・圧力調整ハンドルが緩んだ状態にあるにもかかわらず、低圧圧力計の指針が上がっていく場合がある。これは出流れという非常に危険な故障であるので、直ちに容器バルブを閉じる。
> 圧力調整器はメーカーのメンテナンスを受けること。

> ・点火した吹管を持ったまま圧力調整ハンドルや容器バルブの操作を行わないこと。炎が思わぬ方向に向き、機器を加熱したり、周囲の人に火傷を負わす危険性があるので注意すること。

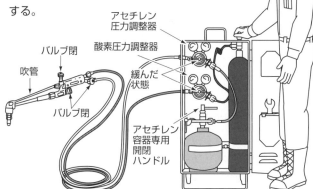

アセチレン容器専用開閉ハンドル

・圧力調整ハンドルを操作しないと圧力計の指針は作動しない。
・圧力調整器の圧力調整ハンドルが緩んでいることを確認した後、容器開閉ハンドルをゆっくり、1秒間に5度程度の角度で開き、高圧圧力計の指針が上がり始めたなら、容器開閉ハンドルを開いた位置で止め、指針が止まるのを待つ。その後、容器バルブを1回転開く。
・容器バルブ（弁）を開いた後、圧力調整ハンドルが緩んでいる状態の時に、低圧圧力計の指針が上がらないことで、圧力調整器が出流れを起こしていないことを確認する。
・圧力調整器の圧力調整ハンドルを右に回していくと、低圧圧力計の指針が上がっていく。
・任意の圧力の位置に指針が止まるように圧力調整ハンドルを少しずつ回す。
・任意の圧力の位置よりも指針が高い圧力の位置で止まった場合、圧力調整ハンドルを左に回し、緩んだ状態にした後、吹管のバルブ（弁）を少し開き、ガスを逃がし、指針が0になるのを確認してから、吹管のバルブを閉じて、再度、圧力のセットをする。

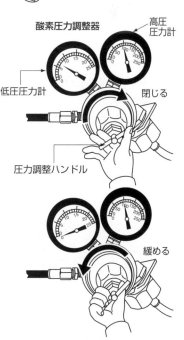

❹ 機器取扱い技術

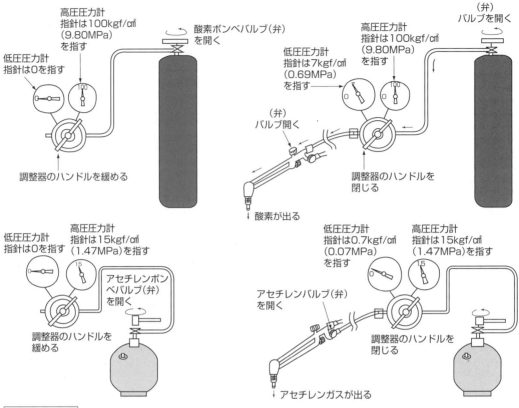

漏れチェック

- 各機器及び各接続部に検知液（石けん水等）を塗布し、漏れがないことを確認する。漏れがあったなら、締付け部の増し締め等を行い、漏れの無いことを確認してから使用する。
- 使用中に、休憩等でガスの使用を一時中止する時及び容器を取り換える時は、容器のバルブを閉じ、吹管及びゴムホースのガス抜きを吹管のバルブで別々に行った後、吹管等のすべてのバルブを閉じ、圧力調整ハンドルを緩んだ状態にする。

点火及び火炎調整の手順

ガス置換

- 点火前にホース内のガスを通風の良い場所で、吹管の酸素バルブ（弁）①とアセチレンバルブ（弁）②順で別々に開き、ガス置換をする。
- 各バルブは置換終了後に閉じる。

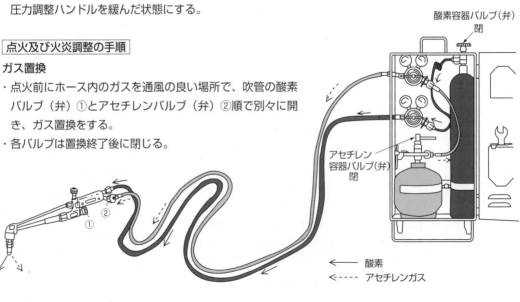

・まず、アセチレンガスバルブを半回転開き、直ちに専用のライターで点火する。
・点火には、マッチ等の裸火は用いないこと。
・専用ライター以外での点火は、逆火及び火傷の危険性がある。
・火口と吹管の取付部に火炎が発生する吹管は使用しないこと。

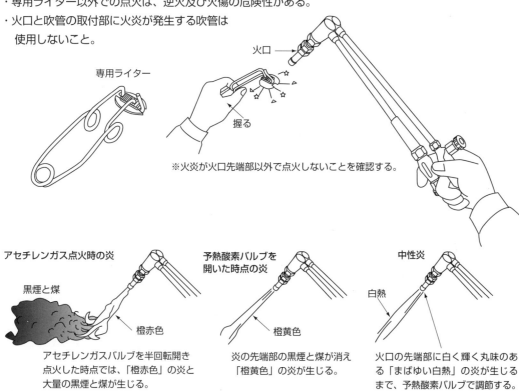

[溶断作業]

　溶断は、鋼材を火口から出る中性炎で炙っておいて、表面が熔融したなら切断酸素バルブを開いて、高圧酸素を吹き付けて熔融した部分を吹き飛ばしながら切断するものである。

　鋼材の切断は、火口を中性炎に調整しておいて、鋼材と直角に保ちながら、しかも切断面と火口の高さは5〜8mmに維持し、切断する方向へ火口を移動させながら行う。

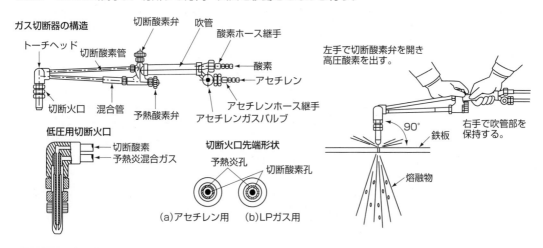

鋼材の切断開始部分を予熱炎で加熱しておいて、表面が赤色になって溶融しかけたなら、切断酸素弁をゆっくり1回転程度開き、切断酸素が鋼材の下まで通り抜けるのを確認しながら、切断する方向にゆっくり動かしていく。

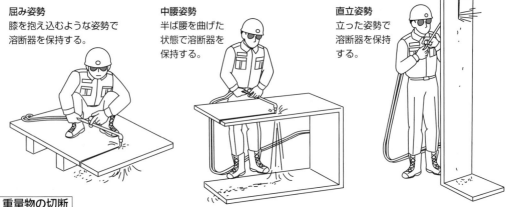

屈み姿勢
膝を抱え込むような姿勢で溶断器を保持する。

中腰姿勢
半ば腰を曲げた状態で溶断器を保持する。

直立姿勢
立った姿勢で溶断器を保持する。

重量物の切断

重量物の下敷きになっている要救助者を救出するには、のし掛かっている障害物を排除する際にガス溶断が効果的であるが、溶断時に発生する高熱が要救助者側に伝導することから、大量の冷却水で冷やしながら切断作業を行う必要がある。

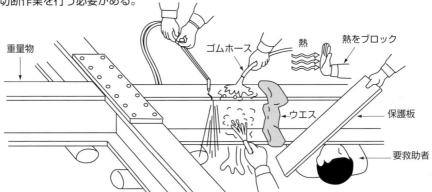

消火の手順

溶断作業を終了後は、1)切断酸素弁をすみやかに閉じ（切断作業の場合のみ）、2)予熱酸素弁、3)アセチレン弁の順で閉じて、火炎を消火する。

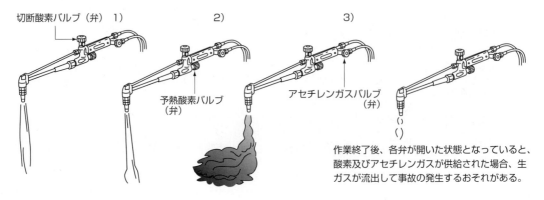

作業終了後、各弁が開いた状態となっていると、酸素及びアセチレンガスが供給された場合、生ガスが流出して事故の発生するおそれがある。

作業終了
- 容器の弁を閉じて、通風の良い場所で酸素弁及びアセチレンガス弁の順で別々に開き、吹管内及びホース内のガスを抜く。
- 酸素及びアセチレンガスの圧力調整器の圧力調整ハンドルを緩めて（左回転）おく。
- 吹管の各弁は、ガス排出後必ず閉じておく。
- ボックスに収納時は、圧力調整器の出口よりゴムホースのゴムホース継手をスパナ等の工具を用いて外す。
- ボックス内に吹管及びゴムホース等を収納する。

逆火時の処置

　逆火を放置したままにしておくと吹管の混合管が赤熱・溶損して、炎が吹き出したり、また、ゴムホースの爆発事故等を起こす危険性があるので、作業中に逆火を起こした場合は、直ちに2)予熱酸素弁、3)アセチレンガス弁を閉じる。切断中の場合は切断酸素弁も閉じること。続けて数回逆火した吹管、火口は交換又は修理に出すこと。

　火口の清掃及び締め付け直しや火口取付部からのガス漏れチェック等を行って、逆火の原因になる事項に関する処置を施した後に再使用すること。火口の清掃には、専用の掃除針を使用して、火口を傷つけたり、変形をさせないこと。

逆火後の乾式安全器の処置

　逆火した時はアセチレン圧力調整器の乾式安全器の遮断器部が作動して、アセチレンガスの供給がストップする構造になっている。再使用には、次の手順で復元（リセット）する。復元できない場合は、修理業者かメーカーの点検を受けること。

① 吹管及び容器の各バルブ（弁）を閉じる。
② 逆火の原因を究明し除去する。
③ 当該製品のねじ部の損傷や本体の変形がないか外観の検査をする。さらに当該製品の出口側を閉じて、圧力調整器の低圧圧力計が0.13MPaになるように調整し、安全器及び各接続部の漏れを検知液（石けん水）を用いて気密試験を行う。

　圧力調整器の圧力調整ハンドルを押し込んだ状態で当該製品の出口側から、0.01MPaの圧力を加え、圧力調整器の入口側から漏れがないかどうか検知液（石けん水）を用いて逆流試験を行う。

　また、当該製品の遮断器を手動で作動させた後、圧力調整器の低圧圧力計が0.13MPaになるように調整して、出口側から漏れがないかどうかを検知液（石けん水）を用いて遮断試験を行う。

④ 遮断器を復元（リセット）する。

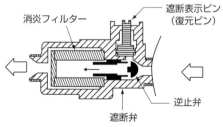

復元方法（トリックカム方式）
遮断器が作動すると、遮断表示ピンが凸出る。

正常時　　　遮断時
ピンが　　　ピンが
出ていない　出ている

　なお、逆火を起こしても安全器まで到達しない小さな逆火は、遮断器が働かないので、逆火の原因を取り除いて、そのまま使用する。

　逆火を起こさなくても、圧力調整器のシート漏れ等によって、異常圧力が加わると、遮断器が働いてガスの流れがストップする場合がある。

　復元は異常圧力の原因を取り除いておいてから使用すること。

（復元状態）
遮断器の復元はコイン又はドライバーでピンを1回転させ→にを合わせると自動的に復元する。

❹ 機器取扱い技術

11. 救命索発射銃

　救命索発射銃は、孤立した要救助者に銃によってゴム弾に索（リードロープ）を結び、これを発射して索を届ける目的で開発された器具であり、この飛んできた索を要救助者がつかみ、索に救助隊側がすばやく結着した救助用ロープを手繰り寄せて、これによって避難しようとするものである。また、火災現場では屋上等に避難した要救助者に索を発射してロープを届けようとするものである。

　種類としては、高圧空気を用いた銃とピストル型の火薬銃のものと台座付救命索発射銃や発射された弾体が内蔵されている推進薬に点火して飛翔する大型のものがある。

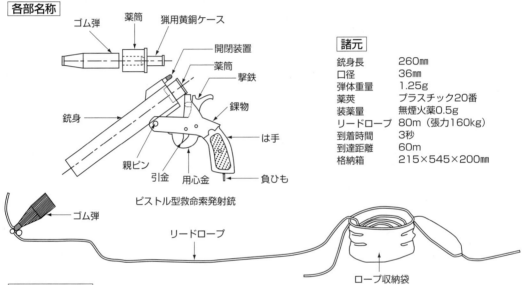

諸元	
銃身長	260mm
口径	36mm
弾体重量	1.25g
薬莢	プラスチック20番
装薬量	無煙火薬0.5g
リードロープ	80m（張力160kg）
到着時間	3秒
到達距離	60m
格納箱	215×545×200mm

取扱い上の注意

・薬莢を装塡する銃は、届け出て、銃砲所持許可証を取得すること。
・銃を発射する周囲に警戒員を配置し、銃の取扱い者以外は発射位置より後方にさげ、発射の目標を確認すること。

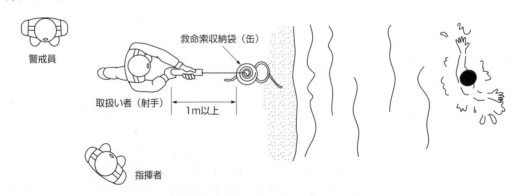

・取扱い者は、救命索収納袋（缶）を射手の前方1m以上離して置き、発射後、索が射手の手や足に触れないようすること。
・取扱い者（射手）は、手順どおりに安全装置を活用して、操作の確実を図って暴発の絶無を期するとともに、発射位置、発射角度、及び風位、風速等に留意して、発射体の打込みの適正に努めること。

142

ピストル型救命索発射銃の発射

・横風がある場合にゴム弾を発射すると、ゴム弾とリードロープが横からの風圧により横にそれ、目標に届かない場合がある。

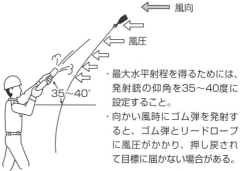
・最大水平射程を得るためには、発射銃の仰角を35～40度に設定すること。
・向かい風時にゴム弾を発射すると、ゴム弾とリードロープに風圧がかかり、押し戻されて目標に届かない場合がある。

・発射するときは、左手のひじを十分に伸ばし、右手では手をしっかり握って、発射の反動で銃が振れないようにすること。
・撃鉄の操作は、右手親指か左手で行い、すべり等に注意して完全にかけること。
・撃鉄を操作する場合以外は、右手人さし指は必ず引金から外しておくこと。
・発射目標や距離等を考慮して、空包や発射体の使い分けの適正を図ること。
・発射体や空包は、発射の直前まで装填しないこと。また発射まで間がある場合は、必ず安全装置をかけておくこと。
・空包を装填した銃を持って移動することは避けること。緊急時に発射位置の交換等、やむを得ず小移動する場合は、安全装置をかけ、銃口を下に向ける等十分な安全措置を講ずること。
・不発の場合は直ちに引金の安全装置をかける等の安全を保持したのち、空包の交換、その他の措置を講じて、みだりに引金を引いたり、発射体にさわったり、又は銃口をのぞき見る等の行為は絶対に行わないこと。
・最初から他力を頼みとする救命索の打ち込みは、これまで成功例や救出例に乏しいことから、万やむを得ない場合以外は、救命索発射主体の救助は避けること。

中州孤立者救出法

川が突然の増水により中州にいた者が避難が遅れて孤立し、救助隊によって救出された例は枚挙に遑(いとま)が無い。

この救出方法としては、救助用ヘリコプターで吊り上げて対岸に搬送する仕方やゴムボートで上流から漕ぎ出し、中州に接岸して救助する等がある。また、荒海の磯辺に取り残された人々をプロサーファーがサーフボードで救助した例もある。

このように救助隊等の身を挺した努力によって救出されているのが大多数であるが、万やむを得ない場合に使用する救命索発射による場合は、次のような段取りが必要となる。
・救助隊側から要救助者側へ救命索発射銃でゴム弾を発射するので、リードロープをつかみ取るように告げる。
・渡すロープは細いため手に食い込むことから手袋をはめて引っ張るように呼びかける。
・リードロープには太いロープが繋がれていることを知らせるとともに、これを大石等に結びつけるように呼びかける。
・ロープが展張された後は、隊員が中州側に渡過することを説明する。

ロープが水中に没すると水圧がかかって、保持するロープに一層重みが加わる。

❹ 機器取扱い技術

救出活動現場

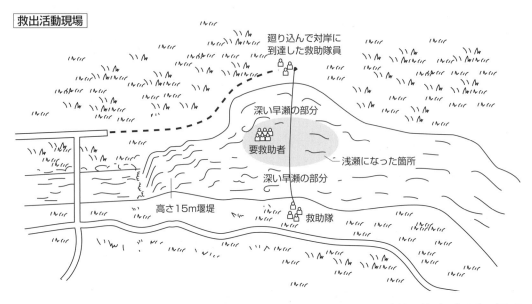

　梅雨明けで増水した河原のキャンプ場で孤立した要救助者の救出において、急峻な地形と小雨降る視界不良であったことから、救助用ヘリコプターが救援のため飛行できなかったことや、孤立した要救助者の70m下流に高さ15mの堰堤があったことから、ゴムボートで漕ぎ出すこともできなかった。そこで、対岸に廻り込んだ救助隊にリードロープを打ち込んだところ、この救助用ロープを引っ張っている最中に、大勢の要救助者が流されてしまったが、流れついた赤ん坊一人が運よく助け揚げられた。この遭難事故現場でも救命索発射銃が使用されている。

投索による救助事例

　火災現場において消防隊が渡したロープによって、要救助者が救出された事例が、過去に神奈川県の川崎市でおきている。これまで消防隊がロープで屋上から出火階に進入したケースはあるが、直接、救助につながったのは、我が国では今だにこれをおいて他には見当たらない。
　昭和41年1月9日午前0時50分ごろ、JR川崎駅前の複合用途の金井ビル6階建の3階キャバレーの女子従業員更衣室付近から出火し、12名が焼死した火災がおこり、屋上に避難した7人が消防が渡したロープによって救出されるといった救助劇がおきたのである。ビルの屋上には、煙の中から見えかくれして男女が救いを求めて絶叫する声と"消防何とかしろ"と遠巻きにした見物人の叱咤などの騒然とした中、消防隊が隣接建物5階建の屋上から15mmの麻ロープを投げて渡したものを要救助者側の23才の男性が受け取って、消防隊員の指示どおりに屋上のフェンスの主柱に結着してから、一方の端を消防隊が引っ張ってロープを曲がりなりにも斜めに張ることができたのである。最初にこのロープを女性が両手でしっかりと握り、手送りしながらぶら下がりの状態で渡りきり、消防隊の手で身体を抱えられたときは、地上の群衆からドーと喚声が沸き上がり、次にロープを小脇に抱えて、その腕の手首を片方の手でしっかりと握った状態でゆっくりとすべり下りるようにしながら渡った人を消防隊がだき抱えたときにも、固唾をのみ静まり返っていた群衆からまた歓喜の声がドーと上がるといった光景が繰り返されて、一人の墜落者もなく屋上に避難していた全員が救出されたが、最後の一人がロープを渡りかけたときに、屋上のプレハブがフラッシュオーバーになるといった、映画「タワーリングインフェルノ」のミニ版のような様相を呈したのである。

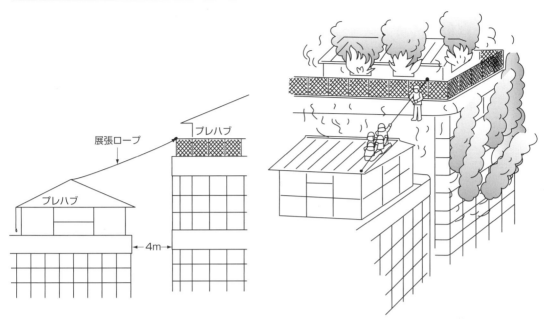

　この救出が成功した要因は、第一には消防車に太さ15mm長さ20mの麻ロープが積載されていたことや要救助者側の位置が高く、しかも23才の男性が比較的落ち着いて消防の指示に的確に対応したこと、冬場でロープの摩擦熱が少なかったこと、さらには渡過距離が短かったことなどが幸いしたのである。現在は、救助技術が格段の進歩を遂げていることから、隣接ビルから救命索発射銃でロープを渡すこともでき、また、渡過で発災ビルに楽々進入することができるが、当時の消防には、これらの技術は皆無に等しく、正にロープ1本が命の綱であったわけである。
　その後、救助隊が編成されるようになり、全国消防技術指導会や緊急消防援助隊の発足へと発展し、今日の消防救助の隆盛につながったのである。

|銃の点検整備|

・銃の整備は、取扱責任者の立会いのもとで実施すること。
・銃口内の清掃は、スピンドル油かマシン油を用いて、洗矢で十分に行うこと。
・空包は乾燥した暗所に保管し、湿気を避けること。
・ロープは直射日光を避け乾燥した場所に保管し、定期的に十分乾燥させること。
・整備不良の発射体は、事故につながることから整備を欠かさないこと。
・不発弾の処理は、塩水に24時間浸すのも一つの方法である。
・ふざけて銃口を人に向けないこと。

❹ 機器取扱い技術

12. 手動式ウインチ

　消防活動において物を吊り上げたり、横引き、さらには引き上げなどの種々な用途に、手動式ウインチのチルホールが用いられている。
　チルホールT-7（最大能力750kgfタイプ）の機能や使用方法、保管方法等は、次のとおりである。

各部名称

仕様

名　　　　　称	チルホール(TIRFOR)
型　　　　　式	T-7
最　大　能　力	750kgf(7.36kN)
自　　　　　重	7kg
揚　　　　　程	ワイヤロープ自体の長さ
寸　　　　　法	499×270×106㎜
使用ワイヤロープ径	Φ8.3㎜（専用ワイヤロープ）
レバー1往復で動くワイヤロープの長さ	60㎜
ハンドルの長さ	498(min)/720(max)㎜
桿　　　　　比	30:1
ワイヤロープ破断強度	44.1kN
安全ピン耐力	約1,500kgf(約14.7kN)

※最大能力とは—ワイヤロープにかかる張力を意味する。
※桿比30:1とは—パイプハンドル取手部の操作力が、張力の1/30で操作ができることを意味する。

　　使用の際は最大能力以上の荷重をかけることは避けること。
　　また、最大能力には、振動などによる偏荷重も考慮すること。
　　最大能力の2倍以上の張力がチルホールT-7本体に作用した場合には、安全ピンの耐力を上回り安全ピンが切断することがある。本体の安全装置が働き、索引不能となる。

使用方法

　より安全を確保する意味合いで革の手袋を着用して操作を開始する。
　まず、チルホールの本体を立てておいて、アンカーフックのセフティキャッチ内側を矢印の方向に外側から内側に向かって押すと、セフティキャッチが簡単に解放されるので、両手で台付をアンカーフックに取り付ける。

左手でバックレバーを握り、右手で解放レバーを中指と人差し指で握り、手前に引いて歯止めにかける。

コイル状に巻いてあるワイヤロープをキンク等が生じないように転がしながら自然な状態に解く。

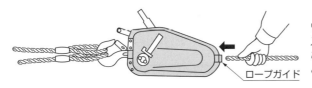

ワイヤロープをロープガイド側から挿入する。挿入前にキンクや素線切れ等がないかを確認する。これらは故障の原因につながるので、見過ごすことのないように注意する。

アンカーフック側からワイヤロープを引っ張り出す。引っ張り出したワイヤロープはチルホールに対して真っすぐになるようにする。

解放レバーを歯止めから外し、元の位置に戻す。

解放レバーの操作は、勢いよく行うと指爪や指を負傷することがあるので、ゆっくりと行うこと。

パイプハンドルを前進レバーに差し込む際には、根元の抜け止めにパイプハンドルの切りかきを合わせて差し込み、90度回して、前進レバーからパイプハンドルが外れないようにセットする。

微動作業以外は、パイプハンドルをできる限り大きく動かす。
操作開始時作業員間の連係を密にし、合図を適確にする。

前進の操作は矢印の方向へゆっくりと大きく動かす。

後退の操作は、パイプハンドルをバックレバーに差し込み、前進の操作と同様に矢印の方向へゆっくりと大きく動かす。

最大能力750kgfより大きな荷重をかけないこと。過荷重時は安全ピンが磨滅して器具の破壊を防止するはたらきをしている。この安全ピンは、前進レバー上部のキャップを外して取り出して、磨滅した安全ピンを取り除いてから、新規の安全ピンと交換する。安全ピンは大ハンマーで打ち込む。

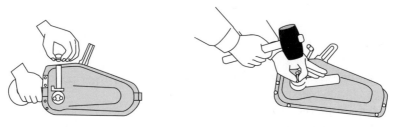

❹ 機器取扱い技術

滑車にワイヤロープの取付け方

> ワイヤロープに 44.1kN 以上の荷重がかかると、破断強度を超える力となり、ワイヤロープが破断することがある。

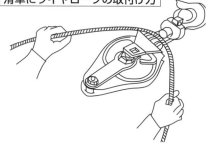
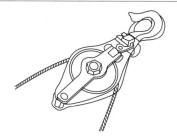

牽引操作

立ち木等に台付でチルホールをセットして、牽引物側には滑車を固定、さらにワイヤロープのフックを立ち木等に台付で固定しておいて、パイプハンドルの前進操作を行う。

> 牽引の操作中は荷の下Ⓐ及び斜線部Ⓐの位置に立ち入らないこと。

> チルホール操作中以外に一時操作を中断する場合には、パイプハンドルを前進レバー及び後退レバーから取り外すこと。

> チルホールを連続操作すると内部つかみ装置及びワイヤロープが熱を持ち、いくら操作しても荷が牽引されない現象が起こることがあるので、直ちに操作をやめて、内部つかみ装置にグリースを注油して冷却後に牽引作業を行う。

台付けをする場所は、最大能力の2倍以上の耐力が必要である。また、途中で滑車を使用する場合には、D/d≧20の式に従って用いること。（Dは滑車の内径、dはワイヤロープの外径を示す。）

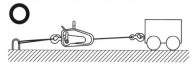
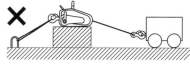

牽引物とチルホールが一直線になるようにする。　　チルホールのケースが変形するような取扱いは避けること。

先端角度（α°）	120	90	65	45
ロープ破断荷重の低下率（%）	30	35	40	47

ワイヤロープを鋭角に物にあてると強度の低下をきたすので注意すること。

チルホールの使用前後には、付属のグリースを必ず注油すること。

台付けをする場所は、最大能力の2倍以上の耐力が必要である。また途中で滑車を使用する場合には、D/d≧20の式に従って用いること。（Dは滑車の内径、dはワイヤロープの外径を示す。）

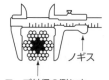

ワイヤロープは、キンク等の異常以外に、ワイヤロープの外径をノギス等で測定し、Φ8.3mm径が7.7mm以下になると使用不能となる。

ロープ外径の測り方

保守点検

・保管する際は、チルホールの解放レバーを必ず元に戻すこと。スプリングが低下して機能不良の原因となることがある。
・ワイヤロープは、汚れ、水分をよく取り、必ず注油すること。
・チルホール本体の亀裂、変形、操作異常の有無を点検すること。
・安全ピンの切断、亀裂等の有無について点検すること。
・チルホール本体のボルトの固定状態の点検をすること。
・ワイヤロープの収納は、ワイヤロープリールにキンク等が起こらないように巻き取ること。

13. 油圧式救助器具

|レスキューツール〔ユニツールLKS30〕|

　災害現場においては、迅速に障害物を除去し、要救助者を素早く救出することが最優先の現場活動となる。本装置は、レスキュー用に設計され、外部からの動力源を必要とせず、単独でも操作できるもので、素早い現場活動に役立つものである。

|各部名称|

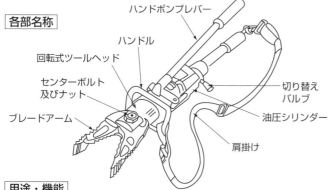

|仕様|

型　　式	LKS30
寸法(mm) 長さ	740
幅	190
高さ	170
先端開口幅(mm)	160
重量(kg)	11.5
切断力 最大(kN)	135
運動の中心から80mm外れたところ(kN)	65
開力(kN)	28～52
ハンドポンプレバーの回転角度(度)	360

|用途・機能|

　主な用途は、交通事故の際の車両のセンターピラーの切断、ドアヒンジの取外しやドアーの拡張を行う場合、災害時の鉄筋・パイプ類の切断、シャッター及びブロック等の倒壊物のすき間にブレードアーム先端を差し込んで拡張し、障害物を除去する等の機能を有している。

|操作方法|

　本体を運搬する際は、肩掛けを肩に掛けて持ち運ぶ。拡張及び切断時にも対象物に対しカッターアームの位置を決めておいて肩掛けを肩に掛ける。
　圧力がかかっていない状態でハンドポンプレバーが最も操作しやすい位置になるようにハンドポンプレバーを回転させる。
　ツールヘッド／ハンドポンプレバーは、圧力がかかった状態では回転しないので、回転させるためには、切り替えバルブを中央位置にすること。
： ブレードアームの開き方
　　切り替えバルブを左一杯（本体表示の←→の方向）まで回した後、ハンドポンプレバーを操作して開く。
： ブレードアームの閉じ方
　　切り替えバルブを右一杯（本体表示→←の方向）まで回した後、ハンドポンプレバーを操作して閉じる。
： ブレードアームにかかっている油圧の抜き方
　　切り替えバルブを中央位置にして油圧を抜く。

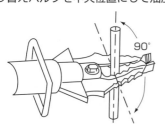

ブレードアームは必ず対象物に直角に当てること。

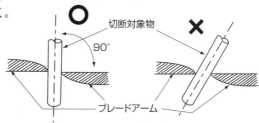

切断中に本体がねじれてきた場合やブレードアームの先端の隙間が広がってきたときは、操作を一旦中止しブレードアームを開き、直角になるように切断位置をかえてやり直すこと。

作動油量の点検

- 約10回使用のたびに油量のチェックをすること。
- ブレードアームとハンドポンプレバーを一杯に閉じておいて、本体側レバーを止めているネジピンをゆるめてレバーを抜く。
- オイルゲージが28mm以上突き出ているか確認する。
- 油量が不足している場合は販売店等に連絡すること。

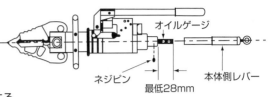

次のものは絶対に切断しないこと

　電気が流れている電線やガス管は、感電や火災の危険がある。また高圧の気体や液体の通っているパイプ類は、事故の危険がある。さらにテンションのかかったもの、例えばショックアブソーバー、バネ、張られたワイヤーなどは、切断された部分が予期せぬ方向に跳ね飛んで、操作中の者や付近にいる者にけがをさせるおそれがある。その他焼き入れなどの硬化処理したものも跳飛の危険がある。

切断対象物

　切断はブレードアームを開き、切断対象物をできるだけアームの奥まで入れて切断すること。

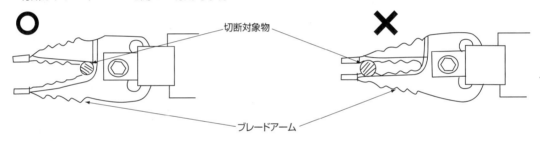

LKS30が切断可能な対象物の最大寸法の目安

	対象物の形状	強度(N/mm^2)	最大寸法(mm)
材質	中実丸棒	590	直径20
	板	490	幅60×板厚5
	角パイプ	480	28×28×板厚4
			50×25×板厚2.6
	丸パイプ	480	外径42.4×板厚2.6

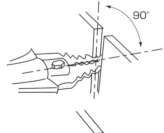

拡張操作

　拡張対象物のすき間を広げる場合は、ブレードアームの先端をすき間に対して直角に差し込み、ブレードアームを開く。
　斜めの状態ではブレードアームが滑り思わぬ事故につながるおそれがある。

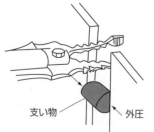

支い物

　拡張作業中にパイロットバルブを中央位置にすると、ブレードアームから油圧が抜け、そのとき加えられている外圧によりブレードアームが閉じるため支い物を入れて閉じないようにすること。

[鉄筋の切断]

削岩機で床に穴を開けた後、ブレードアームを引張鉄筋に対して直角に当てて、ハンドポンプレバーを作動して鉄筋を切断する。

[作業終了後]

作業終了後は、両ブレードアームの両先端の間隔を5～10mm程度あけておくこと。

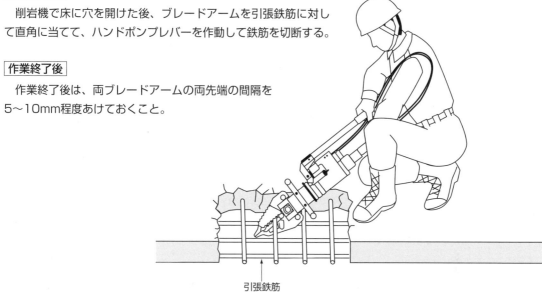

[障害物排除用器具]

自動車事故現場や倒壊建物等における救出活動用の障害物排除用器具として、現在、アムカス・レスキューツールが多用されている。

このレスキューツールは、エンジンの動力で高圧ポンプを駆動して、発生した油圧を高圧導管でスプレッダーに接続して、拡張や引張といった作業にあてることができ、さらにカッターに接続することによって切断作業に用いることができ、救出活動の効率化と迅速化に必要不可欠なものとなっている。スプレッダー及びカッターの概要は次のとおりである。

[各部名称]

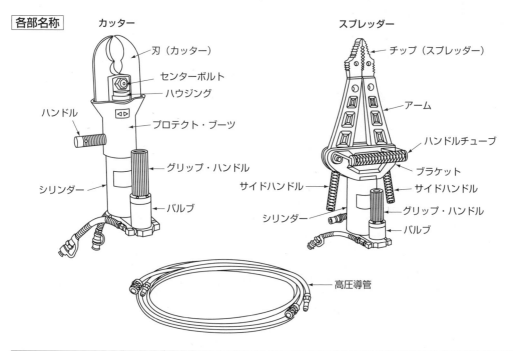

❹ 機器取扱い技術

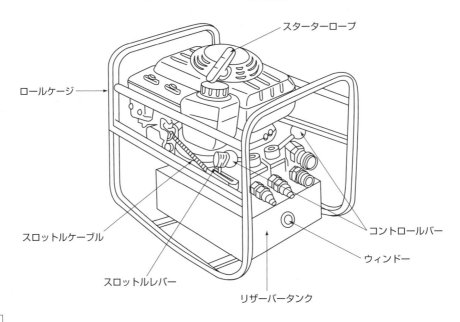

パワーユニット（エンジン及び油圧ポンプ）

諸元

型　　　式／GH2S-XL-NT
重　　　量／44kg
エンジン部／本田技研工業㈱製（空冷式、4サイクル・ガソリン・エンジン）
　　　　　　出　　力：5.5HP
　　　　　　燃　　料：レギュラー・ガソリン（容量：2.0ℓ）
　　　　　　エンジンオイル：SAE10W-30（容量：0.65ℓ）
油　圧　部／アムカス社製（2段ピストン式油圧ポンプ）
　　　　　　使用圧力：735kgf/cm²
　　　　　　吐出　量：無負荷時3,800cc/min×2ポート
　　　　　　　　　　　負荷時1,000cc/min×2ポート
　　　　　　オ　イ　ル：耐摩耗製油圧作動油（容量：5.7ℓ）
　　　　　　　　　　　動粘度46CST（例）シエル・テラス46
　　　　　　寸　　法：縦500mm×横405mm×高さ495mm

仕様・スプレッダー

型　　式	MODEL28	MODEL30CX
重　量（kg）	23.6	20.0
展開力（ton）	MAX11.0	MAX7.5
展開時間（sec）	12.0	12.5
展開巾（mm）	711	813
閉鎖力（ton）	MAX6.8	MAX6.5
閉鎖時間（sec）	14.5	13.0
使用圧力（kgf/cm²(MPa)）	735(72.0)	735(72.0)

仕様・カッター

型　　式	MODEL25	MODEL25S
重　量（kg）	13.7	13.7
切断力（中央部）(ton)	18.1	15.5
切断力（奥部）(ton)	27.2	20.0
展開巾（mm）	104	165
展開時間（sec）	6.0	6.0
閉鎖時間（sec）	4.5	4.5
使用圧力（kgf/cm²(MPa)）	735(72.0)	735(72.0)

エンジン使用前の点検

エンジンオイルの点検は、エンジンオイル給油キャップを外して、レベルゲージの先端を拭いてから、ねじ込まずに差し込んでオイルの付着で点検し、油面がエンジンオイル下限に近い場合は、オイルを上限まで補給する。

オイルは4サイクル・モーターオイル又はこれと相当品のSAE10W-30、SAE10W-40を使用し、オイルの汚れや変色が著しい場合はオイルを交換するとともに、キャップは手で確実に締め付けること。

注意：エンジンは停止して水平なところで点検するとともに、非洗浄性のオイルや植物性のオイルは使用しないこと。

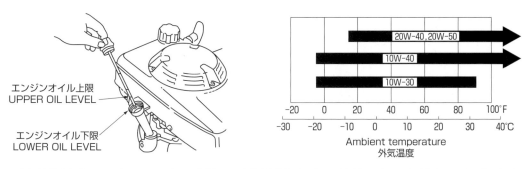

空気清浄器（エアークリーナー）の点検は、空気清浄器カバーの締付けボルトを緩めて、カバーを取り外して、ウレタンろ過部の汚れを点検する。汚れがひどい場合はエンジンに悪影響を及ぼすことから、ろ過部の清掃を行った後、ろ過部を装着してカバーの締め付けを確実に実施すること。

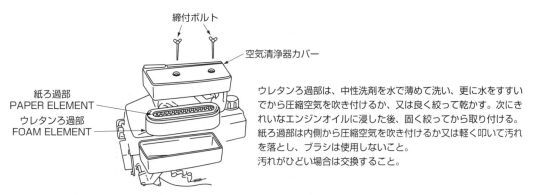

ウレタンろ過部は、中性洗剤を水で薄めて洗い、更に水をすすいでから圧縮空気を吹き付けるか、又は良く絞って乾かす。次にきれいなエンジンオイルに浸した後、固く絞ってから取り付ける。紙ろ過部は内側から圧縮空気を吹き付けるか又は軽く叩いて汚れを落とし、ブラシは使用しないこと。
汚れがひどい場合は交換すること。

ガソリンの点検は、燃料給油キャップを外し、注入口の口元までガソリンがあるか確認し、少ない場合は、無鉛（レギュラーガソリン）を補給する。

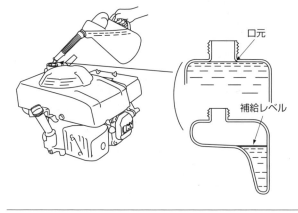

給油は、必ずエンジンを止めて行うとともに換気の良いところで実施すること。

153

❹ 機器取扱い技術

|高圧導管の結合|

　エンジンを始動する前に導管両端のゴムカバーを外し、さらにパワーユニットとスプレッダー及びカッター側の導管のゴムカバーを外しておいて、メス金具のスリーブをロックピンがノッチにはまる位置まで回して、スリーブを導管側又は配管側に引き寄せながら、オス金具に挿入しておいて、メス金具のスリーブを指から離して、カッチと結合を確認してから、スリーブを再度回してロックしているか再確認する。

　結合不良の場合は、結合部からオイルが漏れ出すので、再度、結合をやり直すこと。

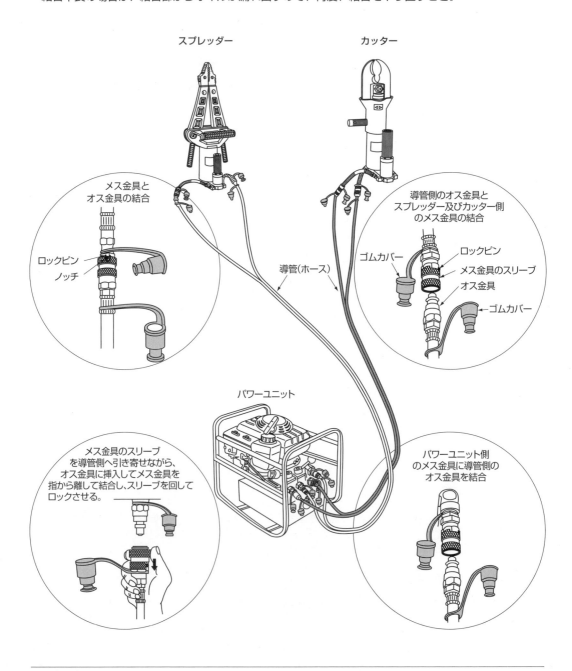

パワーユニットスタート手順

1 燃料コックレバーを出（ON）に合わせる。

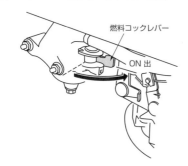

2 コントロール・バルブのレバーをリリース（RELEASE）の位置にする。

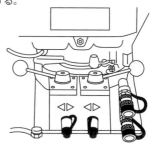

3 エンジンコントロールレバーをチョーク（CHOKE）にする。エンジンが暖まっている時や周囲の温度が高いときは、チョークの操作は行わない。

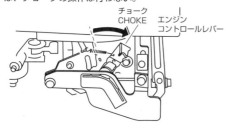

4 スターター・グリップを握りスターターコードを引きながら、重くなるところを探して勢い良く引くとエンジンが始動する。
注意：スターター・グリップを引き上げた位置で手を離さないこと。スターター装置を破損することがあるので、握ったまま静かにもとの位置に戻すこと。運転中はスターター・グリップに触れないこと。

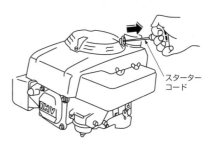

5 エンジン始動後、ウォームアップ（暖機運転）してから、チョークをエンジン回転速度に合わせること。

エンジンの止め方

6 エンジンコントロールレバーを停止（STOP）にする。

7 燃料コックレバーを止（OFF）にする。

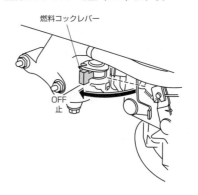

❹ 機器取扱い技術

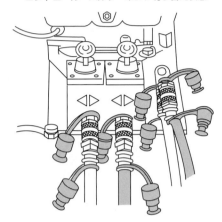

コントロール・バルブ　ポンプ切り替え状態

コントロール・バルブの操作

　パワーユニットのエンジンをスタートさせ、コントロールバルブのレバーをリリース(RELEASE)から、ポンプ(PUMP)に切り替える操作をする。

注意：コントロールバルブのレバーをリリースした状態でツールのグリップ・ハンドルを操作してもスプレッダー及びカッターは作動しないので注意すること。

グリップ・ハンドル

　グリップ・ハンドルはすべてデット・マン装置になっているため、ハンドルを離すと自動的にセンターに戻り、ツールはストップ状態となる。
　レスキュー・ツールのグリップ・ハンドルはいずれも同じものが装備されており、このグリップ・ハンドルを左に回すとスプレッダーのアーム及びカッターの刃が開き、右に回すと閉じる構造になっている。

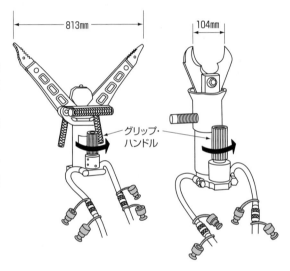

グリップ・ハンドルの操作

　グリップ・ハンドルを左に回して刃先を開いて、切断する対象物に押しあてておいて、ついでグリップ・ハンドルを右に回して刃先を閉じて切断する。

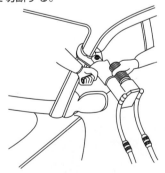

自動車の切断してはならない箇所

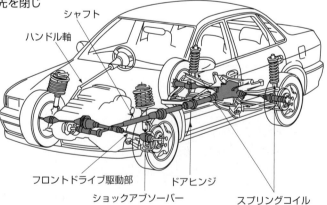

室内は何処を切断してもよいが、ハンドル部分やステアリング柱の切断は、切片が飛び散るので、十分に注意すること。

156

切断作業中に刃と刃の間が4㎜以上開いた場合は一旦作業を中断すること。

刃のエッジに、バリができた場合は、油性の砥石で研磨する。

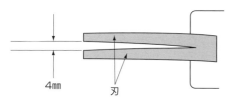

使用後は、確実にナットを締め付けること。

ドアーの開放

　事故車両に閉じ込められた要救助者を救出する際には、スプレッダー・アームのチップをドアーのすき間に差し込めるように、あらかじめ、バール等で扨いて間隙を広げておいて、チップを差し込みアームを押し付けながら、アームを徐々に開きながらドアーを開放する。

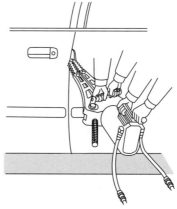

チェーン・パッケージ

　このチェーン・パッケージは、救助作業の際に重量物の曳きずり、又は牽引に用いて排除したり、縛り付け等の作業時に使用されるものである。

仕様

チェーンの呼称	チェーンの太さ	鎖環(内側)の長さ	鎖環(内側)の幅	長さ(鎖環100個)	重量(M当り)	常用荷重	テスト荷重
3/8″	13/32″ 10.3mm	1.13″ 28.7mm	0.56″ 14.2mm	134″ 3.4m	5.2Lbs 2.3kg	11.300Lbs 5.1ton	22.600Lbs 10.2ton

フック付チェーンの名称

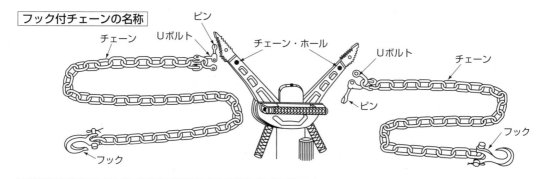

157

❹機器取扱い技術

重量物の牽引

　スプレッダー・アームを全開状態にし、フック付チェーンのUボルトをスプレッダー・アームのチェーン・ホールに差し込みピンを固定しておいて、一方のチェーンをアンカーに巻きつけてフックをチェーンに引っ掛けて固定し、もう一方のチェーンを重量物に巻きつけてフックをチェーンに引っ掛けて固定しておいて、グリップ・ハンドルを操作しながらスプレッダー・アームを閉じて牽引する。

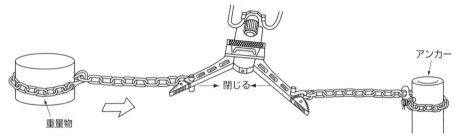

14. エアジャッキ

HKBリフトバック

　リフトバックは、自動車事故、列車事故、航空機事故、地震等の各種災害時の救助作業の際に、重量物を排除したり、僅かなすき間を利用してすき間を拡げ、又はストレッチベルトを使用して、物体を引き寄せたりすることのできる空気圧を利用した救助器具である。リフトバックの構造は、高品質の合成ゴムでつくられており、内層は軽量かつ対切創に強いケブラーで3層に補強され、外装はネオプレン合成ゴムで包装され、高圧力に耐えるようになっている。

　使用用途により、能力5～67tまでの7種類がある。

各部名称

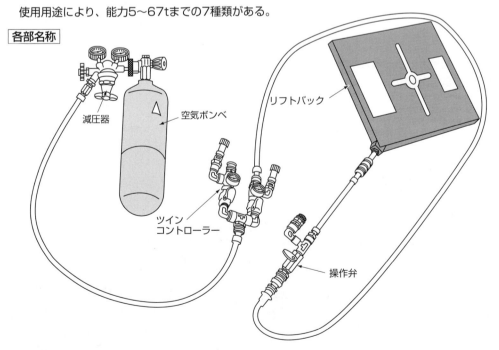

諸元

種　類	HKB5	HKB11	HKB20	HKB24	HKB29	HKB40	HKB67
能　力(8bar)	4.8t	11.0t	20.0t	24.0t	29.0t	40.0t	67.0t
寸　法(mm)縦	260	381	511	320	611	714	917
横	260	381	511	1000	611	714	917
厚さ	19	22	22	22	25	25	25
揚　程(mm)	150	210	285	210	340	400	510
重　量(kg)	1.0	3.6	6.5	7.1	8.5	11.8	20.0
使用圧力(bar)	8	8	8	8	8	8	8
空気量(8bar-ℓ)	20	76	188	217	350	550	1200

参考1bar＝1.01972kgf/cm²

各部名称

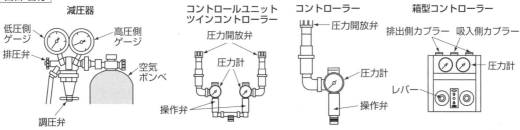

準備作業

　床の開口部に短梯子をかけて使用する資器材を搬入し、空気ボンベ、コントロールユニット及びリフトバックを要所に配置する。
　まず、要救助者を引っ張り出すための障害となっている重量物をジャッキアップするスペースを確保するためリフトバックを挿入する。
　コントローラーの圧力開放弁を右に回して、弁が閉じてあるかどうかを確認する（箱型コントローラーは、レバーを中立の状態で圧力開放弁が閉じた状態になる）。
　リフトバックとコントロールユニットを導管で接続する（箱型コントローラーは、左右の排出側カプラーに接続する）。
　次に減圧器とコントロールユニットを導管で接続する（箱型コントローラーは、真中の吸入側カプラーに接続する）。

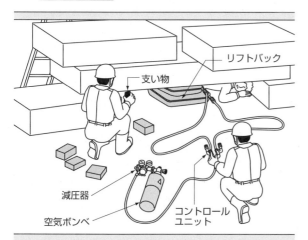

　減圧器の調圧弁を反時計方向に、排圧弁を時計方向に回して回路を閉じておいて、空気ボンベに接続する。
　空気ボンベのバルブを開くと空気ボンベ側についている高圧側ゲージが空気ボンベの内圧を示す。
　調圧弁を回して低圧側ゲージの指針を8barにセッティングする。排圧弁を開くとコントロールユニット側へ送気される。

❹機器取扱い技術

> 使用方法

・重量物の下、又は重量物とのすき間に揚程中にカプラーが損傷しないようにリフトバックを置く。
・コントローラーの操作弁は、要救助者の様子と重量物の傾き、滑りに十分に注意を払いながら、ゆっくりと膨張するように親指で小刻みに押す(箱型コントローラーの場合は、使用するリフトバックが接続されている側のレバーを手前に押すとリフトバックが膨らむ)。
・持ち上げた後は、直ちに木材やブロック、鋼材等で支い物をして重量物を安定させる。

> 取扱い上の注意事項

・異なった大きさのリフトバックを重ねて使用する場合は、小さい方を上側にして、下側のリフトバックから膨らませる。
・持ち上げ作業は、リフトバックとの距離を保ち安全を確保すること。
・鋭く尖った物や80℃以上の高温の物体にリフトバックが直接触れないように注意を払うこと。
・金属の上に金属を置くと滑る原因となるので注意すること。

> リフトバックの取外し

　空気ボンベのバルブを閉じて、コントローラーの圧力開放弁を開きリフトバックの空気を抜く(箱型コントローラーの場合は、レバーを手前に倒すと空気が抜ける)。
　減圧器の排圧弁を反時計方向に回すとゲージの空気が排出する。

> 日常点検

　荷重を加えずに点検する場合は、低い圧力(2bar程度)で行うこと。500kg程度の荷重がかかるようにしてリフトバックを膨らますこと。

15. マンホール救助器具

縦穴のマンホール等から要救助者を引き上げる場合には、クレーンで垂直の方向に吊り上げて救出するのが最も効果的な方法である。

携帯用の三脚の支持フックにダブルプーリーを取り付け(固定滑車)、これにロープを装着しておき、もう一方の要救助者側には、救助用縛帯を着装し、縛帯の鐶にダブルプーリー(移動滑車)を取り付け、これにロープを装着して滑車の原理を用いて引き上げる。

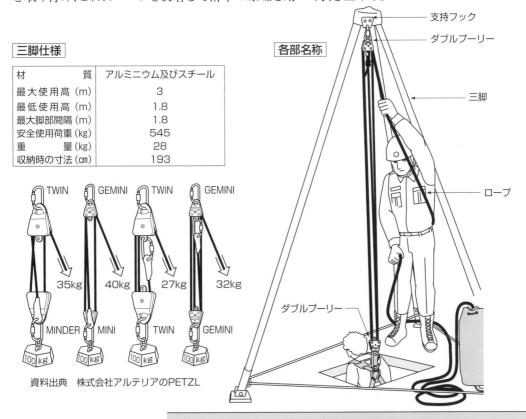

三脚仕様

材　　　質	アルミニウム及びスチール
最大使用高 (m)	3
最低使用高 (m)	1.8
最大脚部間隔 (m)	1.8
安全使用荷重 (kg)	545
重　　量 (kg)	28
収納時の寸法 (cm)	193

資料出典　株式会社アルテリアのPETZL

ダブルプーリー仕様

破壊荷重	22kN(2,200kg)
最大荷重	6kN(600kg)
ロープ	9mm×30m
切断荷重	17kN(1,700kg)

引き上げ作業

引き上げる者が力を入れ過ぎて急激に引くと持ち上げられる要救助者の上がるスピードが増して、開口部のコンクリートの縁に頭部等を打ちつけるおそれがあることから慎重を期すとともに、確保者も要救助者の身体が振れによって、開口部の縁等に打ち付けられないようにしっかりと保持すること。

❹機器取扱い技術

16. 画像探索機

　この機器は、医者が患者の体内の病巣をスコープを挿入して探し当てる要領で要救助者等の発見に役立てられるものである。

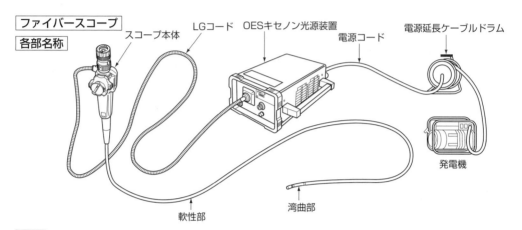

仕様

項　目		仕　　　様
照明	ランプ	キセノンショートアークランプ（オゾンレス）300W
	ランプ平均寿命	★連続約300時間
	点灯方式	スイッチングレギュレーターによる定電流制御
	光量調整方式	光路遮蔽絞り方法
	冷却	ファンによる強制空冷
適用スコープ	ファイバースコープ	OES工業用ファイバースコープ 工業用ファイバースコープ （ただし、下記の適用除外スコープは除く）
	ビデオイメージスコープ	OES工業用ビデオイメージスコープ
	硬性鏡	OESミニボアスコープ
適用除外スコープ	ファイバースコープ	IF6D3-10/15/20/30　IF8D3-10/15/20/30 IF8D3X1-20　IF11D3-10/15/20/30 IF8D4X2-10
	ライトガイド	OES工業用硬性鏡 フォーカシングボアスコープ用ライトガイド
	硬性鏡	OES工業用硬性鏡（φ12㎜） OES工業用スウィングプリズム硬性鏡 OES工業用測長硬性鏡 工業用針状硬性鏡 A17-11-00-53、A17-17-00-53、A27-17-00-53、 A17-11-14-70、A17-17-14-70、A27-17-14-70、 A17-11-90-53、A17-17-90-53、A27-17-90-53

適用カメラ	カメラの種類	SC35、OM-4Ti、SCP-10
使用環境	電　源	電　圧　100/110/120V交流
		周　波　数　50/60Hz
		入力電流　5A
		電圧変動率　±10%
		入力電力　500VA
	周囲温度	0～40℃
	相対湿度	15～90%（ただし、結露のないこと）
	気圧	1気圧（常圧）/空気中
大きさ	寸法	巾290×高さ147×奥355（㎜）（最大）
	重量	7.3kg

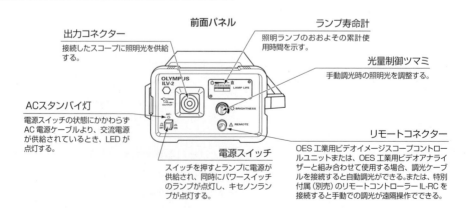

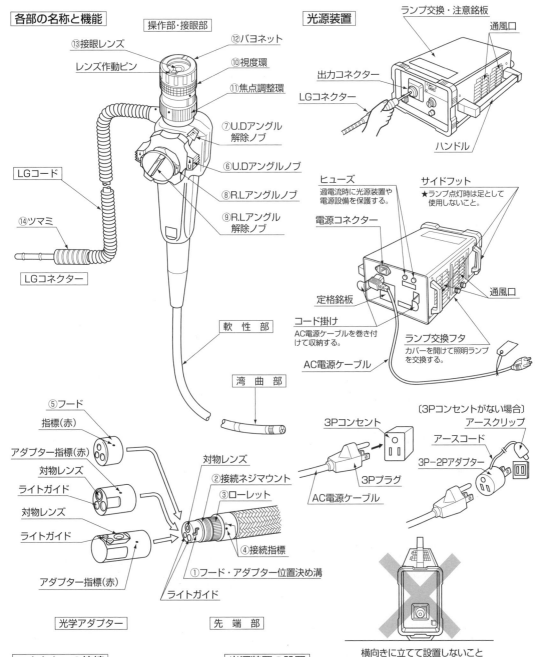

コネクターの接続

　ライトガイドコネクター（LGコネクター）を光源装置の出力コネクターにクリック感があるまで確実に差し込み接続する。

光源装置の設置

　光源装置の本体は安定した場所に設置し、横向きや上向きに設置しないこと。

電源の接続

　電源スイッチが「STBY□」になっているかを確認し、電源の接続は定格銘板に示した電気定格を満たす電源に接続され、アースの接続も確実にされているかを確認すること。

❹ 機器取扱い技術

仕業点検

〔電源投入〕

電源の投入
光源装置の前面パネルのACスタンバイ灯が点灯しているかを確認する。

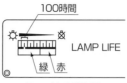

〔ランプ寿命計確認〕

ランプの点灯
ランプの寿命灯の指標が緑の範囲内にあるかを確認する。

スコープの入射端面の汚れを確認。

ライトガイド入射端面の点検
入射端面が汚れていると熱的損傷を起こすおそれがあるので挿入前に汚れを点検すること。

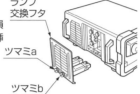

ランプ交換フタの点検
電源を投入する前にランプ交換フタのツマミa、bに緩みがないかを確認すること。

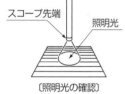
〔照明光の確認〕

照明光の確認
スコープを出力コネクターに接続し、電源スイッチを「ON」にすると電源スイッチのランプが点灯し、照明ランプが点灯する。このとき、冷却ファンが作動し、スコープ先端から光が出ることを確認すること。電源スイッチを押すと照明ランプが点灯するまで約5秒間点灯作動を繰り返すが、それでも点灯しない場合は、ランプ交換フタが完全に締まっていないとランプは点灯しない。また、接続する電源の電圧が低すぎるとランプが点灯しない場合がある。
ランプが点灯しない場合は、電源スイッチを「STBY」にし再度「ON」する動作を繰り返し、それでも点灯しない場合は「照明ランプの交換」を行うこと。

光量調整
正面パネルの光量制御ツマミ（BRIGHTNESS）を右に回すとスコープの先端から出射する光が増加し、左に回すと減少することを確認すること。

スコープ本体

先端部
① フード・アダプターの位置決め溝
② フード・アダプターの接続ネジマウント
③ 接続ネジマウントを回転するローレット
④ フード・アダプターを接続するための指標
⑤ アダプターを使用しないときは、フードを取り付ける。
　注意事項
　・先端部、特にレンズ面に衝撃を与えないこと。
　・マウントをキズつけないこと。
　・安全上及び先端部の保護のため、必ずフードを取り付けること。
湾曲部
　操作部のアングルノブを操作することにより湾曲する。
　注意事項
　・湾曲部を手でねじったり、曲げたりしないこと。
軟性部
　外径は13.5φmm以下となっている。
　注意事項
　・軟性部の最小曲率半径は100mmである。それ以下には曲げないこと。
操作部・接眼部
⑥ U方向に回すと湾曲部がUP方向（上）へ、D方向に回すとDOWN方向（下）へ湾曲する。
⑦ F方向に回すとU・Dアングルはフリーの状態になる。逆方向に回すと任意の位置でロックされる。
⑧ R方向に回すと湾曲部がRIGHT方向（右）へ、L方向に回すとLEFT方向（左）へ湾曲する。
⑨ F方向に回すとR・Lアングルは、フリーの状態になり、逆方向に回すと任意の位置でロックされる。
⑩ 観察者の視度に応じて、接眼レンズの視度を合わせる。視度の目安として4色の標線がある。
⑪ 被写体までの距離に応じて、対物レンズのピントを合わせる。
⑫ 撮影装置を取り付けるマウント
　撮影装置を取り付ける時は、撮影装置の赤マークを接眼部の赤マークに合わせて差し込み、撮影装置を時計方向へ完全に止まるまで回す。
　撮影装置を取り外す時は、取付けと逆の操作を行う。
　注意事項
　・アングル操作は、できるだけゆっくりと行うこと。
　・レンズ作動ピンの位置をずらすと、撮影装置を取り付けられなくなる場合があるので動かさないこと。
⑬ 接眼レンズを覗くと視野マスクに指標が見える。指標のある方が湾曲のUP側になっている。
　指標は非対称になっていて、撮影したフィルムの表裏の判別ができる。
コネクター
⑭ 光源装置に着脱するときのツマミ
　注意事項
　・LGコードを光源に着脱する際は、必ずこのコネクターツマミを持って行うこと。
LGコード
　ライトガイドが通っている。
　注意事項
　・LGコードを小さな半径で曲げたり、無理に引張ったりねじったりしないこと。

スコープ軟性部の曲げ量

本スコープの軟性部の曲げ量には制限があり、この曲げ量を「ループ」という単位で呼ぶこととし、次のように定義する。

観察時は軟性部の曲げ量を2ループ以下にして使用すること。また、2ループ以上曲がっているときには焦点調節環やアングルノブを回転させないこと。故障の原因となる。1ループのときは約90度に湾曲させて使用できる。

軟性部の曲げ量が1ループを超えると近点、あるいは遠点でのピントが合わない場合がある。また、軟性部の曲げ量が多くなると湾曲部の最大湾曲できる角度は小さくなる。保管時や運搬時など非観察時においても軟性部は3.5ループ以上に曲げないようにすること。

フード・アダプターの取付け

本スコープには1F11D3用アダプターを先端部のフードに換えて取り付けることにより、スコープ本体の視野方向や視野角を変えることができる。

アダプターには、外周に赤の指標があり、スコープ側に赤と緑の指標がある。この指標は、アダプター側は、位置決めピンの位置を、スコープ本体側は、赤指標が溝の入口、緑指標はアダプターの適正取付け位置を示すものである。

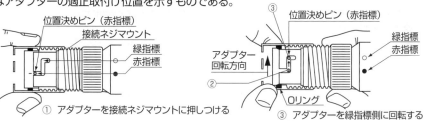

① アダプターを接続ネジマウントに押しつける

③ アダプターを緑指標側に回転する

一方の手でアダプターを保持し、アダプターの赤指標をスコープ側の赤指標に合わせて、スコープにかぶせるように入れ、アダプターを接続ネジマウントに完全に当たるまで押込む。

アダプターの赤指標とスコープの赤指標が一致した状態でローレットは重くなる。このとき、アダプターを保持した指でアダプターの赤指標をスコープの緑指標に一致する様にアダプターを回転する。

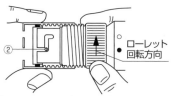

② ローレットを回転しアダプターを引き込む

④ ローレットの回転が止まるまで回す

接続ネジマウントにアダプターが当たった後、スコープのローレットをスコープの赤指標から緑指標の方向に回し、アダプターをゆっくりとスコープ側に引き込む。

再び、ローレットを②と同じ方向に回転し、確実に止まるまで回す。

フード・アダプターの取外し

フード・アダプターの取外しは、取付けと逆の手順で行う。

❹ 機器取扱い技術

スコープの操作
・一般的には、左手で操作部の下部を握り、親指で焦点調整環を回せるようにし、右手でU・Dアングルノブ、R・Lアングルノブを回せるようにする。
・次にファイバーの網の目が最も鮮明に見えるように、視度調節を行う。
さらに、U・D及びR・Lアングル解除ノブを、下方向に回し、全てのアングルをフリーの状態にする。

スコープの挿入
・スコープの挿入はゆっくり行い、無理な挿入は行わないようにすること。
・軟性部は極端に曲げないようにすること。
・軟性部を曲率半径 100mm より小さく曲げないようにすること。
・被写体が最も鮮明に見えるように、適宜焦点調節を行う。
・光源装置の照明調節ダイアルを、観察に適した明るさに適宜調整を行う。

アングルの操作
スコープの誘導及び観察の必要性に応じて、アングル操作を行う。

注意事項
アングルが効かなくなったり、その他スコープの機能に何らかの異常が感じられた場合は、直ちに使用を中止し、全てのアングルをフリーの状態にし、アングルノブより指をはずして、観察しながら静かに引き抜くこと。

アングル解除ノブのセット
U・D及びR・Lアングル解除ノブを下方向に回し、全てのアングルをフリーの状態にする。

スコープの引き出し
アングルノブより指をはずし、観察しながら静かにスコープを引き出す。

手入れと保管
挿入部に汚水やマシン油等の液体が付着したときは、柔らかい布や綿で拭き、中性洗剤等の洗浄液中でガーゼ等を用いて充分に洗浄すること。また付着した水分もよく拭きとること。

光源装置の使用後の処理
・電源スイッチを再度押し「STBY □」にする。
・AC電源ケーブルをコンセントから抜いて、ACスタンバイ灯のLEDが消えることを確認する。
・装置が汚れた場合は乾いた布か、中性洗剤に付け固く絞った布で外表面を清拭すること。
・高温、高湿を避け、直接日光の当たらない清潔な室内などに保管すること。

17. クレーンと玉掛けの方法

各部名称

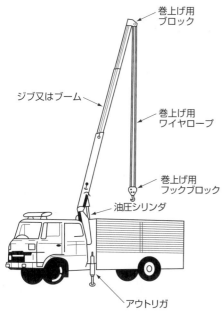

巻上げ用ブロック
ジブ又はブーム
巻上げ用ワイヤロープ
巻上げ用フックブロック
油圧シリンダ
アウトリガ

クレーン

　荷を動力を用いてつり上げ、及びこれを水平に運搬することを目的とする機械装置がクレーンである。消防の救助工作車には、油圧クレーンを普通トラックシャーシの一部に架装し、動力を走行用エンジンから取る積載形トラッククレーンを設置しているものがある。

　荷をつり上げる巻上装置には、機械式と油圧式とがある。油圧式は、原動機で油圧ポンプを駆動し、発生した油圧を油圧モータに導いて回転運動に変換し、遊星歯車装置を介して巻上ドラム軸を回転する。巻上げの起動、停止は、油圧モータに送られる油圧の流入を弁の開閉操作により断続させて行い、巻上速度の制御は油圧ポンプの吐出する油量を増減することにより行う。巻下げには、通常速度の巻下げ（動力降下）のほかに、自由降下を利用する急速巻下げがある。

　ジブ又はブームの起状装置には、機械式と油圧式とがある。油圧式はジブの下端に1～2本の油圧シリンダを設け、油圧ポンプからの油圧で油圧シリンダを伸縮させてジブを起状する。

　巻上げ用ワイヤロープの巻過ぎを防止するために巻過防止用リミットスイッチが主として使用されている。

ワイヤロープの構造

　ワイヤロープは、一般には鋼線のストランドを6本より合わせた構造のものが多く採用されている。鋼線の材質は良質の炭素鋼が用いられている。ストランドのより方には、右よりと左よりとがあり、右よりをSより、左よりをZよりという。一般にワイヤロープのよりの方向はZよりが多く用いられている。

ワイヤロープと切断荷重

　玉掛け作業に最も多く使用されている6×24、6×37のワイヤロープの切断荷重は次表のとおりである。

　また、ワイヤロープのおおよその切断荷重は次の式によっても求めることができる。

$$\frac{(ワイヤロープの径)^2}{20} = 切断荷重(tf)$$

（ワイヤロープの径の単位はmm）

　この式に14mmのワイヤロープをあてはめて切断荷重を算出すると

$$\frac{14 \times 14}{20} = 9.8$$

となり、9.8トンが切断荷重となる。

表　玉掛け用ワイヤロープの切断荷重と重量

構成記号	切断荷重 tf 6×24		6×37		（参考）6×24の単位質量 kg/m
より方	普通		普通		
素線 ロープの径	めっき G種	裸・めっき A種	めっき G種	裸・めっき A種	
8mm	2.99	3.22	3.22	3.47	0.212
9	3.78	4.07	4.08	4.39	0.269
10	4.67	5.03	5.03	5.42	0.332
11.2	5.86	6.31	6.31	6.79	0.416
12.5	7.30	7.85	7.86	8.46	0.519
14	9.15	9.85	9.86	10.6	0.651
16	12.0	12.9	12.9	13.9	0.850
18	15.1	16.3	16.3	17.5	1.08
20	18.7	20.1	20.1	21.7	1.33

本表はJIS G3525-1988付表4-1 6×24の破断荷重及び付表6-1 6×37の破断荷重による。

4 機器取扱い技術

つり角度の張力と圧縮力の関係

　同じ重量の荷をつった場合でも、ロープにかかる力（張力）は、つり角度によって変化する。すなわちつり角度が大きくなるとロープにかかる張力は、次第に大きくなるとともに、同時に水平方向にかかる圧縮力も次第に大きくなる。このつり角度を無視するとつり荷を落下させる危険があることから、ロープにかかる張力及び圧縮力の関係を十分に考慮しながら作業に取りかかる必要がある。

　つり角度と張力（T）及び圧縮力（P）との関係は次の図からも読み取ることができる。

　図のように2tf（19.6kN）の荷をつったとき、つり角度60度の場合は、1本のロープの張力Tは、1,160kgf（11.4kN）荷にかかる水平方向の力（圧縮力）Pは、580kgf（5.68kN）である。

　つり角度120度の場合は、1本のロープの張力Tは、2,000kgf（19.6kN）、P＝1,730kgf（17.0kN）である。

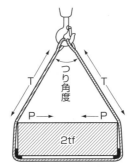
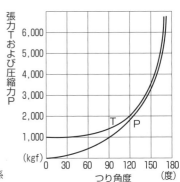

つり角度と張力及び圧縮力の関係

荷の重心

　玉掛けされた荷が安定な状態でつりあうためには、玉掛け用ワイヤロープが当てられている点を垂直に水平面に投影して、その点を結んだ図形（水平投影多角形）の中に荷の重心があることが必要である。

　荷をつり上げたとき重心がこの図形の外にあった場合は、地切りの際に荷が転倒したり、玉掛け用ワイヤロープから外れたりする。さらに、重心が図形の中にあってもフックが重心の真上の位置から外れていると、地切りの際に荷が回転したり移動したりする。したがって、フック（クレーン）を真上に誘導して、荷をつり上げることが大切である。

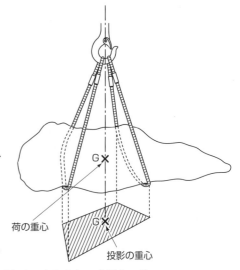

　静荷重とは構造物の自重による力のようにその大きさ及び向きの変わらない荷重をいう。

　動荷重とは物体への外力の大きさや方向が変化する荷重をいい、時間とともに連続して変化する繰返し荷重と、きわめて短時間に急激な力がかかる衝撃荷重とがある。

　繰返し荷重には、クレーンのワイヤロープやウインチの軸受け等が受ける荷重のように向きは同じであるが、その大きさが時間とともに変わる片振り荷重、歯車軸が受ける荷重のように向きと大きさが時間とともに変わる両振り荷重とがある。このような繰返し荷重が作用するとき、静荷重よりもはるかに小さな荷重でも機械や構造物が破壊することがある。このような現象を疲労破壊といい、実際に起こる破壊のうちで、疲労破壊によるものが多い。

　衝撃荷重には、巻下げ時の急制動とか、荷をつり上げる際に玉掛け用ワイヤロープが緩んでいる状態から全速で巻き上げる際に生じ、このような場合には、つり荷の重さよりはるかに大きな荷重が作用することがある。

玉掛け用ワイヤロープの種類

一般に使用されている玉掛け用ワイヤロープは次のとおりである。

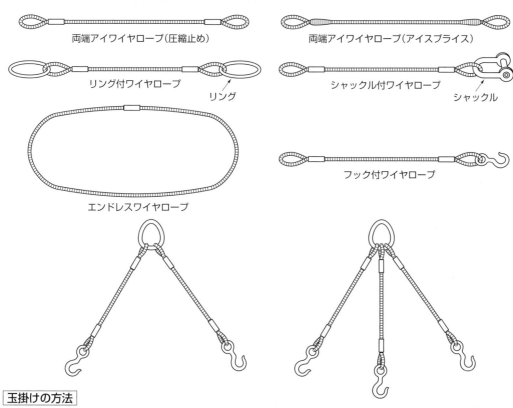

玉掛けの方法

災害現場において重量物の下敷になっている要救助者を救出する場合等には、のし掛かっている重量物を排除してから救出に取り掛かるため、ここでは重量物に取り付ける玉掛け用ワイヤロープの取扱い方の玉掛けの基本について解説することにする。

> 玉掛けの業務には、都道府県労働基準局長が行う玉掛技能講習を受講してから就業すること。

フックの掛け方

クレーンフックにアイ又は玉掛け用ワイヤロープを掛ける方法

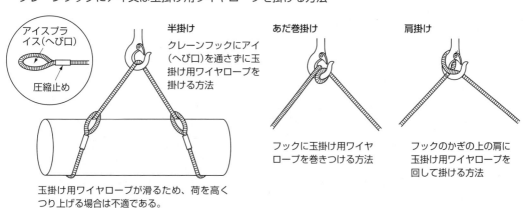

❹ 機器取扱い技術

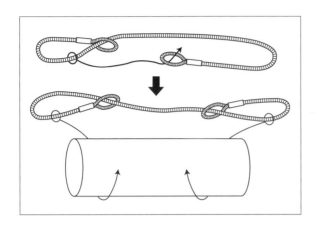

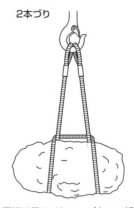

2本づり

玉掛け用ワイヤロープを二つ折りにしてつると荷は安定する。

目掛け4本づり

一般の玉掛けに用いられる目掛け4本づりは、フックにアイを通して玉掛け用ワイヤロープを掛ける方法である。

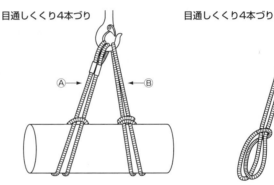

目通しくくり4本づり　　目通しくくり4本づり

目通しくくり4本づりは、一般にはⒶの掛け方が用いられているが、2本の玉掛け用ワイヤロープの張力が一致しない場合が多いのでⒷのつり方がよい場合もある。

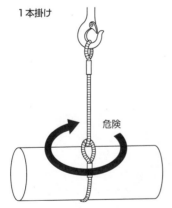

1本掛け

危険

玉掛け用ワイヤロープのよりもどりにより、つり荷が回転する危険がある。

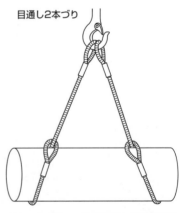

目通し2本づり

このつり方は、つり荷の重心の鉛直線真上にアイがあるので、玉掛け用ワイヤロープが強く曲げられて弱くなるので、玉掛けに使用するときは、十分強度のある玉掛け用ワイヤロープを使用すること。

目通し3本づり

アイに玉掛け用ワイヤロープを通し、つり荷を締めてつる方法

浅絞り

浅絞りでは、つり角度は約120度となり、1本の玉掛け用ワイヤロープにつり荷の重量と同じ張力がかかる。

深絞り

深絞りでは、つり角度は約150度となり、1本の玉掛け用ワイヤロープにはつり荷の重量の2倍の張力がかかる。

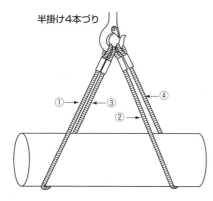

半掛け4本づり

半掛け4本づりは一般に用いられているもので、クレーンフックにアイを①②③④の順に掛け、つり角度は60度とする。

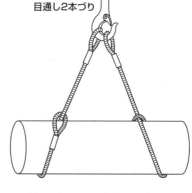

目通し2本づり

目通しがそれぞれ逆（断面図）であることから、アイを重心の鉛直線真上にならないような掛け方にすること。

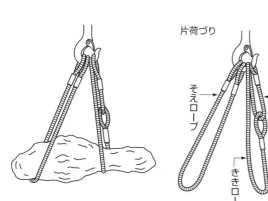

片荷づり

そえロープ／あまり返し／ききロープ

片荷づりは、重心の片寄った荷をつるのに用いるもので、一般に玉掛け用ワイヤロープを2本1組で玉掛け用ワイヤロープの公称径と長さが等しいものを使用してつる方法であり、あまり返しといって、つり荷に太い部分と細い部分があるような物をつる場合や、長さの異なる玉掛け用ワイヤロープを用いる場合に図のように片方のアイに玉掛け用ワイヤロープを通して、クレーンフックにアイを掛け、つり荷の形によって長さを調整して、つり荷の水平をはかる方法である。

❹機器取扱い技術

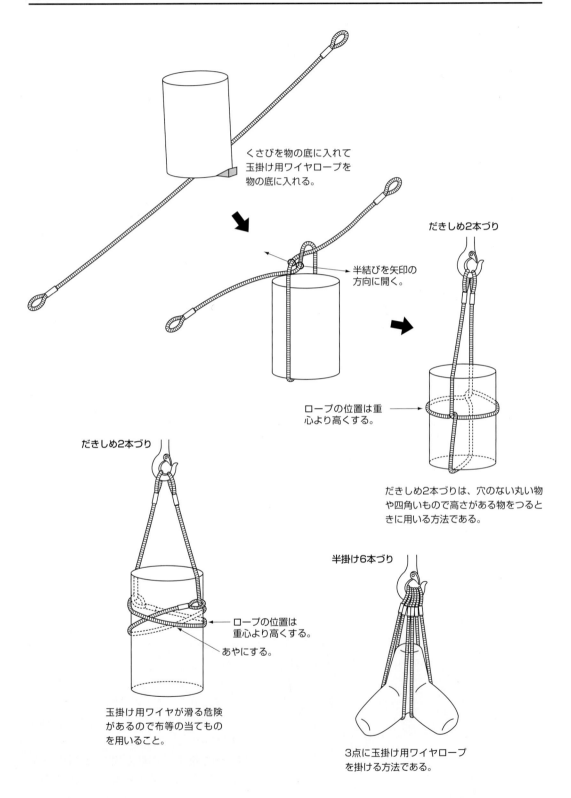

玉掛け者の合図

玉掛け作業にあたる者は、クレーンの運転者より見やすく、作業状況がよく分かりやすい安全な場所に位置して、明りょうにクレーンの運転者に合図しなければならない。合図の方法は次のとおりである。

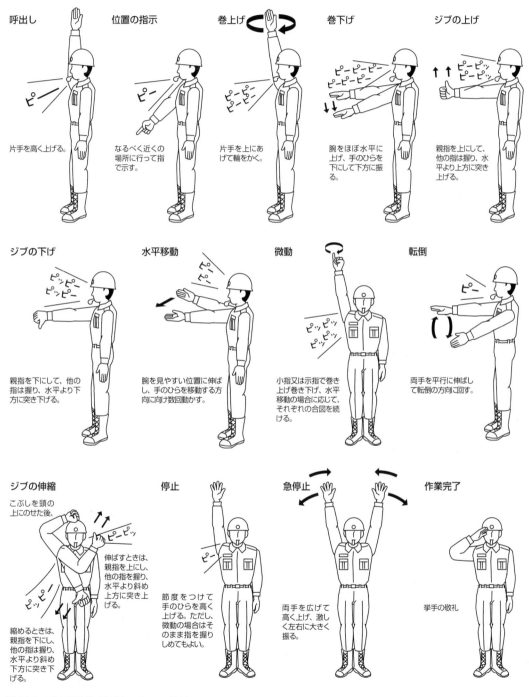

資料出典、玉掛作業者必携（社団法人・日本クレーン協力）

❹ 機器取扱い技術

18. 車両誘導資機材

車両誘導の基本的な事柄

　誘導員は、交通の流れを漠然と眺めて機械的に"進め""止まれ"の合図を繰り返すものではなく、自己の担当する視界内に流動する自動車やバイク、自転車、歩行者の一人ひとりをよく捕捉して、必要な進め、止まれ、右、左折又は徐行等の合図を臨機応変に発しなければならない。したがって、対象となる運転者や歩行者の目に遠くから注目して、誘導する者と運転者とが目と目を合わせ、呼吸もぴったり合わせる気持ちで、相手の行動を確実に自分の掌握下に絶えず入れて、冷静に現場の状況を判断しながら、確信をもって合図して誘導を行うことが肝要である。車両を停止させるタイミングは、その車両の速度、その後続の車両の有無等を考慮して無理に停止させないこと。

　さらに、止めようとするのか、通過させるのか等その動作が曖昧であったり、躊躇するうちに絶妙なタイミングを失うことになり、また判断を誤って早く合図を変え過ぎたりすることは、いたずらに現場の交通を混乱させる原因となるので、日頃から判断力の養成と合図の表現力の習熟に努める必要がある。

誘導員の車両停止合図位置

　原則として、道路左側端（歩道がある道路では歩道上）で、誘導する車両の死角に入らないように注意し、常に運転者から誘導員の存在が見える位置で誘導すること。

災害救援車両等の誘導

　災害救援物資等を搬送する車両や援助車両等を誘導するにあたっては、一般道を通過する車両や歩行者に迷惑を及ぼすことのないように誘導することが求められる。道路交通法上の権限に基づく警察官等が行う交通整理とは、本質的に違うことを認識しておかなければならない。

　したがって、公道から施設内への交通誘導にあたっても、あくまでも、一般車両の自発的な協力に基づいて行われるものでなければならない。あたかも特別な権限を有する者のように指示をしたり、命令をすることのないようにすることはもちろん、常に言語や態度には十分に留意して、いたずらに紛議を引き起こさないようにしなければならない。

誘導に必要な資器材

　警笛・手旗（赤、白）・赤色灯（赤色誘導灯）・ヘルメット（白）・夜光チョッキ・拡声器（通称「トラメガ」）・トランシーバー等

各部名称

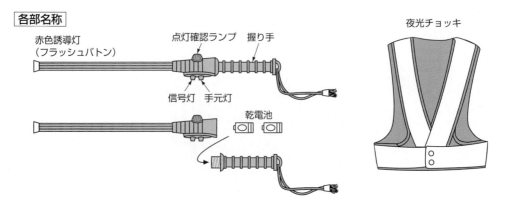

交通整理の権限区分

項目＼区分	交通整理（警察官等）	交通誘導員
意 義	道路における交通の安全と円滑を図るため、道交法上の権限に基づいて行う。	一般人が通常行いうる範囲内で、交通誘導を受ける者の自発的な協力に基づいて行う。
権 限	あり	なし
手信号	注 意／止まれ／進 め　権限に基づく指示、命令	徐 行……………お願いします。 止まれ……………お願いします。 進 め……………どうぞ

※消防職員が消防警戒区域を設定する際には、警察官等と同等の交通整理の権限を有する。

|停止の合図|

　停止を求める相手方の進行方向に正対し、右（左）腕を側頭部に沿って垂直にあげて、相手方を見つめながら手旗又は赤色懐中電灯等を小角度に左右に振って停止の予告を行ったのち、肩の高さまで水平におろす（発進するまで継続する）。

　このときの警笛は、腕の動作に合わせて、長音（約3秒間）を吹鳴する〔ピーピ、ピーピ〕。

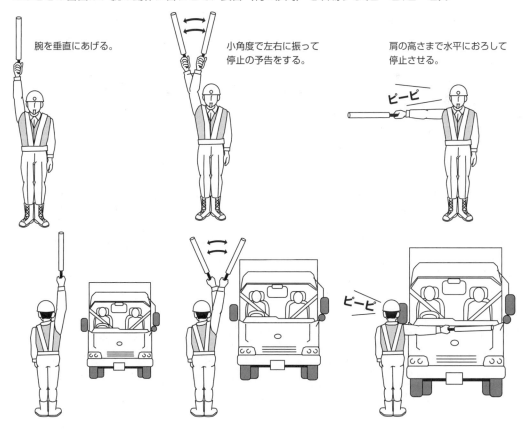

❹機器取扱い技術

[徐行の合図]
　体を徐行を求めようとする相手方の進行方向に平行させ、相手に注目しながら手旗又は赤色懐中電灯を握った手の甲が上になるように水平に伸ばして、相手方に向ける。
　手旗又は赤色懐中電灯の先を15cmぐらいの振り幅で小刻みに上下動を繰り返す。
　このときの警笛は、手旗等の上下動の際に極短音を等間隔で繰り返し吹鳴する〔ピ、ピ、ピ、ピ…〕。

[進行の合図]
　体を、進行させる相手方の進行方向に平行させ、相手の目を見ながら手旗又は赤色懐中電灯を進行させようとする相手方に向けたのち、左右に大きく振る。このときの警笛は、手旗等を左右に振る際に、短音（約0.5秒）を吹鳴する〔ピー、ピー〕。

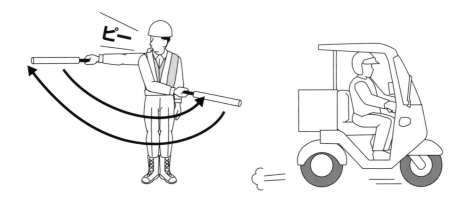

19. ヘリコプターの地上誘導

　飛行場以外の場所に航空機を安全に離着陸させるためには、消防隊等の支援が欠かせないものとなる。航空機の高度が徐々に低くなり着陸する過程においては、障害物（鳥、高層ビル、立ち木、高圧線等）の発見が困難になってくるので、地上誘導が必要不可欠となる。さらに離着陸時にはローター（回転翼）の回転により、地表面には非常に強い風圧がかかるため、校庭や公園の一角を離着陸場として使用する場合には、風圧によって砂塵が舞い上がり、小石なども飛散することがあるので誘導員は身体を保護する必要がある。

　また風圧による工作物等の転倒、舞い上がりなどが予想されるため、これらの除去、移動、収納等を事前に行い危害防止を図っておく必要がある。さらに離着陸場内にいる者を立ち退かせる等の措置も必要となる。

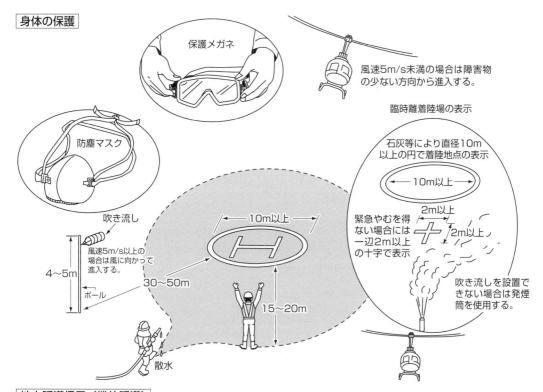

地上誘導信号（機体誘導）

「ここへ」・「進入」
風上を背にして立ち、両腕を垂直に伸ばし掌を前方に向ける。
地上誘導員は、着陸スポットの前方に立ち、着陸位置を示し、機体が接近したなら機長の視界に入る位置に移動して誘導を行う。

「前進・後退」
両腕を前方に伸ばし、肘から先を垂直になるように上に曲げ、掌を進む方向に向け、肘から先を前後に振る。
後退は、掌を機体側に向け、肘から先を前方へ前後に振る。

❹ 機器取扱い技術

「停止」

両腕を上方に伸ばし、掌を前方に向けて頭上前方で、交差するように左右に振る。

「ホバーリング」

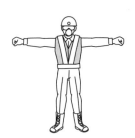

両腕を左右水平に伸ばし、両掌をにぎったまま動かさない。

「左へ移動」

「右へ移動」

移動方向の腕を水平に伸ばし、掌を前方に向けて、もう一方の腕を体の前面から、移動する方向に振る。

「右旋回」

「左旋回」

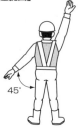

旋回する方向の腕を45度下にさげ、もう一方の腕で「前進」の信号を行う。

「機体上昇」

両腕を左右水平に伸ばし掌を上方に向け、この位置から両掌を同時に約45度の位置まで上下に振る。

「機体降下」

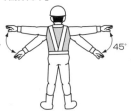

両腕を左右水平に伸ばし掌を下方に向け、この位置から両掌を同時に約45度の位置まで上下に振る。

「完了」
「準備よし」

右手を肘より上にあげ、親指だけを伸ばし、左手は体側に付ける。

20. ボート

❶ アルミ製折りたたみ式ボート

　このボートは、風水害等によって被災した人々の避難や用水池、池、沼等に転落した水難事故の際等に救難活動や捜索活動に従事する際に用いられるものである。

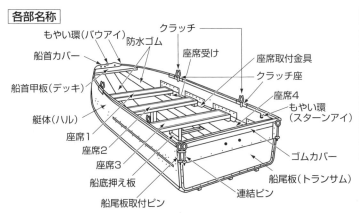

項目＼状態	組立状態	折りたたみ式状態
全　　長	4.0m	4.1m
巾	1.45m	0.595m
深さ（厚さ）	0.55m	0.2m
定　　員	8名	—
重　　量	115kg	—
推奨馬力	10HP	—
最大馬力	15HP	—

　本船は、アルミニュームを素材として、接合部にクッション材及びゴム、椅子に浮力材として発泡スチロール、部品には電食防止の為の亜鉛メッキを施した鉄部品及びステンレスが使用され、軽量で取扱いが容易である。さらに、木製のボートのように水を吸収して重くなったり、腐朽することがなく、また、プラスチック製のボートに比べて耐衝撃性、耐波性に優れているのが特徴である。

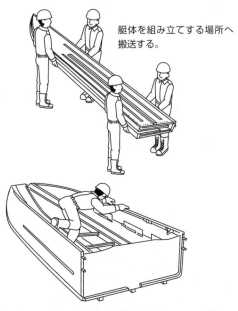

組み立てに際しては靴裏に鋲類の一切無いものを使用する。
艇体の中に入り、両手と片足を使い艇体を広げる。

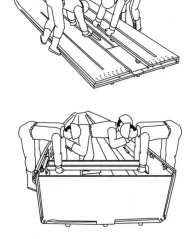

3番座席を座席取付け部に差し込み、続いて2番、1番、4番の順に取り付ける。
一座席ごとにピンを差し込むより、全部の座席を取り付けてからピンを差し込む方が座席を固定しやすい。

❹ 機器取扱い技術

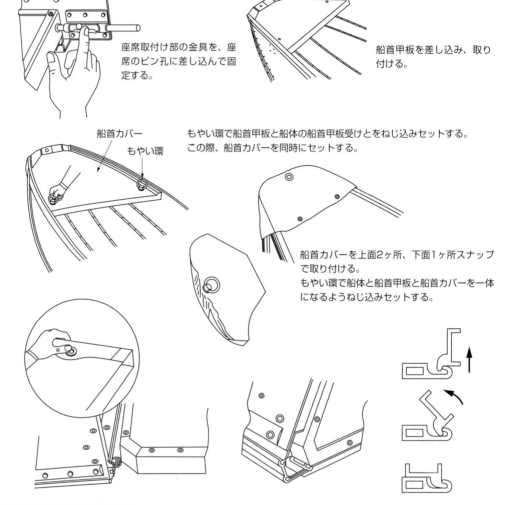

座席取付け部の金具を、座席のピン孔に差し込んで固定する。

船首甲板を差し込み、取り付ける。

船首カバー
もやい環

もやい環で船首甲板と船体の船首甲板受けとをねじ込みセットする。この際、船首カバーを同時にセットする。

船首カバーを上面2ヶ所、下面1ヶ所スナップで取り付ける。
もやい環で船体と船首甲板と船首カバーを一体になるようねじ込みセットする。

船尾板を船尾板取付部に合わせる。
トランサムがなじみにくいときは、トランサム中央部を手で船底方向に力をかけ持ち上げること。

船尾板を右図の原理が働くように起こす。
トランサムは決して無理な力を必要としない。
正常に溝にはまると楽に上がる。きしみ音や不必要な力をかけないと上がらないときは、もう一度左図よりやり直すこと。

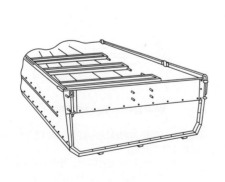

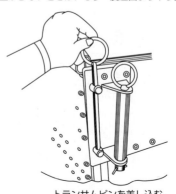

トランサムピンを差し込む。

180

クラッチをクラッチ座に取り付ける。

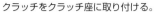

ゴムカバーをトランサムに取り付ける。

（注意事項）
トランサムカバーは出荷時にトランサムに密着している。
トランサムカバーはゴム（船）の内側にゴムの損復を防ぐ為取り付ける。

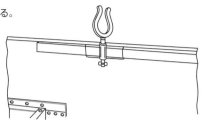

あかくみ

ボートの中の水の掻い出し

ボートを担いで搬送する。

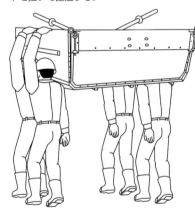

オールを取り付ける。

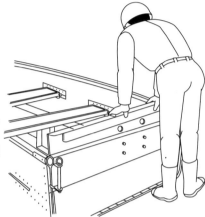

ブレード

オール

探索時及びカッター訓練時は全員救命胴衣を着用する。

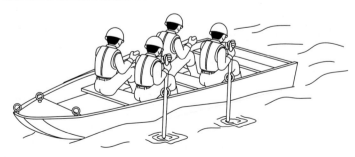

181

❹ 機器取扱い技術

[探索方法]
　水死者等を探索する範囲は、はっきりとブイでマークしておいてから、あらゆる手段を用いて実施される。河床や沼の底等にわたり綿密な探索が実施される。この種の探索としては、スキューバダイバーを投入する方法や水が濁っている場合にはスバリや鈎付き棒（鈎竿）でひっかける方法等が有効な手立てである。

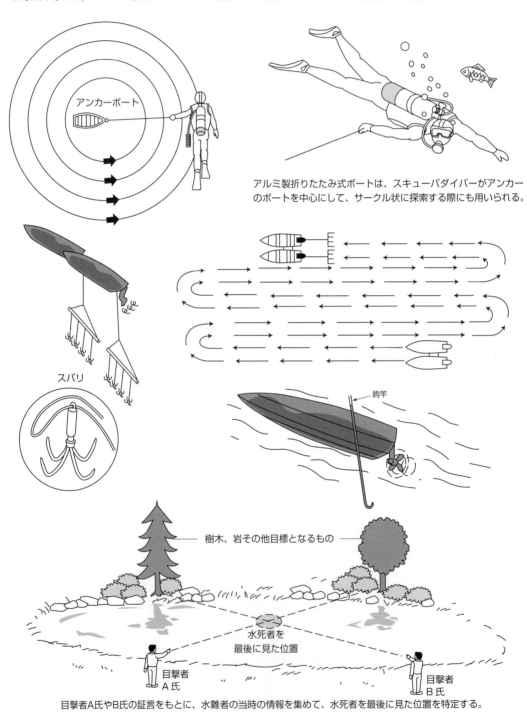

アルミ製折りたたみ式ボートは、スキューバダイバーがアンカーのボートを中心にして、サークル状に探索する際にも用いられる。

目撃者A氏やB氏の証言をもとに、水難者の当時の情報を集めて、水死者を最後に見た位置を特定する。

船外機をトランサムの中央に取り付ける。

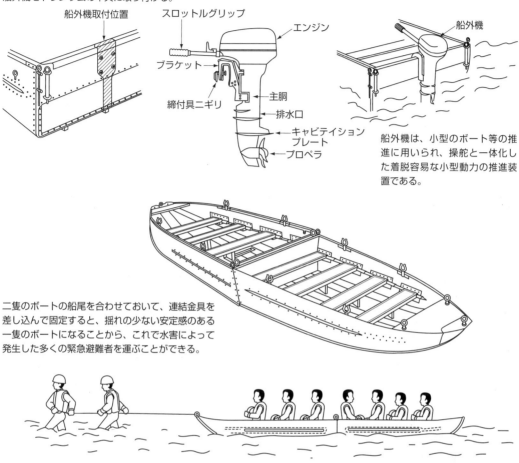

船外機は、小型のボート等の推進に用いられ、操舵と一体化した着脱容易な小型動力の推進装置である。

二隻のボートの船尾を合わせておいて、連結金具を差し込んで固定すると、揺れの少ない安定感のある一隻のボートになることから、これで水害によって発生した多くの緊急避難者を運ぶことができる。

前進　腕を伸ばしながら上体をやや前に傾けながら、オールのブレードの部分をいくぶん浅く水中に入れ、上体を後方に反らしながら腕を胸元に引き寄せ大きなストロークで漕ぐ。

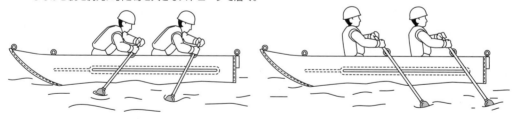

後退　腕を胸元に引き寄せてオールのブレードの部分をいくぶん浅く入れて、腕を伸ばすとボートを後退させることができる。

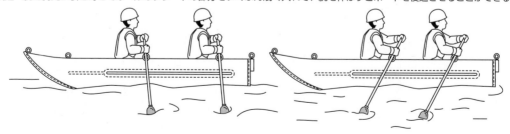

183

❹ 機器取扱い技術

増水した川の中州で孤立して救助を待つ人々を救出する方法の一つとして、上流側から中州側へボートを漕ぎ出して救出する場合がある。状況にもよるが激流の場合等は、二次災害につながるおそれがあることから、ヘリによるつり上げ救出等の他の手段を講じる必要がある。

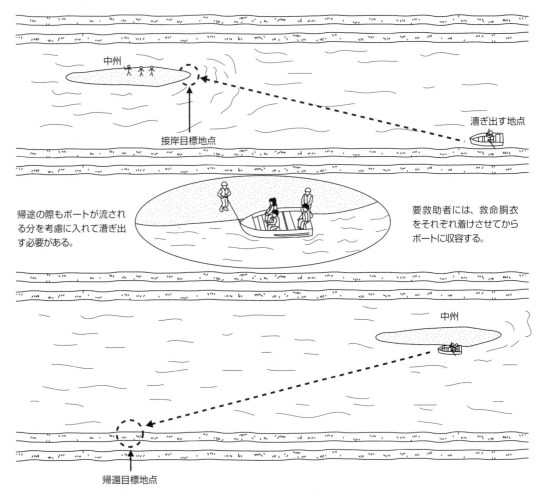

ボートの収納

ボートを水から陸に引き上げておいて、船尾板取付けピンを引き抜き、艇体を両側に広げるようにしながら、船尾板（トランサム）及び座席等を取り外す。

艇体を内側に倒して、さらに二つ折りの収納状態にする。

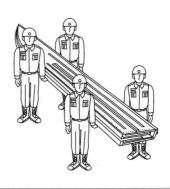

2 ゴムボート

　水害地等において、アルミ製折りたたみ式ボートと同様にゴムボートも多用されている。ゴムボートは、ボート本体、底板、座板、ホールなどから成り立っており、セッティングには多少時間を要するものの、比較的軽量で組立てが容易であることから、人命救助等には必要不可欠なものである。

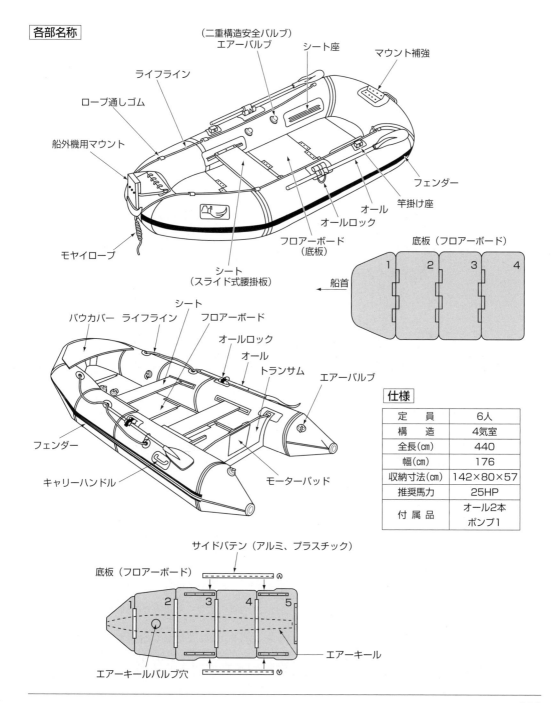

❹ 機器取扱い技術

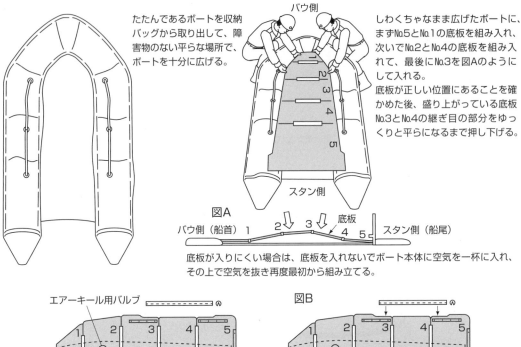

たたんであるボートを収納バッグから取り出して、障害物のない平らな場所で、ボートを十分に広げる。

しわくちゃなまま広げたボートに、まずNo.5とNo.1の底板を組み入れ、次いでNo.2とNo.4の底板を組み入れて、最後にNo.3を図Aのようにして入れる。
底板が正しい位置にあることを確かめた後、盛り上がっている底板No.3とNo.4の継ぎ目の部分をゆっくりと平らになるまで押し下げる。

底板が入りにくい場合は、底板を入れないでボート本体に空気を一杯に入れ、その上で空気を抜き再度最初から組み立てる。

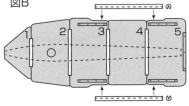

底板の組み込みが終わった時点で、図Bのように底板の横にサイドバテンを取り付ける。

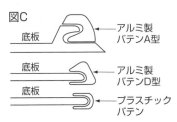

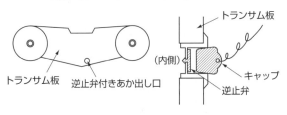

両サイドバテンが入れにくい時には、底板が波打たないようにするためエアーキールに少しエアーを入れるか、アルミオールをボートの下敷きにして極力平らにするよう心がける。こうすると、底板を浮かせることができ、入れやすくなる。

逆止弁付きあか出し装置（セルフベーラー）を取り付ける（型によってはついていないものもある）。

空気バルブの取扱い方

まず、バルブのキャップA及びBを開く、その後キャップBをしっかり締める。エアーキール付きの場合は、エアーキールも同様に締める。

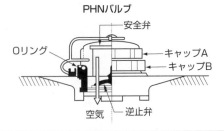

ボート本体に空気を入れる際には、足踏み式、又は、手動式及び付属品の電動ポンプを用い、ガソリンスタンドにあるようなコンプレッサーあるいは高圧ポンプは絶対に避けること。

一つのバルブから順ぐりにボートの形ができる程度の柔らかさに空気を入れる。

一つの気室に空気をいっぱいに入れないこと。ある一つの気室に空気をいっぱい入れると、内部の隔膜に不必要な圧力を与えることになる。最初は各気室に6割程度の空気を入れ、次いで8割にしてから満杯にする。

バルブは安全性を高めるために二重構造になっている。

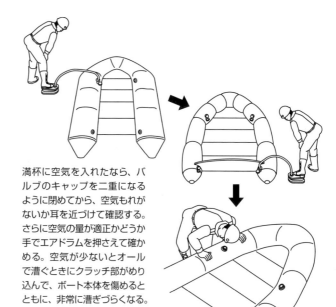

満杯に空気を入れたなら、バルブのキャップを二重になるように閉めてから、空気もれがないか耳を近づけて確認する。さらに空気の量が適正かどうか手でエアドラムを押さえて確かめる。空気が少ないとオールで漕ぐときにクラッチ部がめり込んで、ボート本体を傷めるとともに、非常に漕ぎづらくなる。

バルブを閉める前に、バルブの内側の弁（ゴム製で、内側から圧力がかかると空気孔をふさぐ構造になっている）にゴミなどがはさまっていないか確認する。Oリング（ゴム製の輪）を傷つけないように注意する。Oリングが傷つくと、空気もれの原因になる。

波よけ及び波よけ用支柱の取扱い方

固定式波よけの支柱の組立て方法

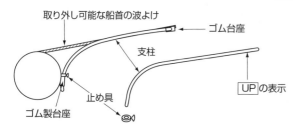

（型によっては、この固定式波よけがついていないものもある。）

取外し可能な波よけ及び主柱の組立て方法

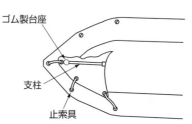

（型によっては、この波よけがついていないものもある。）

ウインドースクリーンの取付け方

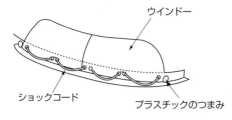

（型によっては、ウインドースクリーンがついていないものもある。）

大型のスポーツボートには、ステアリング装置が取り付けられるように設計されている。

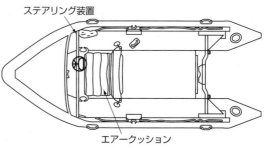

圧力計

空気注入口に差し込んで逆止弁を押すようにして使用する。

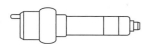

ゴムボートの最大圧力：0.17kgf/c㎡
エアーキールの最大圧力：0.20kgf/c㎡
これ以上の空気を入れないようにする。

❹ 機器取扱い技術

③ 船外機

船外機はエンジン部とこの動力を推進力に変換するロアーユニットとからなる。

船外機の取付け方

船外機のロックを外した後、図Dのように傾けて取り付け、必ずトランサム板の真ん中に取り付ける。留め金（締付具ニギリ）はしっかりと締め、完全に締まったのを確認する。できれば、船外機の留め金とトランサム板をロープでしっかり結びつけておくとよい。

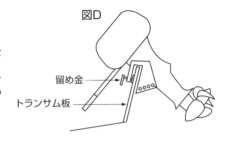

図D
留め金
トランサム板

エンジンの始動

ゴムボートを水中に浮かべて船外機をロックする。ギヤは必ずニュートラルにしておいて、ボートの近くに人がいないのを確かめてからエンジンを始動する。

船外機の調整

ボートをベストコンディションで航行させるためには、船外機のトランサム板に対する角度調整（図E）が必要となる。一般的な方法としては、船外機のキャビテーションプレートと水面とは平行にしなければならない。船外機のトランサムにはS又はLサイズがあり、必ず、表示されたトランサムの長さを選択すること。

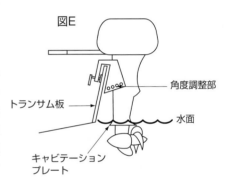

図E
角度調整部
トランサム板
水面
キャビテーションプレート

ボートの航行

もやいロープを解き、ボートの中に整理して置くこと。もやいロープを後尾にたらすと船外機のプロペラにからみつき非常に危険な状態となる。

岸壁等を手かオールで押して岸を離れる。この時、進行方向が岸に対して20〜30度になるのが望ましい角度である。

スピードを落とし航行する際は、クラッチを正確に且つ、すばやく操作すること。不正確なクラッチ操作は、クラッチを損傷したり、磨耗したりする原因となる。加速する場合は、広い場所に出て、もう一度安全を確認してからスピードを上げること。

暖機運転

航行する前には、5分間以上の暖機運転を行うこと。

ならし運転

ならし運転は5時間を目安に行い、この期間中は1/2スロットル開度です。しかし短時間フルスロットル(30秒間以内)に加速して、ドライビングスピードに変化をつけることは、エンジンに悪影響をもたらさない運転方法である。ならし運転期間中の連続してのフルスロットルは、エンジンの寿命と性能の低下につながるので避けること。

点検

船外機で海水または泥水を航行した後は、真水を使用して外装部及び冷却水経路の塩分や泥を除去すること。

図Fの状態で約3分間エンジンを低速運転して洗浄する。

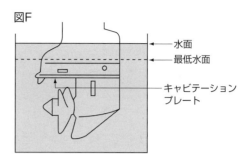

ウォータインレット

ウォータチェックプラグを使用して水洗いをする場合は、ウォータインレット部の両サイドをテープ等で塞いでから行うこと。この際シフトハンドルを中立「N」にしてプロペラが回転しない状態で水洗いを行う。
ウォータチェックプラグを使用する場合には、プロペラを取り外してから行うようにすること。

プロペラの交換

プロペラの損傷の著しいものは、十分な推進力を得ることができないため交換をすること。プロペラを取り外すには、バッテリーからバッテリーコードを外しておいて、さらにスパークプラグキャップをスパークプラグから外しておいて、図Gのようにコッタピンを伸ばして引き抜き、プロペラナットを取り外し、プロペラをプロペラシャフトから真っすぐに引き抜く。取付けは、この逆の順序で行う。

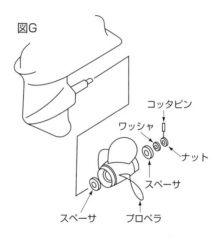

スパークプラグの交換

中心電極付近が汚れているもの、カーボンが堆積しているものは除去し、必要によっては交換をする。

まず、トップカウリングを取り外し、スパークプラグキャップを外す。次に、ソケットレンチ(21mm)とハンドルを使用して軽くショックを与えて左に回してスパークプラグを取り外す。

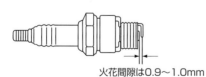

火花間隙は0.9～1.0mm

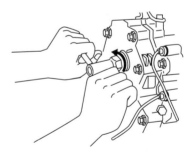

❹ 機器取扱い技術

|水害地の救援活動|

河川の流れのあるところでの舷側から身体を乗り出してボートを漕ぐ方法は不適当であるが、水害地のような澱みのある場所では、十分な推進力が得られ効果的である。

ボートの乗り降りは、ボートの中央部付近から一人ずつ、静かに、姿勢が低くなるようにしながら行い、救難者を収容する場合には、水の中に入ってボートを安定させておいて、乗り移りの手助けをしながら、静かに乗り降りさせる。飛び乗りや飛び降りは絶対に避けること。

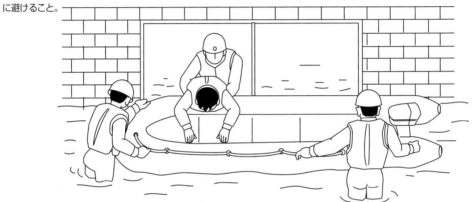

救難者には、声を掛けて、落ちつかせ、安心感を与えながらボートを牽引する。
この際、棒等で深さを見極めながら前進すること。

ボートへの収容は、腕や衣類を掴み相互に協力しながら渾身の力で引き上げる。

21. 墜落制止用器具

落下時の荷重

　物体が落下することにより荷重が加わる。この加わり方によって静荷重・繰返荷重・衝撃荷重などに分けられる。物を構成する材料の強度・変形などは、荷重試験で測定されており、ロープやカラビナなどの強度は引張試験機で測定されている。
　救助用の資機材は、これらの試験に合格した十分な強度を有した材質が使用されている。

法令の改正

　消防救助活動現場のような高さ2m以上の高所作業においては、安全性の高い作業台を設けるか、又は隊員に安全帯（墜落制止用に限る。）の使用を義務付ける「労働安全衛生法施行令」等により、墜落の防止の措置を講ずるよう事業者に課せられた。
　また、墜落の危険性の高い救出・救助現場等での隊員の身を守るフルハーネス、胴ベルト、ランヤード、コネクタ等の構成部品については、厚労省・労働基準局長通知による「墜落制止用器具の安全な使用に関するガイドライン」によるところである。
　なお、これまでの墜落の危険を防止する「安全帯の規格」が「墜落制止用器具の規格」に改められ、より一層の安全性の向上が図られた。

命綱の変遷

　火消しの流れをくむ消防には、昭和30年代まで事に当たり危険を顧みずに突き進む風潮があって、命綱を身にまとうことは蔑まれるほどであったが、建物の高層化に伴い麻ロープの端を身体に結わえ消防活動を行ってきた。
　その後、特別救助隊が編成されるようになってからは、ナイロンロープで命綱を作り、これを「コイル巻きもやい結び」にして隊員の身の安全を図るようになったのであるが、墜落時に腰に掛かる衝撃荷重が大きいので、電気工事の作業員等が使用している「安全ベルト」を採用して、腰に掛かる負担が幾分、和らげられるようになった。
　やがて、落下時の荷重を身体全体で受け止められる「ハーネス」が出現したのである。

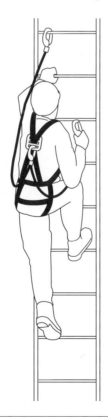

フルハーネスの有効性

　ホッパーやサイロの内部で発生した転落事故現場で要救助者をあり地獄状態から救出するような場合、救助隊員は身体をハーネスでつられた不安定な状態で作業に取り掛かるため、活動は長時間に及ぶ。
　宙づり状態では、ベルトに自重が加わり締め付けが起き、苦痛である。
　作業は交替しながら継続されるが、いずれにしても身体に掛かる負担は相当なものであるが、ハーネスは、身体の荷重を複数箇所で受け止めてくれるため有効性が高まる。

ダブルランヤードの利点

　鉄塔等の高所に上る場合には、足場ボルトやトラスなどにフックを交互に掛け作業地点まで上り、またはしご登はんにあっては、3点支持法が用いられる。
　このようにランヤード使用時は、1点が横さんに掛かった状態であることから手と足の2点で身体を安定させ、もう一方の片手でフックを持つことができるので、3点支持法により墜落の危険性は小さくすることができる。
　さらに要救助者の引き上げの場合でも、1か所に4～5人固まった状態よりも、フックに引き上げロープを別々に結んで掛け声を掛けながら、持ち上げる方が2分の1の力で済み、作業効率もよくなるといった利点がある。

❹ 機器取扱い技術

ハーネス

ハーネスに使用されているベルトの素材は化学繊維が用いられ、ロープ並の破断強度を有し、おおよそ100MPa以上である。全重量は3kgほどで、着脱も簡便にでき、結合部には安全装置が施されている。

伸縮ダブルランヤード

カラビナのゲートを環の内側から押しても開かない構造になっている。

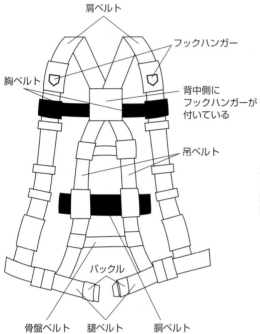

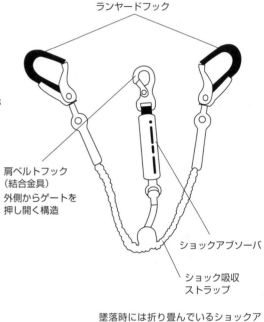

墜落時には折り畳んでいるショックアブソーバが1.3m伸びる。

最大自由落下距離
（ランヤードの長さが1.7mの場合）2.3m
落下距離4.1m

ハーネスの装着

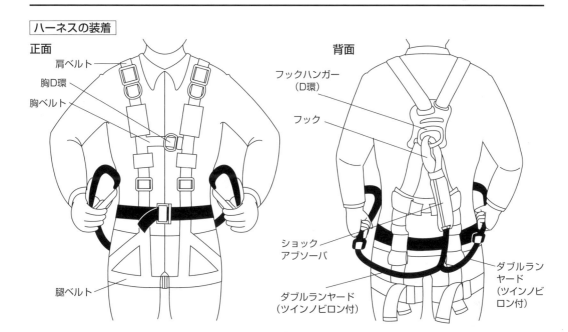

ベルトの素材は、経年と紫外線によって劣化し、高熱や刃物によっても簡単に切断できるようになるので、鋭利な角部等では行動に注意が必要である。ベルトのねじれを取りながら、身体にフィットするように装着する。

ハーネスの肩ベルトの背中側に付いているフックハンガーに伸縮ダブルランヤードのフックを取り付ける。

バックルの着脱法

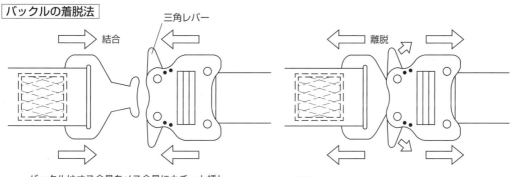

バックルはオス金具をメス金具にカチッと挿し、完全に結合しているかを引っ張って確認する。

離脱はメス金具の三角レバーを矢印の方向に引きながら、ロックを外して開放する。

胴ベルトの着脱法

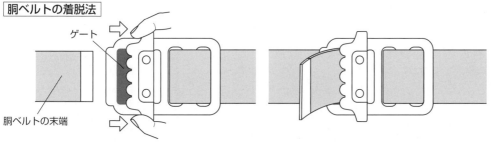

バックルはバネ仕掛のノブを指先で矢印の方向に引き、ゲートを開きベルトの末端を挿入する。

ノブを放すとゲートが閉じてベルトがしっかりと締め付けられる。

❹ 機器取扱い技術

ハーネスの装着順序

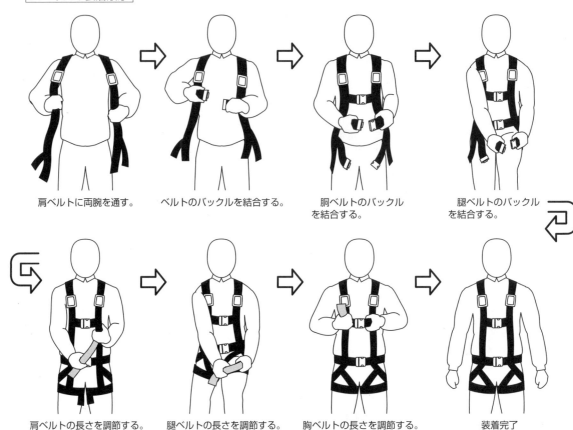

ハーネス装着後は、全身がベルトで包み込まれたような状態になる。ベルトを緊縛しすぎると身動きに支障を来すこともあり、また緩いと身体がすり抜けるおそれがあるので、適度に締め付けるようにする。

ベルトの緩みやバックルに不具合が生じない限り、頭から逆様に墜落した場合でもハーネスから身体がはみ出ることはない。

フックのゲート開閉

閉鎖　　開放

親指の付け根で安全ゲートを押してゲートの掛け金を外し、4本の指で握って開放する。

ショックアブソーバの構造と種類

ダブルランヤードフック
ショックアブソーバ
塩化ビニール製のカバー
塩化ビニール
折り畳まれたベルト

ショックアブソーバは、万が一、高所から墜落した場合にブレーキ効果により、衝撃荷重を和らげるもので、折り畳まれたベルトを塩化ビニール製の筒状のもので締め付けた状態のものである。

落下の際は、ズルズルすり抜けることにより、荷重エネルギーを減衰させる働きを有するものである。締め付けた筒状のカバーは、傷を付けないように注意すること。

第1種ショックアブソーバは、自由落下距離1.8mで墜落を制止したときの衝撃荷重が4.0KN以下であるものをいう。

第2種ショックアブソーバは、自由落下距離4.0mで墜落を制止したときの衝撃荷重が6.0KN以下であるものをいう。

ハーネスの取扱い

　ハーネスの使用に当たっては、体重100kg以下の使用をメーカー側が要望しているところではあるが、要救助者のつり上げ等に際しては、この制限を超える場合もあり、さらに確保ロープを直接、身体に巻き付け、二重の安全を図りながら救助活動に用いる必要がある。
　ダブルランヤードの使用に当たっては、固定する環を同一の箇所に取らずに別々になるようにする。これは、一方が腐食しているような場合、もう片方が堅固であれば問題が生じることはないからである。特にパイプは表面が塗装され頑丈に見えても内側が腐食していることがあるので注意を要する。
　ベルトの材質は腐食性の物質に弱いので、化学薬品を浴びた場合は、直ちに水道水で洗い流し、真水にしばらく浸してから乾燥させるようにする。
　一度、衝撃荷重を受けたハーネスは、再使用を見送るようにし新品と交換する方が得策である。
　ハーネスの保管に当たっては、直射日光を避け、湿気のない乾燥した場所で、動物にかじられないようにするとともに、物品の下積みにならないようにし、泥などをよく拭き取りながら、損傷の有無を確認し収納する。

自由落下距離と落下距離の関係

　自由落下距離はランヤードのショックアブソーバが作動しない比較的、緩やかな墜落のもので、落下距離はショックアブソーバが作動し折り畳まれたベルトが伸び限るほどの墜落を示す。

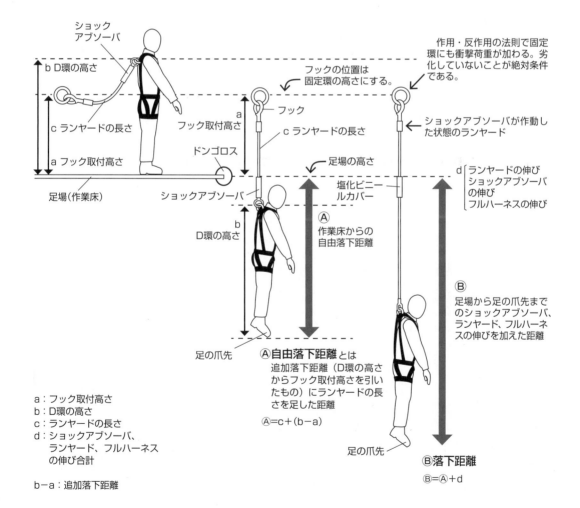

❹ 機器取扱い技術

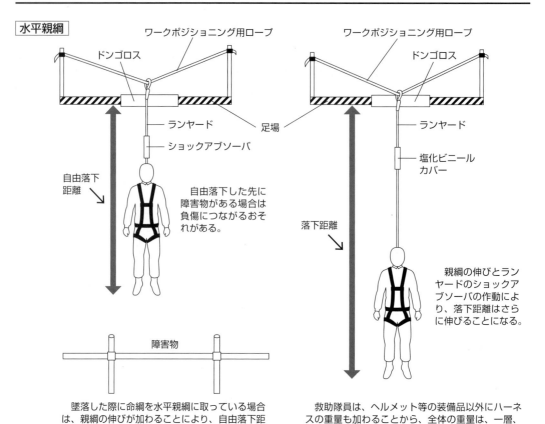

水平親綱

墜落した際に命綱を水平親綱に取っている場合は、親綱の伸びが加わることにより、自由落下距離は、さらに伸びることになる。

救助隊員は、ヘルメット等の装備品以外にハーネスの重量も加わることから、全体の重量は、一層、増すことになる。

■ドンゴロス

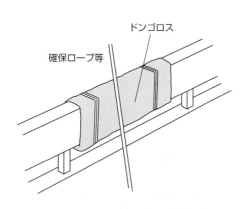

コンクリート等のざらついた手すり等の面では、ロープやハーネスがすれて損傷するおそれがあるので、幅広のドンゴロスで覆うなどの工夫が必要である。

■落下時の距離関係

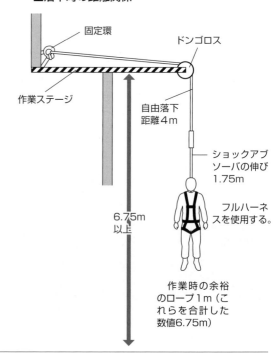

■角度による衝撃荷重の較差

水平親綱に掛かる衝撃荷重は、つるメインロープの角度によって大きな差が生じる。すなわち、角度が大きくなるほど分散効果はなくなり、120°では、各固定環（アンカーポイント）に100％の負荷が掛かり、60°の場合では、両方の固定環に掛かる負荷は、効果が働いて58％に減衰する。

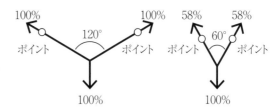

垂直親綱

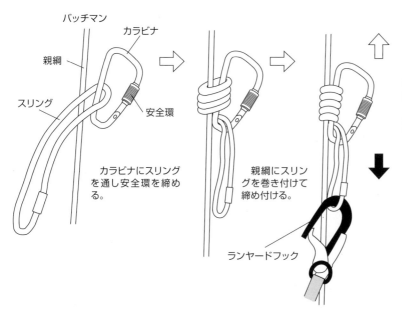

スリングにハーネスのフックを掛けて、カラビナに巻き付けたスリングを握りながら登はんし、墜落した場合には、握っている手を放すことにより、自重で親綱に締め付けが働いてブレーキが掛かる仕組みである。

■カラビナのマジック

カラビナは安全環を掛け忘れた状態のまま、内側から引っ張ってもゲートは開くことはない。

■指差し呼称

「カラビナよし」「安全環よし」

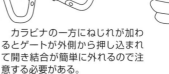

■訓練とセーフティーネット

訓練中の墜落事故で、渡過する者がメインロープにカラビナを残して落下したケースがある。

安全管理者も確かに「カラビナよし」「安全環よし」の呼称を聞いている。ロープにカラビナを掛けたのは確認したが安全環の締め付けまでは確認しなかったケースで、原因としては、メインロープに乗る際に命綱の先端にヒーラー結び等の輪が手すりを乗り越えるときに、輪のねじれが起きカラビナのゲートを押してカラビナから外れたものと推測される。

幸いにして、セーフティーネットで事無きを得たが、災害現場にはネットは用意されていないので、自己責任となる。プロとしての技能は常日頃の訓練による習慣付けによって得られるので、命懸けの仕事に携わる消防隊員は心構えが大事である。

❹ 機器取扱い技術

フルハーネス保護布

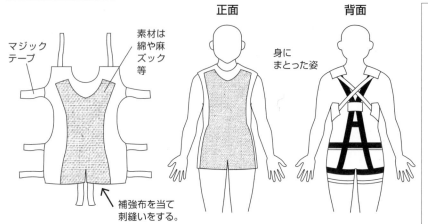

安全ベルトを腰に巻き、渡過ロープ訓練の際には、ロープとベルトの接触部分にドンゴロスをベルト部分に巻いて摩擦熱でベルトが溶解しないように保護に努めたこともある。

ましてや、ハーネスを装着しての渡過訓練となれば、そのままではベルトが破損するおそれもあるので、何らかの工夫が必要とされる。本番となればなおさらである。

ハーネスを装着し渡過訓練に臨む場合は、チロリアン渡りやモンキー渡りは、メインロープにベルトが接触してすれることはないが、セーラー渡りの場合は、ハーネスとロープの間で摩擦熱が発生し、肩ベルトや胸・腰・腿ベルトが溶解し破損するおそれがあるので、これを防止する方法として、保護布をまとうのも一考と思われる。

つり上げ・つり下げ

要救助者を担架にのせての救出は、安全で、かつ、楽な姿勢を取らせることができる。

水平担架は4点でつり、垂直担架は2点でつり、要救助者を乗せた後は救助隊員は介添えに回ることができるので、風で担架が揺れるのを防いだり障害物を避けるために下の隊員が誘導ロープを操作する。

救助バスケットに要救助者を収容し救出する場合であっても慎重な取扱いをし、墜落させることがないようにする。

背負い救出では、救助隊員がハーネスでつられているので自由に下降することは不可能である。この場合は、ハーネスの胴ベルトにカラビナをセットし、要救助者を背負い、座席懸垂にすれば、下降しながらの救出は可能である。

子供のように体重が軽い者は抱き抱え救出を行うが、要救助者を墜落させないように、小綱で確保を取るようにする。要救助者が負傷している場合は、部位に負荷が掛からないように細心の注意を払うようにする。

要救助者が飲み込まれようとしているあり地獄のようなサイロ等の内部においては、足場になるようなものがないので、はしごを足場の代用にする方法がある。

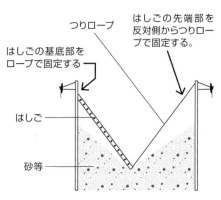

はしごの上部2点をつって固定し、基底部2点を要救助者に近付けるようにしながら、反対側をロープでつり下げ固定する。はしごを下りた隊員は、要救助者を確保してから、ハーネス等をセットし、引き上げを開始する。

第5章 自然災害と現場活動

1. 斜面崩落による災害

　斜面の一部が突然崩れ、これによって土地や家屋が飲み込まれて、しばしば多くの人的被害がもたらされているところである。この崩落の大規模なものは、梅雨末期の集中豪雨が引き金になる場合や、地震によって起きる場合がある。

　斜面崩落は、一般に人里離れた山間部で発生するものが「山崩れ」、丘陵地を宅地開発した裏山や道路脇の斜面の崩壊は「土砂崩れ」、市街地の比較的小規模のものは「崖崩れ」と呼ばれている。

　豪雨による山崩れは、傾斜角30〜40度の斜面で発生するのに対し、地震動による山崩れは、それよりも急な40〜60度の急斜面に集中することが多い。

　また軟らかい地層の所では、これより緩斜面で起きることがある。

　山崩れは、表層の岩屑が斜面をすべり落ちる岩屑すべりや、基盤岩から岩盤が剝がれてすべり落ちる岩石すべり、岩盤や岩屑が一挙に崩れて高速で斜面をすべり下る岩屑なだれ、それに火山活動による山体の崩壊といったものがある。

1 地すべりの定義

　「地すべり」とは、地すべり等防止法では「土地の一部が地下水等に起因してすべる現象又はこれに伴って移動する現象」と定義され、急傾斜地の崩壊による災害の防止に関する法律では、「急傾斜地」を「傾斜度が30度以上である土地」としている。

　地すべり関連の3国際学会とユネスコが協力して組織した「世界地すべり目録委員会」により、「岩、礫、土の塊の斜面下降運動」と統一している。

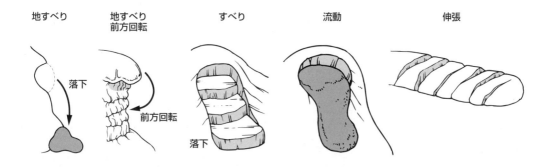

❺自然災害と現場活動

❷ 土砂災害の種類

山崩れ（俗称）
地震で山の斜面が崩れる。

崖崩れ（俗称）
大雨や地震で急斜面の土砂が急激に崩れる。

土石流
大雨によって土砂が谷筋を流れ下る。

地すべり
大雨や地震で斜面の土がゆっくりすべり落ちる。

山体崩壊
水蒸気爆発により山体が吹き飛び、膨大な土石が崩落する。

火砕流（かさいりゅう）
火山の噴火の際に、大量の軽石や火山灰が一塊となって山腹を高速で流下する現象。

山津波
我が国で用いられてきた土石流の俗称。1960年以降、使用されなくなった。

岩屑（がんせつ）なだれ
　斜面表層の岩体が下位の基岩から離れて、斜面を滑落する過程で、破砕しながら雪崩のように高速（秒速数m〜数十m）で移動する現象。

土石流
　水と土砂・石礫（せきれき）の混合物が30％以上の高濃度で、高速流下・氾濫、堆積する現象。遠く離れた場所で発生し、突然、居住地を襲う性質を持つもので、水を含んだ山崩れ、土塊のすべり運動により液状化、天然ダムの決壊及び15°以上の急勾配渓床に堆積した土砂が、流水と一体となって流出するもの。

斜面崩壊

斜面崩壊では、初期のすべり破壊が極度に加速的で動きが激しく、ときには地盤構造の崩壊が伴う。地質的原因のために地すべりとなるものや、クリープ運動する場合の他は、斜面の破壊は全て斜面崩壊となる。

自然斜面では、風化帯が厚くなったり、地層などの地質的特異性のため、地下水が集中することが主要な素因で起こり、地震や豪雨が主要な誘因で発生する場合に、山崩れ、崖崩れなどと俗称される。

地震により崩落する距離は、せいぜい斜面高と同じであるが、雨による崩壊は、地すべり性崩壊や巨大崩壊では土砂量が多いため、より遠くまで土砂が到達する。

土砂崩れ

土砂崩れは、土地や人工斜面を構成する土砂が、重力によって急激に落下する現象で、降雨、融雪、地下水、地震が原因で起こる。

土砂崩れは、規模、地質、崩壊のメカニズムの違いなどで、様々な形態が出現する。

一般に移動速度の遅い（1日数cm程度）のものは「地すべり」と呼ばれ、急激な移動速度で突発的なものを「崩壊」と呼ぶ。地すべりは規模が大きく、すべり面の深さは数十mに達し、崩壊は規模が小さく1m前後のものが多い。

土砂崩れの種類

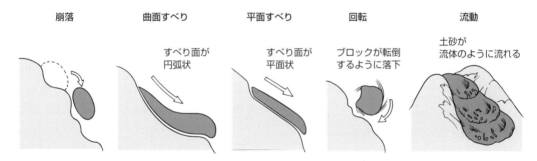

天然ダム

地すべり、山崩れ、土石流で、河川をせき止めてできる。急勾配の渓流がせき止められた場合は、その決壊によって大規模な洪水を引き起こす。

火山泥流

火山の噴火に伴い水を含んだ火山灰が、一気に流れ下って災害を引き起こすもの。浅間山や十勝岳などで発生し、多くの死者を出している。

軽石流（かるいしりゅう）

軽石塊が50％以上の体積を占める高温の火砕流が起こるもので、しばしば軽石流による堆積物を指す場合がある。なお、軽石塊が50％以下でも、軽石塊を多く含む火山灰流も軽石流と呼ぶことがある。

2. 土砂災害

　長雨や集中豪雨が起きると、洪水や土砂災害の発生を心配する必要がある。特に土砂災害は、土砂災害防止法で下記のように定義され、さまざまな対策が講じられている。「崖崩れ（急傾斜地崩壊）」、「土石流」、「地すべり」については、その成因、前兆現象などが研究され、防災知識として広く流布されている。

1 土砂災害の定義

　「土砂災害」とは、急傾斜地の崩壊（傾斜度が30度以上である土地が崩壊する自然現象をいう。）、土石流（山腹が崩壊して生じた土石等又は渓流の土石等が水と一体となって流下する自然現象をいう。）若しくは、地すべり（土地の一部が地下水等に起因してすべる自然現象又はこれに伴って移動する自然現象をいう。）（以下「急傾斜地の崩壊等」と総称する。）又は、河道閉塞による湛水（土石等が河道を閉塞したことによって水がたまる自然現象をいう。）を発生原因として国民の生命又は身体に生ずる被害をいう。
（土砂災害警戒区域等における土砂災害防止対策の推進に関する法律第2条参照）

2 崖崩れ（急傾斜地崩壊）

　「崖崩れ」とは、集中豪雨などで地中にしみ込んだ水分によって地盤が不安定になり、急勾配の斜面が急激に崩落する自然現象で、河岸段丘、海岸段丘が形成されている地域でよく見られる。山腹の急斜面、侵食崖などが大規模に崩壊する場合を山崩れと呼ぶ。地震の振動が引き金になることもある。

集中豪雨

豪雨が続くと崖崩れが発生する場合があり、崖が崩れる前に予兆が現れる。

土砂を含んだ水が急斜面を滝のように流れる。

崖崩れの前兆現象

2～3時間前	1～2時間前	直　　　前
・湧水量が増加する。 ・地表面を水が流れ下り始める。	・小石がぱらぱらと落下する。 ・新たな湧水が発生する。 ・湧水に濁りが現れる。	・湧水が止まる。 ・多量の濁った水が噴出する。 ・崖が膨らむようにせり出しが見られる。 ・小石が転がり落ちる。 ・地面がゴンゴンと異様な音がする。 ・地表に亀裂が現れる。

注）崖崩れについては、上記の現象は時間を追って発生せず、一度に急激に発生する場合もある。

宅地造成地の崖崩れ

　宅地造成地や道路の法面など人工的に手を施した切取り面の崩壊も崖崩れと呼ばれるが、自然災害の崖崩れとは区別されることが多い。関東ローム層や南九州のシラス台地などに土地開発でできた宅地などは、豪雨や地震によって崖崩れが生じ、多くの被害をもたらしているところである。

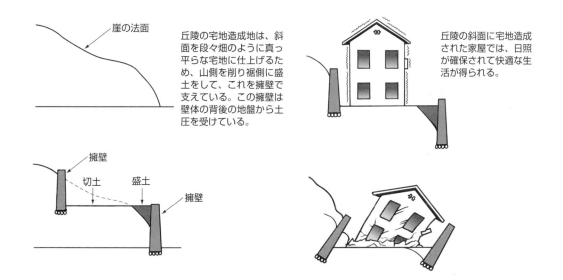

　都市の山の手台地で雛壇状に宅地造成されたところでは、一段低い隣地や道路との間の段差は、擁壁（土留め壁）で押さえられている。
　この擁壁も震度6強以上の激しい揺れに襲われた場合、擁壁に有効な配筋のあるものは傾斜やひび割れ程度で済むが、配筋が入っていないものにあっては、転倒や大破につながり盛土が崩れる結果となる。
　これらの軟弱地盤でも、しっかりとした布基礎などの上に耐震構造の建物を建てたものであれば、建物の倒壊や大破は免れる。

地震と地盤

　地震によって発生する丘陵地の盛土・切土による大規模な土地造成地や山地の道路崩壊は、地震時の短周期大加速度の震動が誘因となって引き起こされ、地震動による軟らかい地盤と固い地盤の増幅作用の違いによって被害が拡大することがある。

3 土石流

　土石流の成因は、多量の水を含んだ山崩れによる土砂が山腹斜面を下降するものと、大規模な山崩れによる土砂が渓流を一時せき止めて天然ダムになり、それが崩壊する場合や、急激な出水によって渓流の河床の堆積土砂や両岸の土砂を侵食しながら流下する場合に起きている。地鳴りのような異常な音がするときは、既に土石流が発生したものと推測できる。

土石流の発生形態

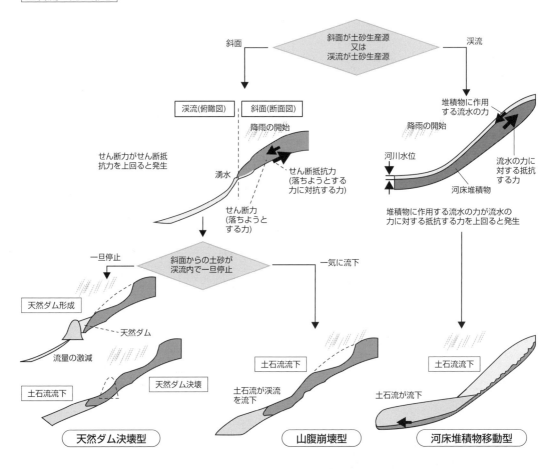

(国土交通省河川局砂防部、(財) 砂防・地すべり技術センター「土砂災害警戒避難に関わる前兆現象情報検討会」資料、(H18.3.17) より)

土石流の前兆現象

2～3時間前	1～2時間前	直　　　前
・流水が異常に濁る。	・渓流内で転石の音がする。 ・流木が発生する。	・土の腐った臭いがする。 ・地鳴りがする。 ・流水が急激に濁る。 ・渓流の水位が激減する。*

＊「渓流水位の激減」は、降雨が継続しているにもかかわらず渓流水位が激減した場合、渓流の上流で山腹が崩壊し、天然ダムが形成された可能性が大きいので切迫性が極めて高い。

土石流は、山麓の平地に出ると小さく枝分かれしながら広がって、流速も衰え泥水が抜けて流れ去ると停止してしまい、長く伸びた舌状の堆積地形となる。

　土石流の堆積物は、平面的にみると先端部には巨礫が集まり、断面的には下層を巨礫や礫が占め、上層になるに従い粒径が小さくなる堆積構造を示している。

　土石流に含まれる水は、土砂を含んで密度を増して岩塊を浮きやすくして堆積物の隙間を埋め、重力によって流下する岩屑のいわば潤滑剤を果たしており、流下する速度は毎秒数m～数十mにまで及び直進性が強く、破壊力を伴っているのが特徴である。

4 地すべり（山崩れ）

　長雨と豪雨とが重なって、これが元で斜面の一部が滑動するのが地すべりである。これは、地中の粘土層が水を吸うと一種のすべりを助長して、斜面の滑動現象を引き起こすものである。

　典型的な地すべりは、斜面の上部のブロックが自重で下方へ押し出すようにずれ動いてしまい、斜面をすべって下り、緩斜地に達して止まるものである。

　傾斜地の上部に亀裂が生じたような場合には、早めに避難して身の安全を図ることが大切である。

❺自然災害と現場活動

地すべりの前兆現象

切迫性がやや小	切迫性が大	切迫性が極めて大
・井戸水が濁る。 ・湧水が枯渇する。 ・湧水量が増加する。	・池や沼の水かさが急変する。 ・亀裂・段差が発生・拡大する。 ・落石・小崩落が発生する。 ・斜面がはらみだす。 ・構造物のはらみだし・クラックが発生する。 ・根の切れる音がする。 ・樹木が傾く。	・地鳴り・山鳴りがする。 ・地面が震動する。

注）上記の現象は地すべりのかなり前から発生することもあり、時間的切迫性のタイムスケールはかなり長い場合がある。

■災害事例　繁藤災害（地すべり）

繁藤駅付近の土砂災害図

防災関係者にとって忘れることのできない土砂災害が、昭和47年7月5日、高知県土佐山田町（現香美市）繁藤地区で発生した、いわゆる「繁藤災害」である。この地域は、昔から天坪（あまつぼ）と呼ばれて雨の多い所で知られていた。

　7月4日の午後8時頃から、暖かく湿った空気（湿舌）が四国山脈の南西斜面に吹きつけて、局地的に集中豪雨が発生する気象状況となっていた。断続的に強いにわか雨が降った後しばらく小康状態が続いたが、7月5日の午前4時頃から再び激しい集中豪雨となり、5時から6時までの1時間で95.5mmのバケツをひっくり返したような記録的な降り方となり、その後も時間雨量50mm以上が続いて、降り始めから午前9時まで741mmに達する驚異的な雨量となったのである。

　午前7時頃国鉄（現JR）土讃線、繁藤駅付近の美容院経営、阿部千恵子さん方の裏山が高さ20m、幅10mにわたって崩れ落ち、警戒に当たっていた同町消防団員、臼杵博さん（35歳）が生き埋めになり、消防、警察、役場職員や消防団員など多くの人々が出動して、救出活動を行っていた。

　その頃、国鉄の高知発高松行きの列車（4両編成）は、午前6時過ぎに同駅で運行をストップ。列車には乗客約10名と車掌2名が乗っていて、復旧を待っていた。

　また、四国地方建設局が、早朝から土砂崩れで通行止めになっている国道32号線の土砂を取り除き、通行止め解除の措置をとったため、同駅付近では、救助活動の人々や通りがかりの主婦、トラックの運転手などで人数が膨れ上がっていた。

　そのとき、通称、追廻山の東側山腹が幅170m、高さ50mにわたって地すべりを起こしたのである。「ゴー」という音と共に山の斜面が木々もろともゆさゆさと揺れ動き出し、崩れた頭上でパーッと水しぶきが上がって大きく波打った途端、土砂約10万m³が大崩壊を起こし、同駅一帯を襲い、70数名の人々が家屋と共に飲み込まれたのである。

　同駅に停車中の列車は、2両を線路上に残し、2両は土砂に押し流されて、1両は川に水没してしまい、土砂と一緒に押し流された2～3人は、川を泳いで助かった者もいるが、土砂に飲み込まれた大半は帰らぬ人になり、死者・行方不明者61名を出す大惨事となったのである。

　犠牲者を増やした原因は、長時間にわたり大量の雨が降って地盤が緩んでいたにもかかわらず、四国地方建設局がとった通行止めの解除が時期尚早であったことや、救出活動の現場に安全を確保する監視員を配置していなかったことなどが考えられる。

繁藤災害の犠牲者の職種別内訳

職　種　等	死者数(人)
消防団員	15
工員	6
無職(主婦)	6
消防職員	5
農業	5
国鉄職員	4
会社員	3
土佐山田町役場職員	2
商業	2
元天坪村長	1
土佐山田町議	1
雑貨商	1
鉄工業	1
美容師	1
理容師	1
教員	1
小学生	1
高校生	1
林業	1
新聞社社員	1
布教師	1
身元不明者	1
合　　計	61人

3. 土砂災害における救助活動

　土石流や地すべりなどの災害現場で、過去に安全管理要員を配置することなく、直ちに要救助者の救出活動を行って二次災害に遭い、救出活動に携わった者や地域住民が大規模な崖崩れに遭遇して、多くの犠牲者を出す惨事を招いたことがある。

　検索に当たっては、市町村、消防、警察、消防団、地元自治会（自主防災）、行方不明者の親族、医師等の連携を密にする体制をつくった上で、崖の上や沢の上流に監視人や警報装置を配置して、崖の頭上の地割れや落石などの情報収集に当たる必要がある。

　災害現場における要救助者の検索は、生存可能な泥水で覆われた半壊した建物を優先的に行い、泥水や堆積物で完全に埋没した建物は後回しにする。

　半壊の建物の検索は、自治会や親族から要救助者の普段の生活習慣を参考に、所在を推測しながら救出活動を行う。

　堆積物に埋もれた要救助者の検索は、困難を極めることになる。ビルの倒壊現場では、瓦礫の隙間から要救助者に通気ができる場合もあるが、泥水や堆積物で建物全体が完全に覆われてしまっているような場合は、土砂に含まれている水分が災いして密閉状態となり、通気が確保されない分、生存が絶望視されることが多い。土石流や土砂崩れなどの災害現場に、地中音響探知機や電磁波探査装置などのハイテク機器を活用する場合もあるが、土砂の堆積した量によっては役に立たない場合もある。

❶ 検索棒による検索

　鉄筋を地中深く差し込んで要救助者を検索するローテクな方法は、砂のような均一な地質では威力を発揮するが、巨礫や礫、さらには大木まで巻き込まれている堆積物のある災害現場では、検索棒が礫等に阻まれて要救助者のところまで達しない場合もある。

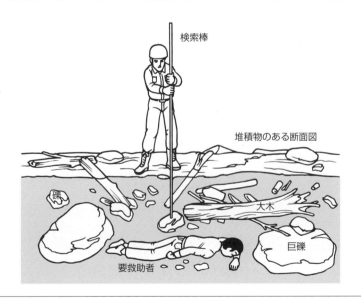

2 スコップの扱い方

スコップは別名シャベルともいい、土、砂、砂利や粘土などの軟らかい土質を掘削したり、すくい取る道具で丸型と角型のものがある。

スコップ(丸型)

丸型スコップは、土や粘土といった均一で軟質の土などを掘り下げたり、盛土、土を鋤き起こしたり、さらには、山火事の際にいぶっている切り株に土を放り投げて消火するときにも使用されるといった利便性のある器具でもある。

スコップ(角型)

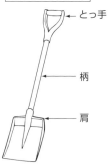

角スコップは、へらの先端を平らにして、物をすくいやすいようにしてあることから、砂や砂利のような粒状の物質をすくい上げる際に用いられ、雪をかき分けるような場合にも重宝する器具である。

丸型スコップの取り扱い方

スコップで地面を掘削する場合は、とっ手を両手で握り、へらの先端を地面に立て、片足を肩に載せて、足で強く押し込んで地中に差し込む。地面が硬い場合は、片足をへらの肩に載せたまま、スコップを両手で引き上げて、足に力を入れながら、へらの先端で地面に打撃を加え、これを2～3回、繰り返して地中に差し込む。この時、片方の足に刃先をあて、傷つけないようにすること。

切り出し

粘土質の地面をスコップでブロック状に切り出す際は、スコップの幅に切り込みを3箇所入れておいてから、最後にすくい取るときに持ち上げやすい土の重さにする。

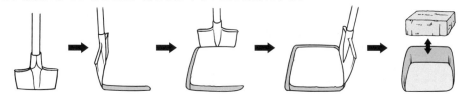

礫の掘り起こし

スコップを地面に突き立てて、スコップの肩に片足を載せて押し込んだ際に、刃先が礫に当たって地中に挿入できない場合は、刃先の位置を少しずらして、再度、押し込んで挿入する。

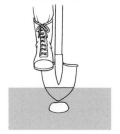
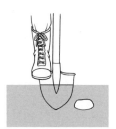

❺自然災害と現場活動

❸ つるはし（バチツル）の扱い方

　バチ型つるはしは、とがったつるとへら状のバチとが対をなしており、礫の混じった地層の掘削に効果を発揮する器具である。スコップで対応できない地質の場合に掘り下げたり、掘り起こしたりするのに最適な道具である。

|地中の礫の掘り起こし|

　地中の礫は、つるはしのつるの部分を礫の下に打ち込んで、柄の部分を矢印の方向に動かして、テコの原理で礫の掘り起こしを行う。

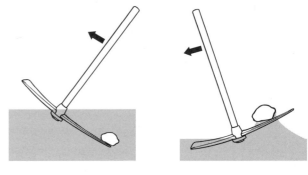

|砂利層の掘り起こし|

　礫の混じっている砂利層は、つるはしのつるの部分で砂利層を持ち上げながら、柄を反転させて、バチの部分で砂利をかき寄せるようにして掘削する方が効果的である。

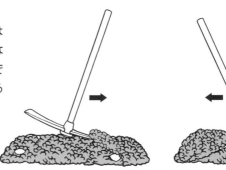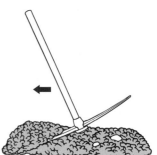

❹ パワーシャベルでの掘り起こし

　被災現場は膨大な土砂に覆われ、土石流で破壊された家屋を埋めつくしている。この土砂をかき分けて要救助者をスピーディーに救出するためには、パワーシャベルのような大型の土木機械も投入され、土砂の排除が開始される。

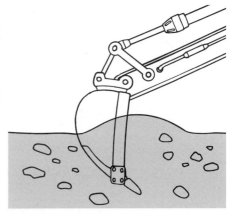

大量の土砂で覆われた要救助者の掘り起こしは、パワーシャベルなどの機械力で迅速に行われるが、バケットの先端の爪で要救助者の身体を傷つけないようにするためにも、バケットの先端の爪が要救助者の間近になった時点で、スコップなどで人力による掘り起こしに切り替えて、慎重を期する必要がある。

スコップで掘り起こした土は、バケットの中に入れ、作業効率を図りながら救出活動を行う。

救出活動中、安全監視員は、バケットの旋回範囲内に救助員が立ち入らないように細心の注意を払うこと。

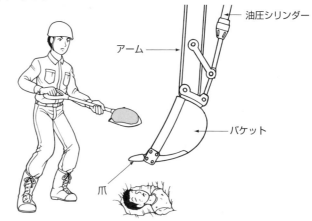

5 堰の作り方

集中豪雨などで発生した土石流によって、集落が堆積物で覆われてしまった被災現場で、要救助者の救出や検索を行う場合は、まず流入する水を止め、流れを変える必要がある。

放水路を新たに作ったうえで、土のうで流れを塞ぎ止め、さらに盛土で堰を補強する。

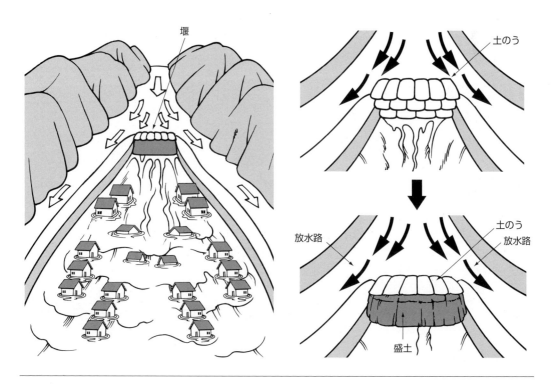

❺自然災害と現場活動

❻ 土のうの作り方

　土のう専用の袋に丸型や角型のスコップで土や砂を詰め込み、巾着のように袋の口を閉じ、そのひもを結わえる。

2人1組で、1人がスコップで土をすくい、もう1人が袋の口を広げて、スコップの土が入りやすいように補助をする。

スコップで土を袋に入れるときは、袋を保持している者をスコップで打ちつけないようにすること。

袋に土を詰め込んだ後、ひもを引いて袋の口を閉じる。

袋の口を左手で握り、ひもを親指に絡めながらひと巻きする。

ひと巻きしたひもを矢印の方向へループ状に引き出す。

このループを袋の口に被せて、再度引き絞ぼる。

❼ 小口積み

　土のうを交互に積み重ねる方法。

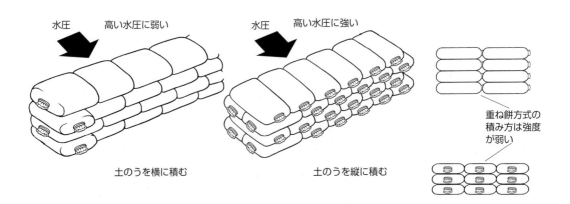
土のうを横に積む　　土のうを縦に積む　　重ね餅方式の積み方は強度が弱い

土のうの水漏れ

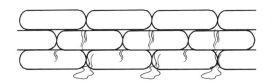

土のうの隙間から水がしみ出す。

水漏れ防止法

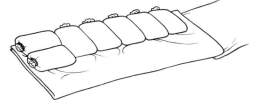

ブルーシートを二つ折りにして敷く。この上に土のうを小口積みにする。

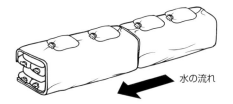

土のう積みが完了したところでブルーシートで土のうを包み込み、その上に土のうを置いて重しにする。

水の流れ

8 軟弱地盤の掘削の仕方

軟弱地盤を掘削すると礎の周囲が土圧により崩落して、救助隊員が生き埋めになるおそれがあることから、あらかじめ礎の周囲を階段状に切り取って、崩落の危険を排除した後、救出活動に入ること。

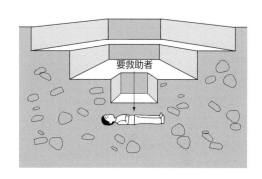

要救助者

9 素掘りの危険性

建築現場や井戸、側溝などを作る際、地面を掘って周囲の土が崩壊するのを防止する工事（土留や支保工）を行わないで、そのまま掘り下げる掘り方は素掘りと呼ばれている。この素掘りは、地質によって大きく異なり、硬い岩盤のようなところでは崩壊の危険性は少ないが、軟弱な地盤では常に崩壊の危険があり、礎の周囲などには、矢板を打ち込み崩壊を防ぐ措置をしてから基礎工事等が行われている。

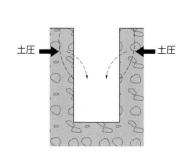

土圧　土圧

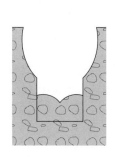

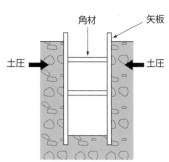

角材　矢板
土圧　土圧

4. 集中豪雨

　梅雨末期などに起こる局地性の豪雨が「集中豪雨」と呼ばれている。集中豪雨の起因は、湿舌と呼ばれる水蒸気をたっぷり含んだ空気の流れで対流雲が発生し、上昇気流によって水蒸気が凝固して落下、雨粒へ成長しながら、水平方向に数十kmから数百kmに拡大し、1～数時間の寿命をもつ巨大な積乱雲となって豪雨をもたらすものである。

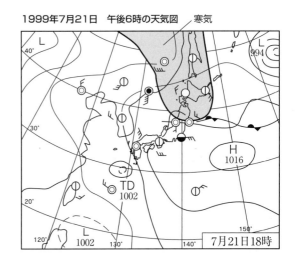

　梅雨時の集中豪雨は湿舌と呼ばれ、東シナ海方面から暖かく湿った空気が、西日本の大気に入り込んで大雨を降らすもので、1957年7月25日の「諫早豪雨」は、本明川の土石流災害などで、586人の死者を出し、行方不明者を含めると722名が失われる大災害豪雨であった。
　1日の雨量が1,109mmを記録し、1982年の長崎豪雨の2倍を超すすさまじいものであった。
　1958年の狩野川台風では、9月26日伊豆半島に上陸した台風は各地に集中豪雨をもたらし、都心の大手町では、1日の降水量が392mmを記録。東京都江東区のゼロメートル地帯では、水深3mの浸水となり、東京都だけで約33万8,000戸が床上浸水という未曾有の災害となったのである。
　1999年7月21日に関東地方の広範囲にわたって雷雲が発達して、局地的に集中豪雨をもたらした。東北地方の梅雨前線に南から暖かく湿った空気が流れ込み、これに上空5,000m付近にマイナス6℃の寒気が東北南部に入り込んで、関東地方では33～35℃の高温といった気象条件で積乱雲が発達したため、東京都練馬区一帯で1時間あたり91mmもの記録的な豪雨となった。
　2000年の9月には、狩野川豪雨に匹敵する台風と前線による東海豪雨が起こり、名古屋市では、1日の雨量428mmを記録する都市型豪雨が発生した。
　集中豪雨は、比較的短時間に狭い地域に大量の雨をもたらすもので、どれぐらいの範囲で何時間に何mmの雨が降るという予想がつかない点が防災関係者の泣き所となっている。

近年発生した主な集中豪雨

名称	期間・現象等	「地域独自の名称等」、主な被害
平成26年8月豪雨	平成26年7月30日～8月26日	「広島豪雨災害」、「8.20土砂災害」、「2014年8月広島大規模土砂災害」、「丹波市豪雨災害」、「2014高知豪雨」
平成27年9月関東・東北豪雨	平成27年9月9日～11日	「鬼怒川水害」。鬼怒川（茨城県）・渋井川（宮城県）の氾濫等
平成29年7月九州北部豪雨	平成29年7月5日～6日	朝倉市・東峰村（福岡県）・日田市（大分県）の洪水害・土砂災害等
平成30年7月豪雨	平成30年6月28日～7月8日	「西日本豪雨」。広島県・愛媛県の土砂災害、倉敷市真備町（岡山県）の洪水害など、広域的な被害
令和2年7月豪雨	令和2年7月3日～31日	「熊本豪雨」。西日本から東日本の広範囲にわたる長期間の大雨。球磨川（熊本県）などの河川氾濫や土砂災害による被害

出典　気象庁ホームページ「気象庁が名称を定めた気象・地震・火山現象一覧」から抜粋
https://www.jma.go.jp/jma/kishou/know/meishou/meishou_ichiran.html

　1時間当たりの降水量が20mmという雨の降り方は、「土砂降り」のザーザー降りの雨で、地面一面に水たまりができて、下水や側溝、小川があふれてしまう状態を指す。

雨の強さと降り方

（平成12年8月作成）、（平成14年1月一部改正）、（平成29年3月一部改正）、（平成29年9月一部改正）

1時間雨量(mm)	予報用語	人の受けるイメージ	人への影響	屋内(木造住宅を想定)	屋外の様子	車に乗っていて
10以上～20未満	やや強い雨	ザーザーと降る	地面からの跳ね返りで足元がぬれる	雨の音で話し声が良く聞き取れない	地面一面に水たまりができる	
20以上～30未満	強い雨	どしゃ降り				ワイパーを速くしても見づらい
30以上～50未満	激しい雨	バケツをひっくり返したように降る	傘をさしていてもぬれる	寝ている人の半数くらいが雨に気がつく	道路が川のようになる	高速走行時、車輪と路面の間に水膜が生じブレーキが効かなくなる（ハイドロプレーニング現象）
50以上～80未満	非常に激しい雨	滝のように降る（ゴーゴーと降り続く）	傘は全く役に立たなくなる		水しぶきであたり一面が白っぽくなり、視界が悪くなる	車の運転は危険
80以上～	猛烈な雨	息苦しくなるような圧迫感がある。恐怖を感ずる				

（注1）　大雨によって災害が起こるおそれのあるときは大雨注意報や洪水注意報を、重大な災害が起こるおそれのあるときは大雨警報や洪水警報を、さらに重大な災害が起こるおそれが著しく大きいときは大雨特別警報を発表して警戒や注意を呼びかけます。なお、警報や注意報の基準は地域によって異なります。
（注2）　数年に一度程度しか発生しないような短時間の大雨を観測・解析したときには記録的短時間大雨情報を発表します。この情報が発表されたときは、お住まいの地域で、土砂災害や浸水害、中小河川の洪水害の発生につながるような猛烈な雨が降っていることを意味しています。なお、情報の基準は地域によって異なります。

（気象庁ホームページより）

1時間当たりの降雨量

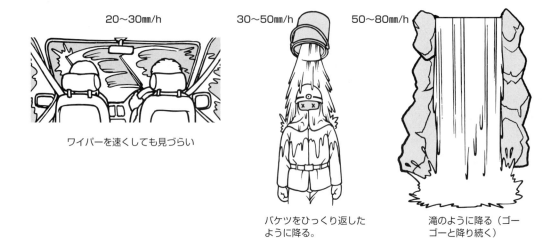

20～30mm/h ワイパーを速くしても見づらい

30～50mm/h バケツをひっくり返したように降る。

50～80mm/h 滝のように降る（ゴーゴーと降り続く）

5. 台風災害

　台風は現在、気象衛星によって発生の段階から逐次画像が送られ、台風情報として、「台風の大きさ」、「台風の強さ」、「進路予想」が、国民に正確に伝えられるため、早めの避難が可能となって、人的被害の軽減が図られている。

　過去100年間の我が国における台風による人的被害は、観測体制が整わなかった昭和の時代に集中している。地域防災計画が整備され、早めの避難誘導などが功を奏するようになってからは、被害は激減しているのである。

台風の大きさ(の表現)
（ただし、風速15m/s以上の領域）

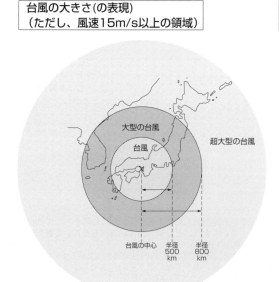

台風の強さ(の表現)
（最大風速を基準とする）

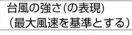
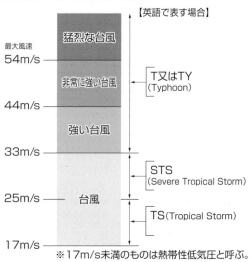

※17m/s未満のものは熱帯性低気圧と呼ぶ。

風の強さと被害

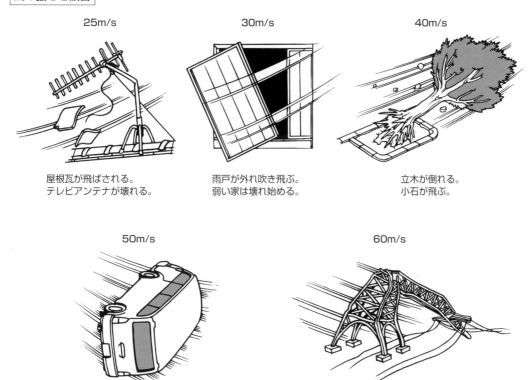

6. 高潮災害

　台風や発達した低気圧がもたらす災害には、暴風のほかに高潮がある。高潮とは、強風や気圧の急変によって海水面が異常に高くなり、海水が陸上に侵入する現象である。

　高潮は、主に湾口が南に開いた地形と満潮や台風による海面の吸上げ・吹寄せ効果などによる潮位の高まりで、湾の奥まった一帯に被害をもたらすものである。

　潮の満ち干：海面はほぼ1日2回、満潮と干潮を繰り返している。月が満月と新月のときに大潮になり、上弦の月と下弦の月には小潮となる。

　吸上げ・吹寄せ効果：台風の中心付近では気圧が低くなるにしたがって海面が持ち上がる（気圧が1hPa下がるごとに海面は約1cm上昇）。この盛り上がった海面が強風で吹き寄せられると、高潮災害が発生しやすくなる（次図参照）。

　さらに、台風の接近がちょうど満潮時刻と重なると、湾の奥まった所に高潮となって押し寄せ甚大な被害をもたらす。

　過去に起きた主な高潮災害としては、1959年（昭和34年）の伊勢湾台風があり、また1999年（平成11年）9月の台風18号による熊本県八代海や瀬戸内海西部の災害が挙げられる。

❺自然災害と現場活動

高潮の起きるメカニズム

吹寄せ効果

台風に伴う強い風が沖から海岸に向かって吹くと、海水が海岸に吹き寄せられ、潮位が高くなる。

吸上げ効果

台風や低気圧の中心部の気圧は周辺より低いため、周囲の空気は海面を押しつけ、中心部の空気は海面を吸い上げるように作用するため海面が盛り上がる現象が起こる。

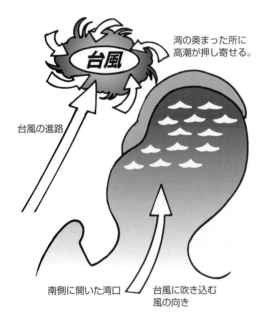

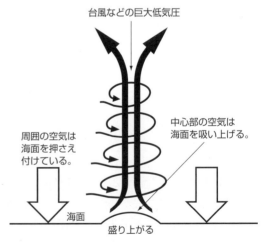

7. 竜巻災害

　我が国で発生する竜巻は、米国のトルネードほどの威力はないが、1990年12月11日の午後7時過ぎに千葉県茂原市で、観測史上最大級の竜巻が発生して、新興住宅地を幅500m、長さ3.5kmにわたり、民家を跡形もなく破壊し尽くしたことがある。

　この竜巻の威力はすさまじく、最大瞬間風速は推定78m/Sに達するとされ、乗用車が30mも吹き飛ばされ、10ｔダンプカーが横転するなど、平均時速58kmの速さで住宅街を移動したものである。

　竜巻の発生分布は、竜巻の常襲地帯の沖縄県が一番多く、ついで東京都、3位が千葉県と太平洋側で多く発生している。これは、太平洋の水蒸気のエネルギーが関係しているものと考えられている。

　竜巻の20％は台風に伴って発生するもので、1979年の台風12号が九州から北陸地方に進む間に12個もの竜巻が発生している。

　このメカニズムは、台風の中心の東側から北東にかけて、台風の中心から200～800km離れたところで発生し、台風の進行方向の右側では高温の湿った気流が陸地に向かって流れ込むために、大気の状態が不安定になり、外側のスパイラルバンドが伸びるためと考えられている。

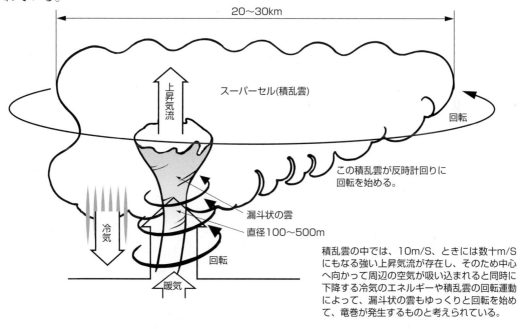

　台風などの警戒走行中に、看板やトタン板などが乱舞するように飛散したり、乗用車が吹き飛ばされるような事態に遭遇した場合は、「容易ならざる事態」と判断して状況の把握に努める必要がある。

　特に真夜中の場合は、竜巻の真っただ中にいるのか、それた位置なのかをすばやく把握することが大切である。

❺自然災害と現場活動

8. 落雷による災害

　落雷は、雷雲と地上物との間の放電現象ではあるが、実際のところ、そのメカニズムはよく解明されていないのが実状である。最近になって、夏の雷には、稲光の直前に細く弱い電流が、枝分かれしながら空から地上に向かって延びてくる目に映らない稲妻、ステップトリーダ（stepped leader）があることが判明している。

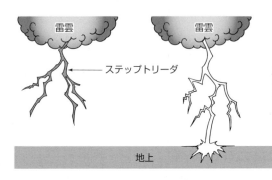

ステップトリーダが地上に届いた瞬間、雷鳴と共に目に映る落雷となる。

　落雷は、最初、雷雲から地上に向かって先駆放電（ステップトリーダ）が行われ、次いで地上から雷雲に向かって放電が起こり、両者が接触し、一気に大量の電流が流れる現象である。このステップトリーダは、雷雲から地上までは0.05秒ほどで届く。この放電が短時間のうちに数回繰り返されるのが稲光である。

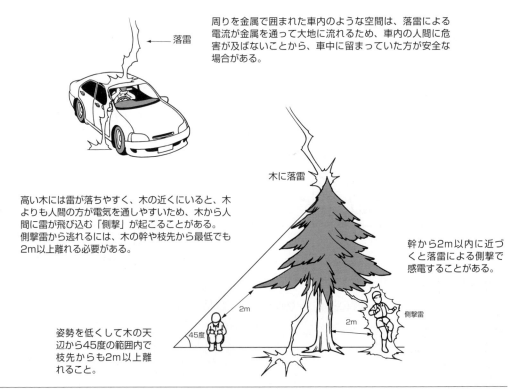

周りを金属で囲まれた車内のような空間は、落雷による電流が金属を通って大地に流れるため、車内の人間に危害が及ばないことから、車中に留まっていた方が安全な場合がある。

高い木には雷が落ちやすく、木の近くにいると、木よりも人間の方が電気を通しやすいため、木から人間に雷が飛び込む「側撃」が起こることがある。側撃雷から逃れるには、木の幹や枝先から最低でも2m以上離れる必要がある。

幹から2m以内に近づくと落雷による側撃で感電することがある。

姿勢を低くして木の天辺から45度の範囲内で枝先からも2m以上離れること。

9. 感電事故

　感電は、電気の通じている導体に身体の一部が接触して衝撃を受けることである。電気は目に見えないため、断線した部分の通電状態を判別するのは、なかなか困難である。

　電力事故では、しばしば消防活動が阻害され、苦戦を強いられることがある。電力事故による感電を防止するためには、ゴム製の防護衣にゴム手袋それにゴム長靴で身体の保護に努める必要がある。

　台風や地震災害によって、消防活動中の車両が垂れ下がった電線に接触した場合は、ケーブルであっても損傷部分からの漏電、感電の危険性があるものとして行動しなければならない。

垂れ下がった電線に漏電がみられる場合は、消防車両の金属の部分に通電しているが、車のタイヤで電流が地面に流れないため、車中の隊員に感電は起こらないが、下車した途端、電流が身体を通って地面に流れ感電する場合もある。状況にもよるが、垂れ下がった電線が地面に接触している場合は、電線から幅6mにわたり漏電が発生しているものと思慮すること。

水に濡れた垂れ下がったケーブルに接触すると、ケーブルの被覆の破損した部分から漏電し、感電する場合がある。

|送電・配電|

　発電所でつくられた電気は、通常27万5,000～50万Ｖという極めて高い電圧をかけて、架空送電線や地下ケーブルで超高圧変電所から送電されるが、一次変電所さらには中間変電所と配電用変電所を経て6,600Ｖに変換され、電信柱に設置された柱上変圧器（トランス）で更に100Ｖや200Ｖに下げられ、一般家庭に配電されている。

3訂版
イラストでわかる救助訓練マニュアル

平成16年9月20日	初　版　発　行
平成19年3月30日	2　訂版　発　行
平成24年4月1日	3　訂版　発　行
令和5年10月5日	3訂版11刷発行

編　著／消防教育訓練研究会　菊地　勝也

発行者／星沢　卓也

発行所／東京法令出版株式会社

112－0002	東京都文京区小石川5丁目17番3号	03(5803)3304
534－0024	大阪市都島区東野田町1丁目17番12号	06(6355)5226
062－0902	札幌市豊平区豊平2条5丁目1番27号	011(822)8811
980－0012	仙台市青葉区錦町1丁目1番10号	022(216)5871
460－0003	名古屋市中区錦1丁目6番34号	052(218)5552
730－0005	広島市中区西白島町11番9号	082(212)0888
810－0011	福岡市中央区高砂2丁目13番22号	092(533)1588
380－8688	長野市南千歳町1005番地	

［営業］TEL 026(224)5411　FAX 026(224)5419
［編集］TEL 026(224)5412　FAX 026(224)5439
https://www.tokyo-horei.co.jp/

© KATSUYA KIKUCHI　Printed in Japan, 2004

本書の全部又は一部の複写、複製及び磁気又は光記録媒体への入力等は、著作権法上での例外を除き禁じられています。これらの許諾については、当社までご照会ください。

落丁本・乱丁本はお取替えいたします。
ISBN978-4-8090-2534-1